子どもが育つということ

身体と関係性の発達臨床

山上雅子 著

ミネルヴァ書房

は じ め に

　本書は，季刊『発達』第122号から第145号に24回にわたって連載された，「育つということ」に加筆や修正を行って単行本化したものです。

　連載を始めるに当たって書いてみたかったのは，臨床現場に出てから40年以上が経過するなかで出会った，子どもの育ちの多様性や個別性であり，発達の躓きや阻害の様相と育ち直しの過程の謎であり，発達過程にかかわる家族に代表される他者の存在の重要性でした。

　振り返れば，私の臨床のベースには学部時代に学んだ社会福祉学の視点があったと思われます。社会福祉実習先で出会った何世代にもわたって繰り返されてきた貧困と病理と逸脱行動が絡む家族の病理，児童福祉実習先で出会った継母に甘えることができずに近所で牛乳を盗み飲みする子ども，教育実習先で出会った自閉症の子どもなどが，福祉的視点に立った心理臨床へと関心を絞る契機となりました。1970年に児童相談所に赴任しましたが，そこでたくさんの障碍のある子どもたちに出会い，時代が健診や療育の黎明期であったことが，発達的な視点を重視する心理臨床へと更に関心を絞る契機になりました。

　臨床現場では子どもや家族をめぐる多様な問題に対応しましたが，とりわけ発達の視点が必要だった自閉症の子ども，不適切な環境で育った子ども，被虐待の子ども等への心理的支援が私の臨床の中心課題となりました。就職した当時，児童福祉臨床現場では，発達に障害がある子どもたちへの発達支援，とりわけ現在，自閉症スペクトラム症と呼ばれている問題について，診断基準が定まらず，その障害要因や発達特性の解明は混乱しており，支援方法の開拓は試行錯誤の状態だったのです。さらに，養護児童や被虐待児童などのような，養育環境上の要因が精神発達や人格発達を妨げていると考えられる子どもたちが抱える問題への理解と支援は，一部の先進的な取り組みを除けば，まだ十分心理臨床の課題になっていませんでした。このため1985年に大学附属の心理臨床機関に転職したのを機会に，週１日の研修日を使って以後25年以上にわたって，

ある児童養護施設をフィールドに，施設内の子どもへの心理療法，スタッフとのケース検討，地域の母子への子育て支援事業等にかかわることになりました。

こうして，生得的な発達障害がある子どもと，社会的環境要因による人格や精神発達の阻害を被る子どもという，生得的要因と社会的要因の双方向から育ちの過程をたどり，支援を模索して，試行錯誤や悪戦苦闘を重ねることになったのです。悪戦苦闘の結果，子どもが育っていく手応えを感じられた場合もありましたが，どうにもならなかったこともたくさんありました。

発達阻害の様相，その改善や発達過程を理解するためには，一般的な発達過程を捉える理論的枠組みが必要です。しかし，子どもの精神発達や人格発達，自我発達等の過程を解明した，包括的な発達理論はありませんでしたし，現在もなお存在しません。したがって発達臨床の現場は，すでにある発達の理論を参考にしながらも，目の前の子どもの発達の遅れや障害などの様相，停滞や退行，新しい力の芽生えや充実などに目を配りつつ，発達の理論を新たに築いていく課題とも向き合っていたのです。

特定の発達論的視点を臨床に応用しようとして，かえって"発達"が見えなくなると思うことがしばしばありました。発達とは「どうにかできるもの」ではないという思いの一方で，勝手に育つのかというとそうではないのも現実でした。また，発達研究の視点は特定の子どもの発達を捉えるにはあまりにもきめが粗く，むしろ育ちに困難を抱える子どもがたどる個別的な育ちの過程にこそ，通常は見えない育ちの様相が見えると思うこともよくありました。

育ちの途上での躓きや障害がある場合でも，やがて子どもたちは新しい力を身につけて育っていきます。自ずと変わっていくように見え，どうしてなぜ変わったのかが見えず，育つということの謎は深まるばかりだったのです。また，育つことの難しさを現す子どもと向き合うにつけ，何事もなく意気揚々と育っていくように見える子どもたちの育ちが，不思議で仕方ないという思いも強まっていきました。このために，できるだけ機会を作っては，日常の場での子どもの発達を観察するようになっていきました。

発達支援は子どもと生活を共にする家族，保育士，教師等の存在と，それら

の他者との関係を抜きには実現しません。かかわりを持つ他者こそ子どもの育つ力を開拓し，育ちの栄養源となり，かかわりのなかでこそ子どもは育っていきました。また，発達という現象の謎が深いからこそ，支援を必要とする子どもやその家族とできるだけ長くつながりを保ち，幼少期の子どもがどのように大人になっていくのかを，可能な限りたどることも私の臨床スタイルになっていきました。それは健常な子どもと発達に障害や躓きがある子どもの双方に目を配りつつ，発達という現象に迫ろうとする努力でもありました。

　こうして私は，育つことの謎にあふれた臨床現場からスタートし，発達理解をいかに支援につなげるかという課題と向き合って今日まで歩んできました。人はどのようにして乳児から幼児へ，幼児から学童期へ，学童期から思春期・青年期へ，そして社会に出て生活者になっていくのか，それらの過程を歩みながら，人はどのように「私というもの」を育み，「私」という内的世界を生きるようになるのかというのが，私の発達臨床の一貫したテーマであり，そのテーマと向き合って現在に至っています。

　しかし，本書で取り上げることができたのは，「発達とはなにか」「発達支援とはなにか」を問いながらの実践で浮上したテーマの内，主に身体にかかわる領域と母子関係にかかわる領域の二つに限られています。発達における母子相互作用の意義については，今日，大脳生理学の実証的なデータを踏まえて膨大な知見が提唱されるようになっていますが，発達における身体の領域の問題は，ワロンなどのごく一部の研究者の知見を除けば，限られた研究しか存在しません。

　本書で紹介する臨床事例や観察事例を通じて，発達における身体の問題領域への関心が今後より一層深まることを願っております。また，子どもの育ちにかかわる家族，保健師，保育士，療育や施設の指導員，教師，心理職等の方々の実践に，本書がいささかでも参考になることを願ってやみません。

　なお，「ショウガイ」の表記についての論議が進行中であるため，本書では育ちを妨げる要因としての「障害」を用いますが，「障害」，「障碍」，「障がい」のいずれを用いるにしろ，育つことの難しさは支援によって変化するという発達臨床の視点こそが重要であると考えています。

目　次

はじめに

第1章　からだをもった存在としての育ち……………………… *1*
──乳児の姿勢・運動発達

1　姿勢の循環活動 …………………………………………… *3*
　1. 赤ちゃんのからだでの遊び……*3*
　2. 情動と姿勢活動……*4*
　3. 姿勢活動の観察……*6*
　4. 姿勢活動の観察事例……*8*
　5. 姿勢の循環活動と自己感……*10*

2　飛行機の姿勢の循環活動 ………………………………… *12*
　1. 姿勢機能と運動機能……*12*
　2. 飛行機の姿勢の循環活動と個人差……*13*
　3. AC くんと飛行機の姿勢……*15*
　4. 飛行機の姿勢の発達的変化……*16*
　5. 飛行機の姿勢活動の発達的意義……*19*

3　姿勢活動から身振りへ …………………………………… *22*
　1. 姿勢の循環活動の発達的意義……*22*
　2. 姿勢・運動と情動……*24*
　3. 姿勢機能と外界とかかわる活動の交替……*25*
　4. 姿勢と運動の分化──AE くんの例……*27*
　5. 発達の大きな変わり目……*28*
　6. 姿勢から身振りへ……*29*
　7. 身振りから象徴機能へ……*30*

v

8. "私というもの" の身体的基盤……*32*

第2章　自閉症児のからだとこころの育ち……………………*35*

1　自閉症と情動行動………………………………………*37*

1. 自閉症の情動行動の特異性……*37*
2. 情動行動の特異性と社会性の発達……*41*
3. 自閉症という発達障害……*42*
4. ワロンの臨床事例……*44*

2　自閉症児の関係性と情動行動……………………………*46*

1. 筋緊張・情動・関係性……*46*
2. 事例検討——関係性と情動……*46*
3. 愛着形成の発達的意義——縦断的研究から……*51*

3　自閉症児の姿勢・運動発達………………………………*55*

1. 残された問題——自閉症児の姿勢・運動発達……*55*
2. 自閉症の姿勢・運動発達の再検討……*63*

4　情動と自傷行為 …………………………………………*66*

1. 自傷行為……*66*
2. 一過性の自傷行為——事例：CIちゃんの場合……*67*
3. 自傷行為が繰り返された例——事例：CJくんの場合……*69*
4. 緊張・情動・自傷……*76*

第3章　日常の場での育ち ………………………………*79*

1　乳児保育室での観察………………………………………*81*

1. 事例1　姿勢活動が目立った幸生くん
   （男児　観察期間：生後4カ月4日〜8カ月21日）……*82*
2. 事例2　座位姿勢の安定化に伴って状態像が激変した隆一くん
   （男児　観察期間：生後6カ月19日〜11カ月24日）……*87*

目　次

3.　事例3　対人的情緒反応が目立った敦子ちゃん
　　　（女児　観察期間：生後6カ月28日〜11カ月1日）……*93*

4.　事例4　他者とのこころのやりとりが際立った裕くん
　　　（男児　観察期間：生後9カ月17日〜1歳2カ月4日）……*96*

5.　事例5　愛嬌を振りまく態度が目立った恵美ちゃん
　　　（女児　観察期間：生後1歳1カ月7日〜1歳5カ月10日）……*103*

2　育つということの謎を解く視点……………………………………*111*

1.　からだをもった存在として──姿勢活動……*112*

2.　身振りから象徴へ……*112*

3.　生得的に方向づけられた育ちの方向……*114*

4.　関係性のなかに生まれ落ちるということ……*115*

5.　スターンの視点……*116*

6.　親子の情愛的かかわり──愛され愛する存在として……*118*

7.　応答する養育的他者……*119*

第4章　自閉症児への発達支援と残された問題………………*121*

1　自閉症児への支援と発達の視点──愛着形成の発達的意義……*123*

1.　発達障害のある子どもの育ちと発達の視点……*123*

2.　支援の課題としての関係性……*125*

3.　日常の子育てを発達支援につなぐ……*128*

4.　愛着研究の進歩──関係の形成がもたらすもの……*132*

5.　残された問題──生涯を視野に入れた支援……*138*

2　身体の社会化──排泄の自立という課題を通して………………*141*

1.　乳児期のからだの問題……*141*

2.　排泄と社会のルール……*142*

3.　排泄の自立と個人差……*144*

4.　自分でできる誇りに向かって……*145*

5.　ウンコとはなにか……*148*

vii

6. 身体の社会化と関係性の障害……150

② 描画表現と意味世界……………………………………………153
1. 発達の質的変化期……153
2. 描く力の発達……154
3. 和ちゃんのなぐり描き……155
4. 描画と発達……156
5. 自閉症と描画……159
6. 意味の育ちの脆弱さ……160

第5章　発達における"母"………………………………………163

① 母という他者…………………………………………………165
1. 胎生期に始まる母子関係……165
2. 私はどこから来たか？……166
3. 死ぬかもしれない命……168
4. 自己の存在基盤への問い —— 私は愛されているか？……170
5. 親の愛情ということ……172
6. 「あなたは私のお母さんか？」という問い……173

② 子育て支援の現場から —— 母子関係の多様性………………176
1. 子育て教室のスタート……176
2. 教室の運営方針……177
3. 母と子の様々な姿……178
4. 子育て教室の意義……187

③ 母親をめぐるきょうだい間葛藤………………………………188
1. 下の子の誕生と上の子の動揺……188
2. 上の子たちの揺れ……189
3. 大きくなっていく誇りをかけて……198

④ 母親の内的表象と母子関係……………………………………200

1. 個別の支援が求められる時……*200*

2. 応答的かかわりを思いつかなかった母親と2歳7カ月のJAくんの例
……*201*

3. サイレント・チルドレンと母子関係……*203*

4. 母親の不安と子ども――集団に踏み出せなかった女児JBちゃんの例……*205*

5. 親が子に注ぐ願いと子どもの自己形成……*207*

6. 母親の内的表象――赤ちゃん部屋のおばけ……*209*

7. まとめに代えて――親の思いと子どもの人生……*211*

第6章　不適切な養育環境と子どもの育ち……………………*213*

1　養育環境の安定性………………………………………………*215*

1. 児童虐待の現状……*215*

2. 子どもの精神衛生の基本原理……*216*

3. 多数の養育者とその度重なる交替――英くんの場合……*218*

4. 養育環境の度重なる変化――賢くんの場合……*220*

5. 愛着対象がいるということ……*222*

2　思い出と自己形成………………………………………………*226*

1. 自然災害を通して見えるもの……*226*

2. 不適切な養育環境と思い出……*227*

3. 母親を亡くした弘くんとアルバム……*229*

4. 空転する自伝記憶――賢くんの場合……*231*

5. 自己の歴史性と他者との関係……*233*

6. 自己の歴史性と共有される記憶……*235*

3　崩れた家庭機能と虐待…………………………………………*238*

1. 虐待を生む環境……*238*

2. 機能不全家庭の実際……*239*

3. 子どもにとっての虐待する親……*245*

ix

4. 虐待から保護された子どもの育ちの課題……248

④　保護された子どもの新たな生活の場 ……………………………250

　　1. 虐待からの保護と新たな生活の場への移行……250

　　2. 小規模な家庭的養育の場の重要性……251

　　3. 環境の変化と子どもたちの不安と緊張①──物理的環境の側面……252

　　4. 環境の変化と子どもたちの不安と緊張②──対人関係の側面……253

　　5. 母親という願望の対象……255

　　6. 虐待体験を投影される施設職員……257

　　7. 集団生活への移行に伴う困難……259

⑤　育ち直すということ …………………………………………262

　　1. 入所後の問題の発達的変化……262

　　2. 調査結果と支援の課題……264

　　3. 生活の場を育ち直しの場として……266

　　4. 育ち直すということ……268

第7章　育ちと関係の多様性………………………………………275

①　幼児期のともだち関係──親子関係からともだちへ …………277

　　1. 近所のともだち……277

　　2. 幼い日のともだち関係……278

　　3. 保育所のともだち……280

　　4. 子どもにとっての子ども──みんなと一緒に育つ……281

　　5. ともだちの力……286

②　学童期のともだち関係と発達の節目 ………………………288

　　1. 記憶の質的変化……288

　　2. 体験世界の境界……289

　　3. 9・10歳の発達の壁とギャングエイジ……291

　　4. ギャングエイジの遊びの世界……293

目　次

  5. いじめの問題……295

  6. 前思春期と「自我体験」……297

3　前思春期と内的世界……………………………………………300

  1. 空想の世界を生きる力……300

  2. 空想のともだちと危機……301

  3. 空想のともだちを持つということ――「ぼくと〈ジョージ〉」の例……303

  4. 内向的な子どもの見えにくい豊かさ……305

  5. 異世界との交流と人格の変容……307

  6. 内的世界とファンタジー……308

  7. 象徴世界と内的な育ち……309

おわりに

文　　献

第 1 章

からだをもった存在としての育ち
──乳児の姿勢・運動発達──

子どもの育ちをめぐる問題を検討していくに先立って，最初に取り上げるのは，身体面の育ち，すなわち乳児期から二足歩行を獲得する１歳過ぎまでの姿勢・運動発達にかかわる問題の領域です。

　発達研究においては，認知機能の発達に比べて，姿勢・運動機能の発達が取り上げられることはまれです。両者の関係が俎上に上げられるとしても，たとえば座位が安定し，両手が体重支持から解放されると，おもちゃ遊びのような感覚運動的活動がより適応的に発達するというように，姿勢・運動機能は認知機能の身体的土台という目立たない役割しか与えられていないように見えます。しかし，二足歩行はきわめて人間的な機能ですし，模倣の安定，象徴機能やことばの獲得などの，他のきわめて人間的な機能の発達と同じ時期に安定化する機能です。それらが同じ時期に獲得されることは，１歳半から２歳にかけての時期に，人間的な精神機能が様々な領域で，発達上の大きな変革期を迎えることを示唆しており，あまり注目されることのない発達上の謎がそこに潜んでいると考えられます。

1 姿勢の循環活動

1. 赤ちゃんのからだでの遊び

　姿勢・運動発達というと，首すわり，座位，這い這い，つかまり立ち，二足歩行などの獲得過程に目が向かうのが一般的です。しかし，姿勢・運動機能が発達する過程には，あまり注目されることのない，おもしろい現象があります。それは，赤ちゃんたちが，自分のからだで遊んでいるように見える自発的な姿勢活動です。

　子育ての経験がある人や，赤ちゃんとかかわる仕事をしている人は，赤ちゃんのからだがどんなに柔らかく，どんなによく動くか，姿勢・運動発達が進むにつれて，からだの働きが，どんなに豊かになっていくかを，目の当たりにしていることでしょう。

　赤ちゃんたちの自発的な姿勢遊びの様相が最も際立つのが，入浴やおむつ交換の時です。衣類の拘束から解放された四肢の緩やかな動き，下肢の蹴るような動き，見えるものをつかもうとする手の動き，体軸をひねって寝返ろうとする動きなど，なかなかじっとはしていてくれないのが赤ちゃんです。養育場面では，動こうとする赤ちゃんの手におもちゃを握らせて興味を引きつけたり，モビールを動かして注意をそらしたり，あやして気持ちを人に向けさせたりして，からだの動きを抑制する工夫が必要になります。更に，這い這いが可能になると，起きだしてしまう赤ちゃんをつかまえて，手早くおむつ交換をするのにはコツが必要になります。

　改めて赤ちゃんが自分のからだとどうつき合っているかに目をやると，赤ち

第1章　からだをもった存在としての育ち

ゃんたちは目が覚めている時間帯のほとんどで，絶え間ないほどからだを動か
しています。そして，首すわりから自立歩行に至る姿勢・運動発達の過程で，
からだで芽生えた新しい力は，赤ちゃん自身の関心を捉えて，使ってみるよう
に赤ちゃんを促しているようにみえるのです。そうした姿勢の活動は，赤ちゃ
ん自身にとって，どのような意味を持つのでしょう。

2. 情動と姿勢活動

　実は，通常の赤ちゃんたちの姿勢・運動機能の発達に興味をもち，観察を始
める前に，姿勢・運動面の発達と心理面の発達は，どんな風にかかわりあって
いるのだろうと，関心を抱くきっかけになった子どもたちがいました。詳しく
は本書の第2章で取り上げますが，それが自閉症の子どもたちでした。

　なお，自閉症をめぐる診断名は，時代とともに何度も変わってきており，
1970年代から今日まで，筆者自身の使い方も変遷してきました。このため，ス
ペクトラムな症状を表す子どもたちを一括して「自閉症スペクトラム症」と呼
ぶ現状を踏まえ，本書で使う「自閉症」は「自閉症スペクトラム症」と同義で
あるとご承知ください。

　自閉症の子どもたちとかかわり始めた頃，とても印象的だったことの一つが，
なんらかの強い情動状態になると，ぴょんぴょん飛び跳ねる子どもによく出会
ったことでした。要求がかなわない時，好きなおもちゃを見つけた時，自分の
遊びが邪魔された時など，通常は喜怒哀楽の感情が表現されるような状況で飛
び跳ねるのでした。

　高い声が伴うこともあれば，無表情にただ全身に力を入れて，飛び跳ね続け
ることも珍しくありませんでした。飛び跳ねるのではなく，体を屈曲させて，
うなるような声をあげて，股間の辺りを強く押さえ込む男の子もいました。そ
の子はレールが思い通りにつながった時などの，うれしいのだろうと思える時
も，せっかくつないだレールを他児に壊されてしまった時も，同じように前屈
してからだを固くしました。飛び跳ねるのと同じように，ひどくうれしいとか，

4

ひどく嫌なのだろうと思える状況で，自分のからだに爪を立て，叫びながら自分の顔をたたく子どももいました。飛び跳ねている間に興奮状態が高じて止まらなくなり，ベッドやソファのクッションを踏みつぶしてしまうという親の訴えもよく耳にしました。

なんらかの強い興奮状態に陥ると緊張が全身におよび，ぴょんぴょんと飛び跳ねる，きつくからだを曲げる，皮膚に鋭い刺激を与えるなどの行動になるようです。また，知的な遅れが重い子どもたちのなかに，同じような行動をする子どもがいることにも気づきました。更に，幼児がうれしくてぴょんぴょん飛び跳ねたり，怒って地団太踏む姿から，情動と姿勢活動にはなんらかの関連性があるのではないかという示唆を受けました（山上，1974a）。

「これは何だろう」というのが，最初の疑問でした。ある種の情動状態で，からだに強い緊張が入り，じっとしていられないほどからだを屈伸したり，緊張性の刺激を与えたり，強い皮膚刺激を与える行動は，何に由来するのでしょうか。からだに焦点を絞って乳児期の姿勢・運動発達を探ってみても，定頸から自立二足歩行までのおおよその発達指標以外は，特に発達の問題として扱われていません。また，赤ちゃんたちの姿勢遊びとも取れる自発的運動を，心理的な発達につないで理解する研究も当初は見当たりませんでした。そんな中でワロン（Wallon, H.）（1949/1969, 1956/1983）の情動論的発達理論に出会ったのです。

ワロンの精神発達理論は，内臓や姿勢の感覚を素材とする情動，情動の社会的機能，発達過程における姿勢・運動機能の重要性などに注目しています。その点で，他の発達理論に比べて，からだを持った一人の個別の子どもの行動や情動表現などの，発達の現在に光を当てる視点にあふれていました。社会的視点に立って発達過程を捉え，情動や身体の問題に注意を向けるワロンの視点は，とりわけ自閉症という発達障害の子どもたちが表す発達の様相を理解する枠組みを提示しているように見えました。ワロン自身が，知的障害が重く，行動上の問題を抱えた子どもたちと向き合うなかで，独自の発達論を構築していった人であることは，後に知ることになります。

第1章　からだをもった存在としての育ち

　現実の赤ちゃんたちが圧倒的な情動的存在であるという事実や，姿勢・運動の多様な自発的活動に目を向けると，ワロンの視点にはほかのどの発達理論にもない，重要な提言が含まれていると感じられました。ただ，「ワロンは難解だ」とよく言われるように，豊富で具体的な臨床事例や観察事例に裏づけられた理論であるとは推測されるものの，よく理解できない記述が多いのも事実でした。このため，ワロンを読み込んでいく作業と並行して，育ちの過程にある赤ちゃんと，発達に問題を抱える子どもたちの育ちの様相を，改めて観察していく必要があると考えるようになったのです。

3.　姿勢活動の観察

　赤ちゃんたちの姿勢・運動発達の様相を，まずはただじっくり観察してみようと考えて，隔週で9カ月間，開始当初生後1カ月未満から生後8カ月だった赤ちゃん17名の観察に通いました（山上，1984a）。17名のうち16名は集団で保育を受けている場で，他の1名は在宅状態で観察をしました。17名全員に，発達上の問題はありませんでした。観察はあくまで覚醒・安静時に，床やベッドに寝かされた状態での自発的な姿勢活動に限りました。自発的な姿勢転換が困難である月齢児については，保育者が適時，他動的に伏臥位，仰臥位，座位などへと姿勢を変えてやるのが育児の場の常であるため，他動的な姿勢転換がされた後，赤ちゃんが自発的に行った姿勢活動のみを，観察対象にしました。

　実際に赤ちゃんたちの姿勢活動を観察し始めると，赤ちゃんたちの姿勢活動への熱中の様子にまず驚かされました。感覚運動的活動については獲得された新しい力が反復されることを，ピアジェ（Piaget, J.）が循環活動として注目しています。しかし，姿勢活動についても，観察した17名全員に，その時期の姿勢・運動発達の課題に繋がる特定の姿勢を，繰り返し保持しては休憩する循環的活動が観察されました。

　中枢神経系の成熟に応じて姿勢・運動が順を追って発達することや，機能が高次化する過程で，なんどもなんども寝返ろうとしたり，ゴロゴロ転がったり

するような，一種の姿勢遊びが観察されることはよく知られています。事実，赤ちゃんたちは，育ち始めた姿勢の力を，まるで強化するかのように，あるいは鍛えているかのように，特定の姿勢活動を繰り返し試みていました。印象的だったのは，それらの循環的な姿勢活動は，強い緊張の保持を必要とする様子で，顔を紅潮させ，いきみ，息遣いも荒くなるほど疲れる活動であるのに，一休みするとまた特定の姿勢が循環的に反復されたことでした。また，それらの姿勢活動に熱中している間は，注意は自らの身体感覚に向けられている様子で，視線を内に向けて確かめているかのような，ひどく真剣な表情をしているのが印象的でした。

　赤ちゃんたちが，見ることや仕組みを調べることに興味を引かれやすいことは，赤ちゃん研究のなかで指摘されています。また，空腹が満たされ，静かに覚醒している状態で，辺りをじっと眺める赤ちゃんの態度も報告されています。しかし，安定した覚醒時間帯に，全身の緊張をもたらす姿勢の循環反応に，赤ちゃんたちがこれほど熱中していることを報告している発達研究に接したことはありませんでした。

　隔週で観察した赤ちゃんたちには，特定の姿勢活動の後に全身を弛緩させて休憩し，姿勢活動と弛緩を交代させる行動が全員に観察されましたが，この姿勢の活動の一区切りが長い赤ちゃんもいれば，ごく短時間で終わる赤ちゃんもいました。また，姿勢の循環活動の頻度が高い子もいれば，まれにしか行わない子もいました。更に，同じ月齢の赤ちゃんでも，どのような姿勢活動を特に好んで反復するかには，個人差がありました。

　なんらかの移動運動が可能になると，赤ちゃんの関心は移動という目的に向けられ，姿勢活動に随伴する身体感覚に注意を向ける態度は目立たなくなりましたが，どの月齢にどのような姿勢活動がみられるかについては，一般的な発達的傾向がみられました。その大まかな特徴をまとめたのが図1.1.1です。

第 1 章　からだをもった存在としての育ち

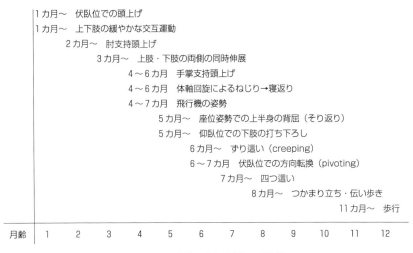

図 1.1.1　姿勢の循環活動の優勢期

4. 姿勢活動の観察事例

　すでに述べたように，観察した赤ちゃんの姿勢活動は，きわめて個別的でした。観察事例のうち，特徴的であった数例をあげると以下のようです。なお，本書の事例では，男児は「○○くん」，女児は「○○ちゃん」と表記しています。

事例 AA ちゃん　女児

　生後 4 カ月初めには，体軸の回旋に強い興味を示し始め，この傾向が一貫して続くなかで，生後 5 カ月の中頃には，寝返りの反復によって室内を転がり移動することを覚える。この間に，仰臥位で足を手でいじる活動，仰臥位で床を蹴って頭の方向へずり進む活動，飛行機の姿勢（両腕と両足を空中に上げる）なども観察されたが，それらの姿勢活動を圧倒する形で，ねじる姿勢活動への関心が生後 7 カ月まで優勢であった。たとえば，6 カ月27日には，ずり這いや伏臥位での方向転換も観察されたが，寝返りによる移動や方向転換のほうがより容易で興味を引かれる様子で，寝返りが自由な遊びの様相を示した。

8

1 姿勢の循環活動

事例 AB ちゃん　女児

　AA ちゃんと同じ誕生月で，同じフロアで過ごしているが，体軸に添って上肢や下肢を伸展することに，主たる関心を示した。4 カ月 5 日には，伏臥位で肘をついて，頭部挙上と下肢の空中への突き上げを，交互に反復することに熱中している。この姿勢活動は，やがて手掌部で上半身を支持して頭と胸部を高く上げる，胸上げ姿勢への熱中に移行していく。5 カ月 5 日には，腹部を支点にして，上下肢を空中に持ち上げるような，飛行機の姿勢への熱中へと移行していた。同月齢の AA ちゃんとは対照的に，ねじり姿勢は循環活動となるほどには観察されず，AA ちゃんが転がり移動をしているそばで，同位置での上下肢の伸展的な姿勢活動にふけっていることが多かった。その後ずり這い移動が可能になり，8 カ月 9 日には四つ這い移動が安定していた。

事例 AC くん　男児

　生後 3 カ月 3 日から観察を開始したが，4 カ月11日から 7 カ月 3 日までの 7 回の観察日で，一貫して飛行機の姿勢への熱中が目立った。仰臥位では，下肢を空中に蹴り伸ばすような活動を反復したが，伏臥位をより好み，伏臥位になるやいなや，飛行機の姿勢に熱中した。ひたすら飛行機の姿勢に熱中する様子は，姿勢の感覚に引きこもっているように感じとれるほどであったが，周囲の人と目が合うと笑いかけるなどの反応があった。飛行機の姿勢以外には，伏臥位になろうとする体軸の回旋，腹部での方向転換，ずり這い移動，足いじりなども観察されたが，それらは熱中というほどではなかった。AC くんの姿勢遊びとしては，飛行機の姿勢の循環活動が圧倒的であり，ベッドや床の上でひたすら熱中した。全身をべったり床につけて弛緩休憩をしては飛行機の姿勢を保持することを，4 カ月25日には 3 時間にわたって反復した。

事例 AD くん　男児

　生後 8 カ月で観察を始めたとき，AD くんはすでに，ずり這い移動が安定していた。しかし，ずり這いよりも立位姿勢をとることに関心が強く，つかまり立ちするために，手に触れるものには，人であろうと物であろうと，つかまっては立とうとした。バランスが充分とれないため，立ち上がろうとしてベッド

第1章　からだをもった存在としての育ち

から落ちたり，つかまった棚ごと転倒したりすることが目立った。しかし，泣いてくじけるような様子が見えず，立ち上がる姿勢活動に強くひきつけられている様子で，立位姿勢をとる活動に挑戦し続けた。10カ月に入ってつかまり立ちが安定すると，次は立位よりも伝い歩きに関心が移り，這う力と伝い歩きを組み合わせて，外界探索にふけるようすが目立った。すなわち，移動運動が自立し始めると，姿勢活動それ自体の循環的活動は目立たなくなった。

5．姿勢の循環活動と自己感

　感覚運動的活動の発達段階で獲得された新しい力が反復される傾向については，ピアジェ（1948/1978）が第1次循環反応から第3次循環反応までを報告しています。ワロン（Wallon, H.）（1956/1983）も，赤ちゃんは自分が行った運動が外界にある効果を及ぼしたことを感知し，運動の変化と効果の変化を確かめるような循環活動によって，外界をより弁別的に知覚できるようになるのだと述べています。そこでの循環活動は，運動と弁別的な外部知覚の発達にかかわる活動を指していますが，他の著書（1949/1969）でワロンは，赤ちゃんたちがしばしば一定の姿勢を繰り返しとっては，手応えを得ようとする活動をすることに注目しています。更に，姿勢活動における筋緊張とその感覚は同時的に起きて両者が重なりあっているところに特徴があり，だからこそ子どもの注意を捉える最初の感覚—運動複合体になるのだと指摘しています。

　姿勢活動の感覚は，ピアジェの言う感覚運動的活動のように，活動とその効果が時間的にずれ，発達経過のなかで相互に洗練されていくわけではありません。自ら活動することに随伴する直接的な身体感覚なのです。誕生直後から，ある姿勢を保持すれば，姿勢活動とそれに随伴する自己受容性の感覚は，同時に重なりあって感受されます。だからこそ，それらの姿勢の循環活動は，いわば最も原初的な「活動し，存在する」自己感の萌芽，身体的自我の発達にかかわっているのではないかと，ワロンは考えています。

　観察場面で姿勢の循環活動に熱中している赤ちゃんたちは，いずれも視線を

内に向けているような真剣な表情をしていることが印象的でした。そこで赤ち
ゃんたちの注意をひきつけているのは，特定の姿勢を保持することに伴う自ら
の筋緊張（トーヌス）の感覚，ワロンが言う「自己受容性」の感覚だろうと推
測されます。

*

　ワロン（1949/1969）は，運動発達の一側面と考えられがちな姿勢機能が運動
から分化し，一つの全体に統合された身体イメージ（身体図式）が形成される
ことと，象徴機能が形成されることには深い関係があると考えています。更に，
姿勢の自己受容感覚が，人格的な同一性の基盤にあり，個人の実存に深く根ざ
しているとも指摘しています。

　ワロンの視点に立つなら，今回報告したような乳児の姿勢の循環活動は自己
感の発達基盤となりつつ，認知機能の発達と相互にかかわりあって，精神発達
と人格発達の土台形成にかかわる活動なのだと考えられるのです。

　乳児期の自己感の発達については，スターン（1985/1989・1991）が，関係発
達の視点から生後2，3カ月からの中核自己感の発達相に注目しています。こ
の時期から顕著になる「他者と共にある自己」の発達の様相は興味深いのです
が，関係や認知面の発達相を支える身体領域での自発的な姿勢とその感覚の循
環的活動の意義を，自己感の発達とつないで検討することで，自己感の発達は
より実際的な土台を得るのではないかと筆者は考えています。

　ここで報告した赤ちゃんの姿勢・運動については，この活動が赤ちゃんのこ
ころの発達にどのようにかかわっているかについて，突っ込んで検討すること
はできませんでした。そこで2において同じ観察事例を取り上げて，姿勢活動
と情動との関係を，発達経過をたどって検討したいと思います。

② 飛行機の姿勢の循環活動

1. 姿勢機能と運動機能

　①では，乳児期の姿勢の循環活動に注目しましたが，それは何かを目指した目的志向的な活動であるというより，乳児がからだで遊んでいるように見える姿勢活動でした。

　一定の姿勢を保持するためには強い筋緊張が伴いますし，時には苦痛も伴います。それにもかかわらず，特定の姿勢を保つ活動が乳児の興味を捉え，自発的に反復されていきました。姿勢の循環活動は，手や目の働きのように，外界とかかわり外的事象に自らを適応させる活動として起こるのではありません。多くの場合，外的なきっかけは何もないのに，乳児たちは姿勢の循環活動に繰り返し挑み，からだの内部に注意を集中しているような注意深い表情を見せました。いったい何をしているのだろう，何が赤ちゃんの興味をひきつけているのだろうと，見る者を感動させるものがそこにはありました。またそこに，赤ちゃんたちの発達に向けての能動性や主体性が感じられ，発達という現象が生命の自然に深く根ざしていることを実感させました。

　①で述べたように，姿勢の循環活動の内容は，月齢によって次第に変化していきました。たとえば，伏臥位での頭上げの循環活動から肘支持による頭上げの循環活動へと移行し，首すわりが安定した乳児は，頭上げそれ自体の循環活動を卒業していきます。また，体軸をねじることにふける活動も，寝返りが安定するとそれ自体が遊びのように反復されることはなくなります。つまり，姿勢を形成し保持する機能の発達に支えられて，目的志向的な移動運動は発達す

ると考えられるのですが、移動運動が安定すると、姿勢の循環活動そのものが観察されなくなったのです。

姿勢の循環活動の種類と優勢期については1の図1.1.1に示しましたが、それらは大まかな目安であり、個々の乳児の姿勢活動は、もっと個別的で多彩な様相を示しました。そこでここでは、姿勢の循環活動のなかから飛行機の姿勢に焦点を当てて改めて検討を試みます。

図1.2.1　飛行機の姿勢
　　　　（事例2：4カ月11日）

2. 飛行機の姿勢の循環活動と個人差

飛行機の姿勢（山上，1984b）は、腹部を支点として首から胸を上げ、上肢を飛行機の翼のように左右に開いて伸ばし、下肢を持ち上げて伸展する姿勢です（図1.2.1）。初めは上下肢とも肘や膝がやや屈曲しています。

この姿勢を保持するためには、首が座っていることが必要であり、伏臥位で過ごすことが多い月齢に特徴的な姿勢活動と言えます。また、腹部を支点として、強く背屈して頭と上下肢を宙に持ち上げることが必要であり、姿勢保持には強い筋緊張が伴います。このため、疲れると床に突っ伏して休憩する様子が見られ、姿勢保持と休憩が交替しながら反復されるのが特徴です。

飛行機の姿勢は大まかには乳児期の前半から後半にまたがる時期に観察されますが、これは首すわり、座位、寝返り、這い這いを経て、立位姿勢が始まるまでの時期に当たります。更に、立位姿勢が安定して目的指向的な移動運動が発達すると、姿勢の循環活動それ自体は観察されなくなります。このため、姿勢活動から移動運動への移行期に観察される活動として、飛行機の姿勢は姿勢機能と運動機能の発達的関連を検討する手がかりになると考えられるのです。

観察された17名の乳児の内、観察開始時に移動運動が未発達であった対象児

第1章　からだをもった存在としての育ち

事例番号	観察開始月齢	性別	優勢姿勢	生後4カ月	5カ月	6カ月	7カ月	8カ月	9カ月
事例1	1カ月27日～	女	伸展・飛行型		5M5 5M19 ○ ○	6M2 6M14 ○ ☆		8M9 C→	
事例2	3カ月03日～	男	飛行機型	4M11 4M25 ○ ○	5M9 5M23 ○ ○	6M6 6M20 ○ ○	7M3 7M17 ○ ☆	8M28 四遣	
事例3	3カ月08日～	女	ねじり型		5M2 ○☆	6M0 C→			
事例4	3カ月17日～	男	腕立て胸上げ型					8M1 C→	
事例5	4カ月20日～	男	飛行機型		5M3 5M17 ○ ○	6M1・15・29 ○→ ○	7M12 ○	8M初 8M23 四遣	
事例6	5カ月00日～	男			5M0・14・28 ○ ○ ○		7M23 ☆	8M11 四遣	
事例7	5カ月04日～	男			5M4 5M18 ○ ○→	6M1 6M15 C→ ☆			
事例8	5カ月10日～	男	腕立て胸上げ・飛行機型		5M10 5M24 ○ ○	6M8 ○☆	7M1 7M15 ○		
事例9	5カ月27日～	男				6M21 ☆	7M19 C→		
事例10	6カ月09日～	女				6M20 ○	7M3 ☆		9M11 四遣→
事例11	6カ月09日～	男	ねじり型					8M17 四遣→	
事例12	6カ月23日～	男				6M23 ○		8M3 ○	

図1.2.2　飛行機の姿勢の発現期（○：飛行機の姿勢の観察日月齢，C→：ずり這い開始，四遣→：四つ這い開始，☆：座位安定，5M2：生後5カ月2日）

は12名でした。この12名についての飛行機の姿勢の発現状況をまとめると，図1.2.2のようになります。図1.2.2に見られるように，観察中に飛行機の姿勢活動が観察されたのは12名中9名であり，その月齢は生後4カ月から8カ月まででした。そのうち観察期間中の1日だけに観察された乳児は3例，全く観察されなかった乳児が3名いました。観察が隔週で行われていたため，2週間の間に飛行機の姿勢の循環活動を経過していたのか，全くしないで過ぎてしまう例があるのかは不明でした。飛行機の姿勢活動の頻度がきわめて高かったのは，集団場面で観察した事例2と，自宅で観察した事例5の2例でした。発現頻度がきわめて低く，おざなりにやっているように見えた，事例3の女児のような例もありました。

　飛行機の姿勢の発現が最も早かったのは事例2の生後4カ月11日で，最も遅くに観察されたのは事例5の生後8カ月23日でした。また，飛行機の姿勢活動が最も多く観察されたのは，5カ月児たちでした。このように，飛行機の姿勢活動は，その発現時期，発現の期間，頻度の個人差がきわめて大きいのが特徴でした。

　ただし❶で指摘したように，姿勢の循環活動は一般に個人差が大きく，その子ども特有の"持ち姿勢"とも言える優勢な姿勢や姿勢活動が目立ったため，

図には伸展型，ねじり型，腕立て胸上げ型，飛行機型などと表記しました。

3. AC くんと飛行機の姿勢

　観察者が最初に飛行機の姿勢活動に注意をひかれ，その発達的意義に興味を持つきっかけになったのが，図1.2.2の事例2，AC くんです。

　AC くんの観察は集団場面で，午睡や授乳が終わった後の安静時，日常の自由遊びの時間に行いました。乳児室には，様々な月齢の乳児たちが複数の保育士の対応を受けて思い思いに過ごしていました。観察者の入室によって月齢の高い乳児には強い人見知り反応が生じましたが，月齢の低い乳児たちは玩具で遊んでいたり，保育士の世話を受けていたり，月齢に応じた姿勢活動に熱中していたりと，それぞれの活動に専念していました。

　AC くんの観察開始は生後3カ月3日からですが，観察開始当初は飛行機の姿勢は観察されていません。しかし，4カ月11日の観察日には，ただひたすら飛行機の姿勢活動に熱中している AC くんの姿が強く注意をひきました。

　観察者は飛行機の姿勢というものがあることは知っていましたが，それがこれほどに反復される姿勢活動であることは，AC くんと出会って初めて目の当たりにしました。それから生後7カ月3日までの約3カ月間，隔週での7回の観察日ごとに，AC くんの飛行機の姿勢活動は，かたちを変えながらも著しく高い頻度で観察されました。

　AC くんを観察し始めた当初は，同じ乳児室に，飛行機の姿勢をする他の乳児はいませんでした。それだけに，ただただ視線を内に向けるようにして，本人にとっては苦しいであろう姿勢を保持し，疲れると床に伏せて休憩し，また頭と胸を上げて上下肢を宙に持ち上げる姿勢を繰り返す姿は奇妙に見えました。まるで外の世界から隔絶しているように感じられて，初めは何か個別の問題を抱えている子どもなのではないかとさえ思ったほどです。しかし，観察を続けるなかで，同じ乳児室で AC くんと並行して，飛行機の姿勢に熱中する乳児たちが登場するようになります。観察日のある日には，同じ乳児室で飛行機の姿

第1章　からだをもった存在としての育ち

勢活動にふける複数の乳児の姿を観察できましたし，集団での観察と並行して自宅で観察を行っていた事例5の乳児にも観察されるようになります。こうして，飛行機の姿勢は発達のある時期に見られる非特異的な姿勢活動なのだと理解するようになったのです。

　ただし，すでに述べたように飛行機の姿勢が全く観察されなかった乳児がいましたし，事例4のように飛行機の姿勢は観察されないが「腕立て胸上げ」姿勢が優勢であった乳児や，事例11のように「ねじり」姿勢が優勢な乳児もいました。他方，飛行機の姿勢活動も優勢な他の姿勢活動も観察されない事例9のような乳児もいました。それでいて，全員が生後9カ月までに，ずり這いか四つ這い移動を獲得しています。つまり，飛行機の姿勢活動は，移動運動の発達を直接的に促進する活動だと言えませんでした。

　❶に述べたように，姿勢の循環活動で乳児たちの注意を引きつけているのは，特定の姿勢を保持すると同時に感受される自己受容性の筋緊張（トーヌス）の感覚だと考えられます。観察事例は，筋緊張性の感覚に注意がひかれて姿勢活動に熱中する乳児と，そうではない乳児がいることを示唆しました。更なる検討が必要ですが，後者は自己受容性の活動よりも外界とのかかわり活動にむしろ熱中する傾向がありました。そうした発達初期の注意の方向性や活動性の質的違いは，ワロンが指摘しているように性格の起源にかかわっていくのではないかと推測されます。

4．飛行機の姿勢の発達的変化

　飛行機の姿勢活動の発現状態とその発達的な推移について，ACくんの事例を中心にしながら，以下に具体的様相をたどってみたいと思います。

　観察1（生後4カ月11日）　初めて飛行機の姿勢が観察される。ひたすら飛行機の姿勢をしては伏せて休憩し，また飛行機の姿勢をするというように没頭している様子。飛行機の姿勢をしている最中に呼びかけると，観察者に視線を向け，ACくんの方から笑いかけてくる。

16

2 飛行機の姿勢の循環活動

観察2（生後4カ月25日）　仰臥位に寝かされると右から左側へすぐ寝返って，飛行機の姿勢（胸と腹部は着床し，上下肢を持ち上げて体軸にそって伸展する）。保育士が玩具を差し出すと，見ながら飛行機の姿勢（腕を軽く曲げて左右に開き下肢を浮かす）をし，その後両肘で支えて胸を上げてから玩具を見る。ネジ式の玩具が動くと，玩具の動きを見ながら飛行機の姿勢（上肢を左右に開き下肢でリズミカルに空中を蹴る）をし，次いで軽く握った手で床を突っ張るようにして，腕立て状に頭部をグッと持ち上げて胸を反らす。この飛行機の姿勢と胸上げ（手掌支持頭上げ）姿勢の交替，飛行機の姿勢と床に突っ伏しての休憩の交替がこの日は目立つ。

観察3（生後5カ月9日）　湿疹のために腕に包帯が巻かれ，腕の屈伸が制限されている。伏臥位で頭部挙上，玩具を両手に持って舐めながらの胸上げ，体軸を捻って上体のみの横臥位姿勢が目立つ。飛行機の姿勢活動時には，下肢が着床していたり，左足のみ床に着けて支えるようにしていたり，左手の玩具を舐めながら右側の上下肢のみ飛行機の姿勢状に伸展することがあった。

観察4（生後5カ月23日）　飛行機の姿勢活動の時，下肢を床からほぼ完全に浮かせて伸展させるようになる。また飛行機の姿勢活動後，べったり床に伏せて休憩するのではなく，手の平を突いて腹から胸・頭を垂直に立てる胸上げ姿勢で休憩し，伏臥位に戻って飛行機の姿勢をする姿勢活動の交替が特徴的であった。また，伏臥位で近くにある玩具に手を伸ばし，届かないと体軸をねじって横臥位になってつかむ，つかんだ玩具を口に持っていきながら伏臥位に戻る，玩具を両手でつかみ，左手に持って飛行機の姿勢をし，次いで両手で持ち，右手に持って床に打ちつけ，さらに両手で保持し，観察者の方を見て笑いながら飛行機の姿勢をする，などと展開する。保育士があやしかけると相手に注意を向け，とっさに飛行機の姿勢をとって，相手に笑いかける。

　この日，5カ月5日になった図1.2.2の事例1の女児が，頭と胸を上げながら同時に膝から下を伸展させる姿勢活動に熱中する様子が見られた。

観察5（生後6カ月6日）　伏臥位で玩具を両手でつかんだり片方に持ち替えて床を叩いたりする活動と，片手に玩具を持っての飛行機の姿勢活動，片手に

第1章　からだをもった存在としての育ち

玩具を保持しての胸上げ姿勢，が循環的に反復される傾向がめだった。また，玩具をつかもうとしたり，保育士を追視しながら，腹部を基点にして方向転換する姿勢活動がめだった。

　この日，4カ月19日になった事例1の女児が，あやされるたびに相手の目を見て声をたてて笑うようになる。伏臥位では，あやされるたびに笑いながら強く背屈し，背屈の勢いで瞬間的に上体が床から浮き上がっては音をたてて床に落下しつつ，相手を見ながら笑い続ける様子が観察された。

観察6（生後6カ月20日）　人見知り反応として，見慣れない相手を凝視してべそをかき，上体をねじって避けようとする。相手に慣れてくると周囲にある玩具に興味が移り，玩具をつかもうとして手を伸ばして尻を上げるが，前につんのめって片手を腹部の下に巻き込む。上体を起こして手を抜き取り，伏臥位姿勢に戻って玩具の方に方向転換する。

　周囲とかかわりなく飛行機の姿勢を反復している本児に，保育士が名前を呼んだり玩具を近づけたりして這い這いを励ます。右手の平で床を叩いた後，手を突いて上体を強く背屈し，膝を立てて四つ這い姿勢となるが，腹部を落として飛行機の姿勢をする。保育士が更に玩具を近づけて励ますと，右手を伸ばして玩具に触れるが，手で押されて玩具が遠ざかると，腕の力で上体をずり上げて少し前進（ずり這い）。手を伸ばした勢いで玩具がひっくり返ると，見つめながらとっさに飛行機の姿勢をする。保育士が更に玩具で這い這いを励ますが，玩具が遠すぎると興味を失って右手で床をひっかき，保育士の方を見ながらべそをかく。

　この日，5カ月5日になった図1.2.2の事例1の女児と5カ月4日になった事例7の男児に，飛行機の姿勢活動が観察された。

観察7（生後7カ月3日）　伏臥位でいじっていた玩具が思いがけずひっくり返った時や，つかもうとした玩具が突然動いた途端，驚いて飛行機の姿勢をし，背後の保育士を振り返って捜すようにする。また，保育士が四つ這い姿勢になっている本児の前に回転する玩具を置いて回してみせると，回転する玩具を注視しながら，ぱっと腹這い姿勢になって飛行機の姿勢をし，以後も玩具が回転

する度に飛行機の姿勢をする。

　前方にいる保育士が，両腕を差し出して這っておいでと励ますと，手足を突っ張って尻を高く上げ，足の蹴る力で尻を前方へ押しやるようにして，もぞもぞと四つ這い様の動きをする。保育士が更に玩具を差し出して励ますと，四つ這いで突っ張っている手足をさっと外して腹這いになり，ぱっと飛行機の姿勢になる。更に保育士が励ますと，伏臥位から手足を突っ張って尻を上げて前後にゆすり，移動意欲の高まりを表すが，そのまま腹部を落として飛行機の姿勢をする。

　更に，四つ這い姿勢になりながら室内を移動する保育士の動きを目で追い，好きな保育士の方に接近したそうに見える。しかし直進するのではなく，伏臥位になって飛行機の姿勢をし，次いで四つ這い姿勢で尻を振っては，また腹部を床につけて飛行機の姿勢をするというように，飛行機の姿勢と四つ這い姿勢を交替させる。

　この日，5カ月0日の事例6の男児が，初めて飛行機の姿勢に挑戦する様子が観察された。

　観察8　（生後7カ月17日以降）　座位姿勢が安定し，四つ這いによる移動が可能になって，腹臥位姿勢をとることがなくなり，飛行機の姿勢の循環活動はこの日以降観察されなくなる。

5．飛行機の姿勢活動の発達的意義

　飛行機の姿勢活動とは一体何なのかを探っていた時期に，山口俊郎氏からAuzias et Ajuriaguerra（1980）の論文を紹介され，アジュリアゲラがワロンの研究に強い影響を受けた研究者であることも知りました。

　紹介された論文はパリの保育所で観察された37名の乳児を対象にしており，研究者を当惑させる一見奇妙な乳児の姿勢活動として，グライダーの姿勢（飛行機の姿勢）に注目しているものです。筆者は自分が感じたのと同じ当惑や興味を共有する研究があったことに，まず大きな励ましを得ました。研究結果と

第1章　からだをもった存在としての育ち

しては，生後4カ月から7カ月の時期に伏臥位姿勢とかかわって発現する姿勢活動であること，発現頻度がきわめて高い乳児とほとんど観察されない乳児がいて個人差が大きいことが指摘されており，筆者の観察結果とも一致しました。彼らの研究は映像記録を数量的に分析し，神経心理学的観点から考察を行ったものです。筆者の観察例ACくんを例にすると，飛行機の姿勢は姿勢・運動発達の経過に伴って，以下のように大きく様変わりしていきました。

　①飛行機の姿勢と休憩だけが反復される単純な循環活動から，より複雑な様相へと変化しました。すなわち，姿勢・運動機能が発達するにつれ，観察2や観察4では胸上げ姿勢との交替，観察5では腹部を基点とする方向転換活動との併存，観察6ではずり這い移動との交替，観察7では四つ這い移動との交替，というように，新しく獲得した姿勢・運動機能と組み合わさって，飛行機の姿勢はその発現の様相が変化しました。

　②生後5カ月頃からは，玩具を振りながら飛行機の姿勢を保つなどの，感覚運動的遊びとの"ながら"姿勢が観察されるようになります。

　③生後5カ月後半からは，おもしろい物を見つけた時の情動興奮や対人情動反応として，飛行機の姿勢が見られるようになります。ワロンは生後6カ月頃から中枢神経系の成熟と相まって，本格的な情動段階に入ると考えています。観察では，驚きや喜びなどの情動表現が緊張性の姿勢反応と重なって現れる様子が観察され，情動が緊張性の反応に根ざしているというワロンの見解（1949/1969）を裏づけました。つまり，乳児たちは，驚きや喜びなどの情動を，しばしば緊張性の姿勢反応で表すのです。事例1の女児が声をたてて笑いながら，上体が浮き上がるほど背屈する姿勢反応を示したことも，むずかる乳児がしばしば強く反り返って泣くのも，情動が緊張性の反応と結びついているという理解を支持しています。

　④生後6カ月後半になると，飛行機の姿勢活動と移動運動，飛行機の姿勢と感覚運動的かかわり活動が交替する，奇妙な行動が観察されました。

　興味を引かれる対象を発見してつかもうとしたり，好きな保育士に早く到達したいと思っている様子なのに，目標に向かう活動や移動を中断しては飛行機

の姿勢を挿入し，外界とのかかわり活動が中断されました。飛行機の姿勢活動が入り込むことは，目標に到達するという課題解決にとっては不都合です。しかも，四つ這い移動を獲得した月齢になると，わざわざ腹部を床に着け直して飛行機の姿勢をとらなければなりません。

　ワロンは，外界とかかわる認知活動と情動は拮抗関係にあると指摘していますが，ここで観察されたのは，まさにワロンの指摘が行動レベルで具体化した状態であると考えられますし，認知と情動は外的適応と内的適応という本来異なる適応にかかわる機能であることも明らかにしています。

＊

　以上，ACくんの事例を軸に飛行機の姿勢活動を検討してきました。しかし，ここでまとめた特徴は個別的なものである可能性があり，更に検討が必要な課題も浮上しています。このため，姿勢活動についての検討を更に続けることにします。

3 姿勢活動から身振りへ

1. 姿勢の循環活動の発達的意義

　乳児期の姿勢・運動発達を継続的に観察するなかで，まずは多様な姿勢の循環活動に焦点を当て，次いで飛行機の姿勢の循環活動に焦点を当てて，その発達的変化を検討してきました。観察例で取り上げた姿勢活動は，きわめて興味深い自発的活動ですし，乳児保育の現場ではありふれた活動であるにもかかわらず，これまでの発達研究で取り上げられてこなかったのはむしろ意外です。また，実際の保育場面で赤ちゃんたちが三々五々，めいめいに姿勢の循環活動にふけっているのに，その場にいる保育者たちが取りたててそのことに注意を向けないことも興味深く思われました。あまりにも日常的すぎて，意味づける必要を感じていないという風に見えました。

　観察してみて，姿勢の循環活動がとりわけ興味深く思われるのは，赤ちゃん自身にとっては苦しいはずの，強い筋緊張を伴う姿勢活動が，何度も何度も自発的に繰り返されていくところです。❶の「姿勢の循環活動」で触れましたが，ワロン (1949/1969) は乳児の姿勢活動を取り上げ，一定の姿勢を繰り返しとるのは，自己受容性の身体感覚による手応えを得るためだと考えています。

　乳児を観察するなかで，からだの活動と感覚を自ら刺激し感受することに，乳児がどれほど興味を引かれ，熱中するかを目の当たりにすると，ワロンの発達的視点は，単にそういう視点があると言って片付けることができない意義を帯びてきます。

　外界とかかわる感覚運動的活動は，経験を通して獲得され洗練されていかな

ければなりません。これに対して，内臓や姿勢の活動と感覚の機能は，生得的に完成した状態で誕生します。とりわけ姿勢活動における筋緊張とその感覚は，同時的に起こり，重なり合っています。視覚や聴覚などの外受容性の場合と異なり，姿勢をかたちづくれば，そのからだの動きは直接自分のからだの感覚として，即座に自分に返ってくるのです。だからこそ姿勢活動は，子どもの注意を捉える最初の感覚—運動複合体になるのだと，ワロンは考えるのです。

外界とのかかわり活動において，赤ちゃんが感覚運動的循環活動に熱中する時期があることは，ピアジェ（1948/1978）の認知発達研究が明らかにしており，よく知られている事実です。しかしこれに加えて，これまで注目されてこなかった姿勢の循環活動という発達現象があることが，観察によって明らかになりました。外界作用的な感覚運動的活動とその感覚がより適応的になっていく発達と並行して，身体の自己受容性の活動と感覚が姿勢機能として洗練され，発達していく過程があり，これもまた精神発達の紛れもない一領域をなしているのです。

発達過程は多面的です。感覚運動とか，社会的相互作用とか，姿勢活動とかの，一面に焦点化すると，見えてくる発達の様相は平面的になり，まるでそれ自体が独自の高次化過程をたどるように見えます。しかし実際には，ピアジェがとらえた認知面での循環反応の発達的変化に限っても，手の感覚運動的活動を支える姿勢保持機能の発達という基盤なしには実現しません。発達の諸相は相互にかかわりあって，新たな発達の相を切り拓いていくのだと考えられます。

私たちはからだを備えた存在です。そのからだは，"私というもの"の一生の存在基盤となり，諸経験は私の歴史性を形成していきます。"私というもの"が断片化された経験の寄せ集めにならないのは，活動とその感覚という二重化された経験がこのからだに根を張り，私という個別のからだに収まっているからです。しかもこのからだは，人としての同型性を他者と共有しており，私たちは同じ姿勢をとることで同じ身体感覚を味わいます。

子どもが転びそうになると，まるで子どものからだを立て直すかのように，見ている母親が自らの姿勢を立て直したり，他者の負傷や病などの身体的苦痛

第1章　からだをもった存在としての育ち

に直面して，同じ身体部位に痛みを感じるのは，この身体の同型性に由来します。スポーツ選手の競技に共感する時，選手と同じ身体部位に力を入れて，成功や達成を励ますような筋緊張が働くこともよく知られた事実です。

　このように，からだは私というものの固有性の基盤となりながら，同型性を介して他者への共感や同情の心理的基盤となり，社会的共同性の基盤ともなっているのです。

2.　姿勢・運動と情動

　姿勢・運動機能の発達が，精神発達や人格発達と深くかかわることは，ワロンの視点を除けば，発達研究の領域ではそれほど問題になってはきませんでした。しかし，乳児観察のデータは，❶「姿勢の循環活動」で検討したように，緊張性の姿勢とその感覚にふける循環活動の発達的な意義に注意を促すと共に，❷「飛行機の姿勢の循環活動」での検討を通じて，姿勢機能が情動と深くかかわっていることを明らかにしました。

　姿勢が崩れた時の乳児の驚愕反応は，モロー反射の段階から養育場面でごく普通に観察されています。落下する時の姿勢の崩れを，強い驚愕体験として味わう夢は，だれもが一度は見たことがあるでしょう。泣く子が強く背屈することも，養育者がしばしば体験することです。観察場面では，ひどくうれしい時に，強く背屈する反応が見られました。姿勢機能と情動の関係を示唆するエピソードは，ワロンが指摘するまでもなく，子どもの育ちの場に豊富に存在します。赤ちゃんたちはからだで驚き，からだで笑うのです。

　更に観察データは，情動が筋緊張（トーヌス）という身体的基礎に根ざしていることを明らかにしただけではありませんでした。先に検討した AC くんの観察を通じて，生後5カ月後半頃からの，おもしろい物を見つけたときの情動興奮や対人情動反応としての飛行機の姿勢反応を通して，外界に向かう心理的構えと姿勢的構えの発達的関係にも注意を促しました。

　契機となったのはある種の情動興奮ですから，情動が姿勢反応として表れる

のは頷けます。しかし，単に"うれしい"とか"びっくりした"などの情動興奮だけではなく，ものや人に向かう興味や関心という活動のエネルギー的側面を担う情動も，緊張性の姿勢的構えとして表れることを明らかにしたのです。

興味や関心を発達のエネルギー的側面として扱ったのはピアジェ（1948/1978）です。興味や関心を外界に向かうエネルギーとして扱うことで，ピアジェでは情動と身体のつながりが捨象されてしまったきらいがあります。しかし，興味や関心場面での飛行機の姿勢反応は，外界に向かう興味や関心といった心理的態度が，身体の姿勢的構えを発達的起源としていることを示唆しています。

乳児期の姿勢の循環活動は多様でしたが，どのような姿勢活動を好むかには個人差がありました。飛行機の姿勢の循環活動も同様で，観察されなかった乳児もいますし，その発現の時期や頻度も個人差が際立ちました。しかし，飛行機の姿勢にはとりわけ全身的な筋緊張の配分が必要であり，筋緊張と情動の関係が観察可能な行動に映し出されます。その点に，飛行機の姿勢が発達研究において占める意義があると考えられるのです。

3. 姿勢機能と外界とかかわる活動の交替

2の AC くんの例で，生後 6 カ月後半になると飛行機の姿勢と目的指向的適応行動が，ぶつかりあうかのように一連の行動のなかで交替される，奇妙な現象が観察されたと報告しました。たとえば，目標に到達するための這い這いと飛行機の姿勢が交互に入れ替わって反復されたのです。大好きな保育士のそばへ行きたいとか，おもしろそうな玩具に近づきたいという強い関心が働いている状態で，這い這い移動をわざわざ中断しては，飛行機の姿勢が挿入されました。四つ這い移動が可能になっている場合は，這い這いの途中でわざわざ腹部を床に着け直して飛行機の姿勢を行い，次いでまた腹部を持ち上げて，這い這いによる前進を数歩行い，また腹部をつけて飛行機の姿勢をするというように，目的に到達するまでに，何度も移動は中断されました。更に，興味のある対象を見つけ，対象に手を伸ばしてつかもうとする感覚運動的活動を即座に行うの

第1章　からだをもった存在としての育ち

ではなく，一旦それらの活動を中断して，飛行機の姿勢が挿入されたのです。

　なぜわざわざ，移動や感覚運動的かかわり活動が中断されて，飛行機の姿勢が挿入されたのでしょうか。観察データは，乳児が矛盾した課題に向き合っており，両者を交替させることで，妥協を図るのだということを示唆しています。大好きな人のそばへすぐ行きたい，でもそばへたどり着くためには，行きたい思いを姿勢調整し，次いで運動を起こさなければなりません。移動を始めれば対象に向かう情動が移動を止めて姿勢調整を促します。まるでシーソーゲームのように，大急ぎでそれらを反復しながら，観察事例はやっと興味を引きつける対象に到達することができたのです。

　それらの奇異な行動は，発達の一時期に観察された後，表面的には見えなくなります。したがって，対象への興味や関心という情意的機能と，対象とかかわる適応的な感覚運動機能を，発達的に統合するに至っていない発達レベルを反映して，妥協形成的に両者を交替させる行動が起こるのだと考えることができます。換言すれば，一方が図になると他方が地になるというように，図と地が反転する現象が起こるのです。

　ワロンの言うように，両者を排斥しあう拮抗関係にあるとみるか，異なる適応を指向する機能が分化しながら統合されていない状態と考えるかについては，今後更なる検討が必要です。しかし，飛行機の姿勢と適応的活動が矛盾したかたちで交替していく発達の相は，いわば内的適応と外的適応という二つの異なる適応を統合して，"私"として生きていかなければならない心理的な課題が，発達の根底に存在していることを示しています。

　また見方を変えれば，移動運動と飛行機の姿勢の交替は，生後1年目の後半に姿勢機能と運動機能が分化し始めたことを顕にする現象だと捉えることもできます。運動が未発達な乳児では，姿勢機能と運動機能を明瞭に区別するのは困難です。しかし乳児期後半に入ると，姿勢活動は自分をつくり変える自己塑型的活動として，感覚運動的活動は外界作用的活動としての性格を明確にし，以後はその特徴をそれぞれにより精緻化していくことになると考えられます。

4. 姿勢と運動の分化——AE くんの例

　運動と姿勢が分化し始めると，姿勢機能はどのような発達の相を切り開くことになるのでしょうか。1で紹介した観察とは別の機会に，毎週定期的に保育場面で観察した乳児の例から，一例をあげて以下で検討することにします。

　AE くんは，移動運動の発達がゆっくりした男児でした。観察を開始した7カ月7日当時は座位姿勢が不安定で，保育士が座位にしたり，伏臥位にして這い這いを励ますと，嫌がってぐずり声をあげていました。周囲とのかかわりも受動的であまり動かず，乳児用椅子に座ったまま，周囲の保育士や乳児の動きを静かに眺めていることが目立つ子で，目が合うと穏やかな微笑を返してきました。

　しかし，翌週の7カ月14日には，寝返り移動を覚えて室内を縦横に転がり動くようになっています。7カ月28日には，寝返り移動中の伏臥位姿勢から，自発的な座位への姿勢転換が可能になり，座位が安定します。座位が安定すると上体を立てて周囲を見回し，玩具に手を伸ばして，玩具で遊ぼうとする探索行動が目立つようになります。これによって，それまでの受身的で穏やかな赤ちゃんっぽい印象を一気に脱皮しました。

　8カ月6日になると，対象を目指したずり這い移動が始まり，興味対象まで這って行って座り直し，つかんで探索する活動が活気づきます。手指の操作が巧みになり，音の鳴る玩具を操作できるようになって，自分でスイッチを押しては，音楽が鳴り出すと，「アッアッアッ」と言いながら全身をゆさぶり，喜びと達成感を表しています。

　対象世界とのかかわりの様相の急激な変化は，社会的な関係についても，爆発的な変化として観察されました。すなわち，8カ月6日に初めて，保育士が視野から消えたとたん，泣き声をあげて這い這いで後追いをしました。また，食事や着替えの世話をしてもらう時に，相手の保育士が誰であるかを，首を回したり視線をあげて確認し，保育士の話し声を聞きつけて，振り返って確認する行動が，頻繁に見られました。複数担任のなかに大好きな保育士ができてい

第1章　からだをもった存在としての育ち

て，本児からは姿が見えない位置から，その保育士が名前を呼びかけると，声が聞こえてくる方を覗きこむようにして，呼ばれるたびに全身をバタつかせて喜びました。

　また同じ日に，姿勢活動としても興味深い行動が観察されました。食事場面で，保育士が食べ物をスプーンに載せて差し出すと，その度に口を大きく開いて食べていたのですが，そのうち食べ物がなくなります。保育士が食べさせるのをやめてしまうと，口を大きく開いて突き出すようにし，"もっと欲しい"と催促する身振りをしたのです。また食事の終わり頃に，頻りに首を左右に振ります。保育士はこれを意思表示と受け取り，「イヤイヤイヤ（だね）。もういらない？」と，応答します。さらに，食卓などが片付けられた状況で一人遊びをしている時，ふっと思いついたように，その場とは直接関係のない，「イヤイヤ」の身振り動作を行います。他者に向けてやっているのではなく，しぐさを自分一人でやってみている様子でした。

　この後，生後9カ月3日にはつかまり立ちが可能になります。また，生後11カ月25日には四つ這い移動と伝い歩きを組み合わせて，自在に室内を移動して探索を楽しむようになります。

5.　発達の大きな変わり目

　AEくんのように，一気に脱皮してまるで人が変わってみえるほどの急激な変化がどのようにして起こるのかはよくわかりません。しかし，生理的成熟と精神的諸領域の発達が輻輳する発達の過程に，急激な質的な変化期が存在することや，その道のりと変化がきわめて個別的な様相を示すことは，発達研究ではよく知られている事実です。

　たとえばスピッツ（1957/1968，1962/1965）は，生理的諸機能や心理的諸機能など，発達にかかわる輻輳する諸機能が統合される特別な時期があることを，乳児観察に基づいて指摘しています。彼は胎生学に由来する組織因（organizer）という概念を使って，精神発達過程において統合が達成されたことの象徴

28

的行動として，生後３カ月の微笑反応，愛着関係の発達を反映した８カ月不安（人見知り反応），15カ月の「ノー」の身振り，という三つの組織因に注目しました。組織因が形成される時期は，外傷が特殊で重大な影響を招くような特に傷つきやすい臨界期となり，組織因の形成不全は人格における均衡の障害を招くと考えられています。

　このスピッツの視点は，とりわけ発達に障害がある子どもの理解の枠組みを築く上で重要になります。たとえば，移動運動と認知機能の発達的統合のずれは，障害がある子どもの場合にしばしば観察されます。移動運動が自立しているのに外界とかかわる認知の力が弱かったり，認知的な力の発達を支える姿勢・運動に障害があったりと，ずれの様相は個別的ですし，それによって支援の内容もまた個別的になるのです。

　発達における諸機能の統合の問題については，今後さらに検討を深めていくことが必要でしょう。しかし，日常の養育や保育の現場では，発達過程で起こる急激な変化は周知の事実です。たとえばしばしば体調の崩れと共に起こる急激な発達的変化を，親たちは「知恵熱が出た」と表現し，その変化を育ちの過程の自然現象として，感動と共に受けとる傾向があります。AEくんの場合も，保育士たちが観察者に「変わったでしょ？」と誇らしげに報告し，子どもの変化によってかかわる意欲を励まされている様子が印象的でした。

6. 姿勢から身振りへ

　座位が安定して手の動きを支える姿勢調整が安定すると，手は外界への感覚運動的な探索を活発化し，他方，適応的活動や運動から自由になった姿勢活動はその独自性を顕にし始めます。

　AEくんの８カ月６日の観察では，食事にかかわる他者とのやり取りの全体的文脈から，口を開いて食べ物を受け取る活動が一部取り出され，食べる行動を続けたい（もっと欲しい），という訴えとして表現される様子が観察されました。同じ日に観察された「イヤイヤ」の身振りについても，拒否の象徴的身振

第1章 からだをもった存在としての育ち

り動作としての兆しがうかがえます。まだ"やってみている"という様子が見えますが，適応の文脈から独立し始めた姿勢活動は，保育士の応答的かかわりを介して，今後意味を持ったしぐさとして発達していくのだろうと推測されました。

その後の8カ月20日には，他児を観察している筆者を座位姿勢でじっと見つめているAEくんに気づいて，筆者は手首を曲げて上下に振り，「おいでおいで」と手招きをしました。するとAEくんはじっと眺めてから，動作をまねるかのように，にこにこしながら筆者に向けて腕と手を上下に振りました。二人で身振りの交替を続けるなかで，だんだん興奮が高まってくると，AEくんは伸ばしている下肢をバタバタ床に打ちつけて喜びを表現しました。しばらく後に，筆者が他児の様子に注意を向けている時，AEくんがまた筆者に注意を向けているのに気づきました。視線を向けると，さっきやっていたしぐさへと誘いかけるように，AEくんの方から腕と手の上下運動をして笑いかけてきました。

ここでのAEくんのしぐさは，延滞模倣の芽生えのようであり，少し前のやりとり行動の経験を姿勢的に懐胎し表現する象徴の力を，獲得し始めているように見えます。この後AEくんは，姿勢機能が備えている自分を形づくるという自己塑型的活動の特性を，より顕著に発揮するようになります。1歳の誕生日を直前にした11カ月25日には，保育士の歌に合わせて手を打ち合わせる手遊びや，人差し指でしきりに絵をつつきながら見ている姿が，観察されるようになっています。

7. 身振りから象徴機能へ

AEくんの身振り動作の兆しは，感覚運動的活動から象徴的身振り表現への発達的移行が，どのように始まるかを示唆しています。姿勢機能が対象を表示する力を備えていく過程は，認知機能の単一的な高次化過程とは異なる，自己塑型的な姿勢活動の発達とかかわって展開していきました。

お乳や食べ物を拒否して口をそむける活動が,「ノー」(観察事例ではイヤイ
ヤ) という拒否の身振り表現として意味化されることを, スピッツ (1957/
1968) は象徴機能の前触れとして位置づけています。発達研究においては, 従
来から感覚運動的活動から手指の機能が独立して, 対象を指示するようになる
指さし行動の発達が注目されてきました。

AE くんと同時期に保育所で観察した他児の例はいずれ第3章で紹介します
が, 生後10カ月頃から1歳過ぎにかけて, 急速に身振り行動の発達が観察され
ています。また特に興味を引かれたのは, この時期から保育者が, 子どもに身
振りや手遊びを積極的に教えるかかわりをする傾向が目立ったことです。

観察した保育場面では, 食事場面での「イタダキマス」や「ゴチソウサマ」,
玩具のやりとり場面での「ドウゾ」や「アリガトウ」, うれしいときの「バン
ザイ」の身振りを, 保育者自身も積極的に使ってみせ, 子どもの手を持ってし
ぐさをさせて, しぐさによる表現を励ますかかわりが目立ちました。また, 腕
を上に挙げたり, 手の平を叩き合わせたりなど, 運動からより自由になった手
や腕の偶然的な動きを意味あるものとして受け止め,「バンザイ」や「ジョウ
ズ, ジョウズ」と意味づけて応答し, しぐさへと導いていく様子もしばしば観
察されました。あるいは, 上着を脱ぐ場面で, 腕を上に引き上げて脱がしなが
ら,「バンザイ」と意味づけ, 次第に「バンザイしてごらん」と励ましては,
声かけでバンザイ姿勢ができるように導く場合もあります。同じような例は他
にも多数あり, ニギニギ, ジョウズジョウズ, チョチチョチ, バイバイなどに
似た手の動きが見られると, それを身振り動作へと導いていくおとなの姿を,
子育ての現場ではしばしば見かけます。また, 自由度を増した姿勢機能の力を
励ますように, おとなの側から身振りの獲得を導入していく場合もあります。
AE くんの例のように, おとなが模倣を促したわけではない場合でも, 子ども
の側から能動的に模倣する傾向が目立ってきます。姿勢活動それ自体を遊びと
して楽しむような, 手遊びが始まるのもこの時期です。「チョチチョチアババ」,
「オツムテンテン」,「カイグリカイグリ」などの手遊びです。自分一人ではう
まくできないけれども,「ゲンコツヤマノタヌキサン」なども, 子どもたちが

第1章　からだをもった存在としての育ち

大好きな手遊びです。

　養育に当たる者と子どもとのそうした相互的なやりとり関係の育ちを抜きに，身振りの獲得はありません。保育者との相互関係のなかで，乳児たちは姿勢活動を身振りへと発達させていくのです。この時期の養育者や保育者は，共感的あるいは感情移入的かかわりを行い，感情や興味を乳児と共有しようとする態度を強く示すようになります。そして子どもの方は，保育者との間で築かれた関係をベースに，具体的場面での保育者の態度を再現するかたちで，未分化な身振りやことば様の発声をするようになり，それらは保育士の励ましや促しを通じて，時間をかけてより洗練された身振りやことばへと育っていくのです。

　運動から姿勢機能が分化する時，運動や感覚運動的活動を支える身体的土台であることを卒業した姿勢活動は，その活動に対象を取り込み，対象を表現し，身振りという社会的コミュニケーションの手段を獲得し，発達の大きな変わり目を超えていくことになります。時期的には，スターン（1985/1989・1991）が言う間主観的自己感と間主観的他者感が発達する時期ですが，こころを持った存在としての他者との間主観的かかわりあいを通じて，芽生えた力は社会的な身振りへと導かれ，音声は喃語から意味を担ったことばへと育っていくのです。

　こうして乳児は，姿勢に対象世界を取り込み，養育者も子どもの姿勢活動に意味を投げかけ，相互的なコミュニケーションや遊びの世界を広げていきます。また，そうした社会的相互作用を通じて，姿勢機能は社会的身振りへと洗練され，象徴機能を切り拓く発達的基盤になっていくのだと考えられるのです。

8.　"私というもの"の身体的基盤

　視覚や聴覚などの外受容性の弁別感覚と活動が，長い発達経過をたどって体制化されていくのとは異なり，動けばその運動の感覚が直接的に感受される自己受容性の感覚は，生まれた時から機能しています。生まれたばかりの乳児の緩やかな四肢の動き，抱かれたり，入浴させられたり，オムツが交換されたりするたびの，他動的な姿勢の変化など，どのような姿勢の変化も，身体部分の

筋緊張の亢進や弛緩を伴います。「姿勢の循環活動」は，そうした姿勢の変化に伴う緊張や弛緩の感覚に，乳児自身が注意を向け，遊ぶように見える現象があることを示したものでした。乳児は，"動けば感じる"ことを自ら発見し，姿勢活動を反復するのです。観察データは，首や胸を上げたり，体幹をひねったりなど，自発的な姿勢運動が可能になり始める時期に，乳児たちが姿勢の循環活動に熱中する様を明らかにしました。

　乳児たちは外界とのかかわりを一旦休止して，身体内部の感覚に注意を集中しているようにみえました。彼らの注意をひきつけているのは，特定の姿勢を保持することに伴う自らの筋緊張（トーヌス）の感覚，ワロン（1949/1969）が言う「自己受容性」の感覚です。姿勢活動の発達的意義については，ワロンの影響を受けたごく一部の研究者以外には，これまで注目する人はいませんでした。しかし筆者の観察データは，どのような姿勢活動をより好むか，また，その頻度や持続時間などに個人差はあるものの，乳児には姿勢活動にふける一般的な傾向があることを示唆しました。同じ保育室内で，月齢が似通った乳児たちが，思い思いに姿勢活動に熱中し，疲れて休憩しながら繰り返し挑む様は，感動的ですらありました。誰に教えられ，励まされたわけでもありません。乳児たちは，姿勢活動とその感覚を自ら発見し，その感覚にこころを奪われるのです。

　からだは抽象化することができません。からだは特定の誰かのからだであり，その活動と感覚は，特定の"私個人"のものです。それでいて，人に固有の身体の構造は同型であり，同じ姿勢をとれば，同じ緊張（トーヌス）性の感覚を体験することになります。身体の"私性"と人一般の"同型性"を生きることを通じて，私たちは同じ姿勢をとれば同じ感覚を味わうのです。これが共感の身体的土台となり，原初的な共同性の身体的根拠になると，ワロン（1949/1969，1956/1983）は考えています。

第 2 章

自閉症児のからだとこころの育ち

第 1 章では，乳児の姿勢・運動発達の過程を観察し，赤ちゃんたちには姿勢の循環活動に熱中する発達現象があることを紹介しました。なかでも，乳児期前半から後半にまたがる時期に観察される飛行機の姿勢の循環活動においては，運動機能から姿勢機能が自由になることで，姿勢機能が身振りや表現活動の媒体として発達する過渡的段階が見えました。更に外界との交渉的活動の過程で飛行機の姿勢と移動運動が交替される現象に注目すると，両者の交替現象は，両機能が分化しつつもまだ統合できていない時期の妥協形成的活動ではないかと考えられました。更に，目的達成のための行動を中断して姿勢活動を挿入する一見奇妙なこの現象は，姿勢活動と外界交渉的活動が本来異なる適応を指向する機能であることが具現化されたもので，両者に拮抗性があると指摘するワロンの見解を裏付けるものだと考えられました。

　乳児の姿勢・運動発達をたどることで見えてきた発達現象が，果たして一般的な視点として有効であるかどうかは，今後更なる観察や組織的な調査が必要です。しかし，視点を持たなければ見えないのが発達現象です。こうした視点がなぜ発達の枠組みとして必要なのか，第 2 章ではそもそも乳児観察の必要性を感じさせ，乳児の姿勢の循環活動の発見のきっかけとなった，自閉症の子どもたちの発達的問題に立ち戻って，更に検討を続けていきます。

1 自閉症と情動行動

1. 自閉症の情動行動の特異性

　乳児の姿勢・運動発達の観察を始めたきっかけは，通常は笑ったり泣いたりする場面で，自閉症の子どもたちが情動表現ではなく特異な姿勢・運動的行動を表す理由を探りたかったからでした。

　筆者が自閉症の子どもたちへの継続的な心理的支援を開始したのは1970年であり，療育グループや個別の発達支援の事例を重ねるなかで，彼らには発達心理学的な視点に立った援助が必要であると考えるようになります（山上，1973a）。またそれと並行して，彼らの情動行動の特異性に関心を抱き，通常は情動表現が観察される場面での彼らの特異な行動に，自閉症という発達障害を理解するための手がかりが潜んでいると考え始めていました。後者の研究では，情動的な事態での態度や行動の発現の様相について，自閉症児12事例の20場面を取り上げて，「自閉症児の情動行動の特異性」（山上，1974a）として検討しています。観察の時期としては古いのですが，その内容は現在でも保育，療育，教育，就労の現場等で，日常的に観察される行動だと考えられます。

　報告された12例について，その特徴的な観察場面をここで改めて紹介すると以下のようでした。

⑴情動表現の欠如と未分化性

　まず特徴的だったのは，怪我をしたり他児に叩かれたりして苦痛を伴う場面で，苦痛体験そのものを否認するかのように全く何の反応も見せなかったり，

第2章　自閉症児のからだとこころの育ち

全身をこわばらせて場面から遠ざかったり，常同行動に閉じこもるなど，通常表現される情動的態度が表現されなかったことでした。

場面1　床を見ないで歩いていて，缶を踏みつけて転倒し，膝頭を切ってしまった男児BAくん（2歳6カ月・言語未獲得）は，痛みに全く無反応に遊び続けようとし，血が滴っているめくれた傷口を引きむしって，水遊びを続けようと固執します。痛みという最も原始的なレベルでの知覚までが，ブロックされているかのようでした。

場面2　男児BBくん（2歳6カ月・言語未獲得）は，三輪車に跨らせようとする母親とスタッフの働きかけに，全身を弓なりに硬直させ，表情をこわばらせ，低いうなり声をあげて抵抗します。これは何をされるかわからないという脅威にさらされた時の，未分化な全身的反応だとは推測されます。しかし，「嫌だ」という主体の意図や，「止めて」という訴えに欠けており，状況がもたらした緊張が高じて，全身の硬直をもたらした様子でした。

(2)否定的情動場面での特異性

また通常は泣いたり怒ったりする場面でも，その表現は特異的でした。

場面3　同じ乗りもの絵本にこだわっている二人の自閉症児の間で，一方が眺めている絵本を他方が相手に無頓着に取り上げようとします。互いに相手には無頓着に，絵本を自分の方へと引っ張り，力が及ばず取られてしまった方の男児BCくん（5歳3カ月・限局された言語的コミュニケーション可能）は，目に涙をにじませ，足踏みしながら身をよじって奇声を連発します。次第に興奮が高まっていくと，ついには無言のまましゃがみこんでからだを丸め，拳を握って膝を抱え込むように顔を埋めると，全身を硬くしてブルブル震えだします。それは，外界との関係を断絶し，混乱した情動興奮を全身的緊張に閉じ込めるかのようでした。

場面4　男児BDくん（7歳11カ月・日常レベルの言語的コミュニケーション有）が，療育場面で自発的に絵を描きます。わかりにくい表現だったため，筆者が「これは何」と質問しますが，完全に無視されます。そこで，「これは船

かな。これは海かな」と話しかけていくと，突然カンシャクを起こし，両手で
自分の髪の毛をひっぱりながら，「痛い，痛い」と叫んで床を転げ回り，手に
していたクレヨンを口に突っ込んでガリガリと噛み砕きます。本児が意図して
いた内容と違ったらしいのですが，相手に怒りを向けるのではなく，自己破壊
的な混乱に，巻き込まれていきました。

場面5　男児 BE くん（5歳8カ月・言語的なコミュニケーション可能）がレー
ルを構成的に組み立てて遊んでいる場面で，スタッフが「上手だね」と声をか
けると，泣きそうに顔を歪めながら，「見ないで，見ないで，見ないで」と叫
びます。「もう見ない，見ない」とそのスタッフがその場を離れると，落ち着
きを取り戻してレール遊びを続けていたのですが，別のスタッフが近寄って一
緒に遊ぼうとすると，「来ちゃだめです，来ちゃいけません」と唇を引きつら
せます。このスタッフがなだめて一緒に遊ぼうとすると，涙をにじませ，べそ
をかいて，まるで踊るように両腕を突き上げたりしゃがみこんだり，かかとを
軸にからだを回転させたりしながら，室内を跳ね回ります。他者の関与が切羽
詰った困惑をもたらし，次第に全身的な緊張に巻き込まれていく様子が見られ
ました。

場面6　男児 BF くん（3歳3カ月・言語未獲得）は，ドアが開かない，連結
しようとしたレールがつながらない，あるいは母親が本児の思い通りに動かな
いなどの，意図や欲求が即座にかなえられない事態で，悲鳴のような高い声を
あげて瞬間的に額を壁や床に打ち付けたり，ガラスを頭突きで割ったりする，
激しい自傷をしました。その際，意図や欲求を阻害する対象や他者に情動を向
けることはなく，興奮が自傷的方向に逆流し，全身的な混乱に飲み込まれてい
きました。

　以上の4例では，通常はごく自然にみられる身近な養育者への苦痛や援助の
訴えがなく，人に頼らない，人に訴えない，泣いたり反撃したりしない様子が
際立ちました。更には，対処できない状況への反応として，他者に向かわない
興奮が，自傷につながる様子も特異的でした。

第2章　自閉症児のからだとこころの育ち

(3)肯定的情動場面での特異性

　うれしいとか楽しいといった快の情動表現が通常期待される場面でも，やはり特異で印象的な行動が観察されました。

　場面7　男児 BG くん（3歳6カ月・オウム返し有）が，広告内の商品の会社名を見比べているので，スタッフが黒板に書いて見せると，寄ってきて見入り，両肘を曲げて握りこぶしにした腕を，無表情なままブルブルとけいれん的に震わせます。もっと書けとスタッフの手を黒板に押し付けるので，次々に書いてやると，書くたびに腕を震わせ，やがて興奮に耐えられないように全身を緊張させ，かがみこんで足を踏み鳴らしました。

　場面8　男児 BH くん（2歳10カ月・言語未獲得）は，目の前にかざした手をひらひら動かしながら，視線を天井に向けたり胸に落としたりしながら，室内を対角線状に往復し，スタッフや玩具には何の注意も向けないまま時折声をあげずに笑います。

　場面9　男児 BI くん（6歳0カ月・言語未獲得）が，他児の動きには全く関心を払わず，無表情に自分のからだに砂を振りかけながら，「オーオー」と押し殺した声をあげているのを，遊びに誘おうとして「高い高い」とからだを持ち上げてみます。すると，突然目が覚めたようにキャッキャッと笑うのですが，床に降ろすと即座に無表情に戻ります。また抱き上げると，またキャッキャッと笑って，スタッフの顔に自分の顔を押し付けてきて，目の奥を覗き込むように笑いかけてきます。しかし，床に下ろすとまた扉がしまったように無表情に戻り，まるで情動表現が限局された刺激にのみつながっていて，スイッチが切り替わるようでした。

　場面10　男児 BJ くん（6歳3カ月・限局的な発語有）はめったに笑わず，喜びを他者に向けて表現することがない子ですが，ある時，穴からこぼれ落ちる砂が山を作るのに気づいて，横目で眺めたりからだをけいれん状に震わせたりして，感に堪えないようにひとりキャーキャー声をたてて笑いました。

　さらに感情表現が線を引いたように選択的であった例がありました。

　場面11　男児 BK くん（4歳11カ月・言語未獲得）は，集団場面での他者の動

40

きには全く無関心で，パチンコの玉の動きや転倒させた三輪車の車輪が空転するなどの特定場面に限って興味を向け，かすかに微笑の表情を示します。しかし，情動表現を対象や他者に向けることはありませんでした。

　場面12　担当スタッフに愛着を示すようになった男児 BL くん（2歳9カ月・オウム返し有）は，受付の窓口から覗き込んで担当スタッフを捜し，担当から名前を呼ばれるとニコッと笑い返します。担当スタッフを迎えに事務室の出入り口へと走ったのですが，担当スタッフより一足先に，別のスタッフがドアから出てきます。そのスタッフが走ってきた男児を抱き上げ，「BL ちゃん，おはよう」と声をかけると，「BL ちゃん，おはよう」と機械的にオウム返ししながら首を強くそむけ，スタッフを腕で押しのけてからだを反り返らせます。抱いているスタッフが顔を保持して覗き込むようにしても，その度に逆方向に顔をそむけ，けっして視線を合わせませんでした。そこへ担当スタッフが出てきて床に下ろされると，担当スタッフに笑いかけ，誘いかけるように遊戯室へ走って行きます。愛着対象になっているスタッフとは情意的なやりとりが可能になっているのですが，それ以外の他者に対しては頑強に視線を回避し，情意的な関係を示しませんでした。

2．情動行動の特異性と社会性の発達

　ここで紹介した12例の自閉症児は，外界との交渉的活動がほとんど観察されない例，自分のからだに砂を振りかけるような自己刺激的活動が常同化している例，対象とのかかわり活動はあるがそれらが限局されている例，なんらかの言語機能は獲得しているが，オウム返しであったり，パターン的記号的であったりする例など，認知発達のレベルには幅があります。しかし，一般に情動表現が期待される場面での行動には，以下のような共通する特徴が観察されました。

　第一に情動表現の欠落や表現の未分化性，対象志向性の欠如ということです。情動として表現されないまま，内的な体験が凍結されるかのように固まってし

まうか，表情にかすかな動きが浮かんでもすぐに消えてしまい，他者や対象に向けられないまま，閉ざされてしまう傾向が目立ちました。

第二の特徴は，情動は本来社会的であり，他者志向的表現をとるのですが，体験を他者に伝えたり訴えたりして，他者と共有しようとする社会的態度が欠落しています。肯定的であれ否定的であれ，彼らの情動事態での行動は，情動表現に至らないまま，情動の素材としての筋緊張性の反応に留まっています。とりわけ強い緊張事態では，全身を硬くしてけいれん状に震わせ，甲高い奇声をあげ，表情は固まり，跳躍や反復的な屈伸姿勢などの姿勢活動に巻き込まれました。更に緊張が高じると，全身を硬く丸めてうずくまり，外界とのかかわりを遮断するかのような姿勢に閉じこもり，自傷行為に至る場合もありました。

自傷行為の具体的様相は様々ですが，予期せぬ事態や他者との意思疎通のずれなど，緊張を適応的な対処方法で解消できない場合，即座で激しい拒否行動や自傷行動が起こりました。

第三の特徴として，情動事態での反応は，かかわる他者と愛着関係が育っているか否かによって，情動表現となるか緊張性の姿勢反応になるかが左右されました。たとえば場面12の男児 BL くんは，担当スタッフとの愛着関係が形成されるにつれ，社会的関係を自らとるようになり，それと併せて笑顔などの情動表現も見せるようになります。こうした愛着関係が形成された他者とそうではない他者との間で，前者では情動反応が現れ，後者では緊張性の反応となるというように，まるで線で区切ったように情動反応が左右される現象は療育の課題として示唆的でした。

3. 自閉症という発達障害

自閉症（自閉症スペクトラム症）は，DSM-5（American Psychiatric Association, 2013/2014）によって，現在では①社会的コミュニケーションおよび相互関係における持続的障害，②限定された反復する様式の行動，興味，活動，という二つの症状が見られる場合に診断されます。主要症状の具体的様相は，個

別的であるだけでなく，幼児期，学童期，思春期・青年期と，発達レベルに応じて変化しながら，なお診断基準を満たす特徴は持続します。中核的問題は社会的・情緒的な相互作用の障害にあると考えられており，感情や思考や意図を，他者とひびきあう形で交換し共有しあう基本的な態度の形成が困難です。そうした中核的問題は，結果的に社会的関係を土壌として発達する認知機能の発達を阻害しますし，社会的に他者と共有される意味世界に身を置けず，流動的な状況理解が困難になります。とりわけ輻輳する刺激状況や新規場面への適応は難しく，絶え間ない脅威にさらされて緊張を余儀なくされるなどの問題へと，発達的に連関していくと筆者は考えています（山上，1999，2014）。

　たとえば，認知機能の発達が初期レベルにある乳児は，一般に外界への適応的活動が制限されますが，それを補う力として他者との情動的かかわりの機能を備えています。初めは空腹や苦痛などの生理的緊張の表現として泣きますが，養育者が泣き声を意味あるものとして受け止め，授乳し，危害を取り除くなどのかかわりをするなかで，泣く行動は社会的なコミュニケーションの手段として発達します。つまり，苦痛の生理的表現としてではなく，他者に訴える表現手段として泣くようになり，周囲もまた訴えられていると受け止めてかかわるというように，情動表現は通じあいの道を切り拓いていくのです。

　感覚運動的発達段階に先立って情動段階をワロンが想定するのは，こうした情動の社会的機能を重視したためです。次の第3章で，乳児観察の例を元に改めて検討しますが，何らかの情動事態における緊張性の姿勢反応は，生後1年目の中頃から，表情や発声などの明確な情動表現を伴うようになります。ワロンも，情動は生後6カ月頃から後の，諸機能間の調整と協応ができる段階に対応したものだと述べています。

　自閉症の子は，その障害特性のために絶え間ない緊張にさらされていますが，高じた緊張は解消されなければなりません。しかしここで紹介した自閉症児の情動行動の観察事例では，緊張を情動表現として訴えて解決を図る社会的関係や，緊張をもたらした状況を改善する認知適応的な問題解決の力が，極端に制限されていました。その子がすでに獲得している外界交渉的活動力を超える緊

張に見舞われる場合，高じた緊張は衝動的な運動的発散（走る，屈伸する，ジャンプするなど）となったり，全身的けいれんをもたらしたり，緊張性の感覚を打ち消すような別のより強い刺激に向かいました。すなわち過剰な筋緊張を解消できない事態では，壁に頭を打ちつけたり，傷口をむしり取ったりする自傷的行動が発現する場合がありました。また，場面4と場面5の2事例から推測できるように，ある種の言語的コミュニケーションが可能になっている場合でも，社会化されない過剰な筋緊張は，衝動的でけいれん的な姿勢・運動反応や自傷などの反応を引き起こしています。

4. ワロンの臨床事例

　ワロンが，かつて「動く重症児」と呼ばれ，現在では「強度行動障害」と言われるような重い障害がある子どもの観察（Wallon, 1925）から始めて，そこから独自の発達理論を構築していった研究者であることは，健常児の観察に基づいて認知発達論を構築したピアジェと比較される形で，しばしば言及されてきました。しかし，ワロンの発達研究のスタート地点をなす観察事例（Wallon, 1925）は，その一部を浜田・谷村・山口らが翻訳して紹介しているにすぎません。あまり知られていませんが，類似の子どもたちの状態は，筆者が自閉症児の療育や行動観察を開始した1970年代初頭に，日本の一部の精神科医療の現場で遭遇することがありました。

　当時は，日本の精神科医療が大きく変化しつつあった時代ですが，障害のある子どもへの医療や教育や福祉の施策は，まだ黎明期にありました。児童福祉の受け容れ先を見出せなかった重度の知的障害，重症心身障害，身体障害，重複障害の子どもたちを収容する病棟を備えた，民間の精神病院があったのです。また，一般家庭の狭い座敷牢内で，ぐるぐると走り回る双生児の兄弟が拘束されている例にも出会いました。そこで垣間見た子どもたちの姿は，ワロンが1900年代初頭に観察した事例と重なり合うものでした。動きを制限するために紐で拘束された子ども，檻状の空間に寝かされたままの子ども，激しい自傷や

1　自閉症と情動行動

他害，著しい発育不全，全身がけいれん状に波うつ情動興奮，様々な常同行動などが病棟内に蔓延していました。

　ワロンが精神病院で障害のある子を観察した時代には，自閉症という診断概念はまだありませんでした。しかしワロンの報告には，今日我々が出会う自閉症児に，きわめて類似した行動特徴を示す事例が含まれ，観察を踏まえて独自の発達理論が構築されていきます。そこでは，筋肉活動か知覚活動に溶解されないような量か質を持った興奮があればけいれんと苦痛の反応が生じるとか，興奮レベルに見合った活動が保てなくなるとけいれん発作が現れるなどと述べられ，喜びの活動がついには苦痛を伴う収縮反応や情動発作になることがあると指摘されています。つまり，外界適応的能力に比較して興奮が不釣り合いに大きくなりがちな幼児や重度の知的障害がある児童では，緊張過剰とその発作が起きやすく，極端な例では傷を引っ張ったり，髪の毛をむしったり，自分を殴打するなど，痛みをもてあそんで苦痛と戯れるような行動に至ることがあると指摘されているのです。したがって，自閉症児が情動事態で表す特異な行動は，まさにワロンが紹介している臨床事例が示す行動特徴に重なるものでした。

＊

　自閉症児の情動行動を観察すると，自閉症児では情動事態において，情動の素材としての緊張性の反応が支配的で，情動の社会的機能が発現しないことが明らかでした。自閉症の中核障害と考えられている社会性の障害は，身体的な緊張から情動という社会的表現への過程にも現れていると言えるかもしれません。

　自閉症が発達障害であるという理解は現在一般的なものになっていますが，どのような質の発達障害であるかについては，必ずしも明確にはなっていません。また，発達における身体的，情動・社会的側面の発達についてはまだよくわからないことが多く，自閉症という発達障害の特性を明らかにするうえで，ワロンの視点は今後さらに重視される必要があると考えられます。

② 自閉症児の関係性と情動行動

1. 筋緊張・情動・関係性

　子どもの精神発達における姿勢・情動機能の役割に注目する理論は，ワロン以外にはありません。このため本書では，姿勢・情動に注目する意義を繰り返し確認しながら，論を進めたいと思います。そもそも，乳児期の姿勢・運動発達の観察を始めたのは，自閉症の子どもたちが，通常は情動行動が表現される事態で，特異な姿勢・運動を示すことに興味を持ったのがきっかけでした。

　自閉症にテーマを絞り，まず自閉症の情動行動を検討した結果，幼児期初期の自閉症児では，情動事態での緊張性の姿勢反応が目立つものの，情動表現は見られませんでした。また，特定の子どもが同一場面で複数の他者と出会う場面で，相手との関係の質によって，緊張反応と情動反応が左右される傾向が見られました。そこで，緊張反応と情動反応という，反応を左右する関係の質にはどういう違いがあるかを更に検討することで自閉症という発達障害の特性に迫り，発達過程で情動機能が果たす役割について理解を深めたいというのが②の課題です。

2. 事例検討——関係性と情動

　ここで報告する2事例は，「家庭療育指導法」と銘打って実施していた，親子関係（主として母子関係）の育ちを支援する実践の具体例です。

　実践は，まず筆者が遊戯場面で子どもとかかわりながら観察し，その状況を

母親は別室からワンサイドミラー越しに観察し，その後，遊戯場面の子どもの行動特徴を共有しながら，母親面接を実施する形で行われました。母親面接では，家庭での母子関係を育てる取り組みを中心課題に，現状，取り組みの成果，生活実態に合わせた次回までの課題を，①行動（感覚運動・操作），②言語（音声・言語），③身体・情動・社会（生理・姿勢活動・対人関係・生活習慣・模倣など），④その他の問題，の4領域に分けて検討しました。

(1)事例 1　BF くん　男児

　最初に挙げるのは，1の場面6，男児 BF くん（3歳3カ月・言語未獲得）として挙げた事例です。BF くんの2歳9カ月から青年期までの発達経過は，事例マサオとして公表しています（山上，1997）。その発達経過を，①生理・緊張・情動，②愛着・対人関係，③身体感覚・姿勢活動，④認知・適応，の4領域に区分してまとめ直したのが表2.2.1「BF くんの情動行動と愛着関係の発達」です。

　胎生期に骨盤位を治していますが，周産期に問題はなく，11カ月で始歩と，姿勢・運動発達は順調でした。誕生後の入院中に体調を崩すなど病弱で，1歳7カ月頃まで絶え間なく病院通いが続いたことと，自分から抱きついてこないことが印象に残る子どもでした。母親が自閉症を疑って2歳9カ月に相談機関を訪れ，2歳10カ月で自閉症の診断を受け，3歳2カ月からは母親への療育指導と併せた週1回の個別指導を開始しています。

　表2.2.1に示した通り，初回面接当初の BF くんの情動事態での反応は，緊張性の高さと衝動的発散が特徴でした。すなわち，固い無表情，開けようとしたドアが開かないなどの些細な欲求阻止場面でのかんしゃく，壁やガラスに激突する自傷が目立ちました。3歳2カ月で個別療育指導が開始されると，母子分離を契機に速やかに母親を意識し始め，視野内に母親を留めようとする態度が現れますが，母親はまだ道具的対象に留まり，情意的対象としてのかかわりは見られませんでした。衝動的に動き回り，情動事態では緊張性の反応が目立ち，遊びは限定されていました。

第2章　自閉症児のからだとこころの育ち

表2.2.1　BF くんの情動行動と愛着関係の発達

年齢	生理・緊張・情動	愛着・対人関係	身体感覚・姿勢活動	認知・適応
乳児期〜	・満期産　骨盤位を治すが，周産期異常なし。 ・病弱で病院通い。	・病弱のため健康に母親の注意が向き，特に問題を感じていない。	・姿勢運動発達順調。 ・本児の方から母に抱きつかない。	・初語11カ月，始歩の頃からしゃべらなくなる。
2：9 初回面接	情動事態での緊張性反応 ・無表情。 ・未知の場所では特に興奮性が高く衝動的。 ・思い通りにならないと壁などに額を打ちつけて自傷。 ・闇を怖がらず，夜中に頻繁に窓から脱出。	母への視覚的依存 ・働きかけを無視し，呼ばれても視線が合わない。 ・母につきまとうが感情交流はない。母の手を引っぱってそばに座らせておいて，一人遊びをする。父には無関心。	衝動的運動 ・衝動的に動き回る。 ・高いところから好んで飛び降りる。	衝動的探索・ことばの遅れ ・衝動的に動き回って，周囲をかき回す（探索）。 ・注意集中困難。 ・こだわりと固執性。 ・ことばの遅れ：マンマ，ワンワンなど，一度だけ言う。 ・欲求表現はクレーン症状。
3：2〜 個別指導開始	情動事態での緊張性反応 ・抱かれるのを嫌がり奇声をあげて反り返る。 ・思い通りにならないと自傷や破壊行動。 ・無表情。嬉しい時は口を大きく開いて突き出し，両手を振る。 ・笛を吹くような奇声と泣き声。	母親との共生的関係 ・父や母の呼びかけに無関心。 ・母子分離で，ふと母の不在に気づいてパニックになり，初めて「ママ，ママ」と呼ぶ。以後母子分離に抵抗。 ・視野に母がいると落ち着く。視野から消えると深刻な不安に陥るが，関わり行動はない。担当者の働きかけは無視する。	衝動的運動 ・衝動的な動き回り，高い場所に上る，飛び降りるなど，大まかな粗大運動が優勢。 ・手先は不器用。できないとかんしゃくを起こす。	言語理解の芽生え ・特定の言語指示に従う。 ・注意や興味の転動性が高く，行動がコロコロ変わる。 ・遊びの限局性（砂や水を撒き散らす，電車を走らせるなど）。
3：3	表情の分化 ・自傷行為が減少。 ・かすかに笑う状態から急速に表情が分化し，楽しそうに見える（うまくいった時の満足，得意，うれしい，真剣な表情など）。 ・環境の変化に脅かされる傾向が減少。	母への愛着関係の安定 ・母が安全基地化：うれしいことがある度に母のそばへ行って膝に触り，うれしい気持ちを伝えては，遊びに戻る。 ・家では一日中母と遊び，母の行動を見て模倣的に取り入れ，習慣行動を獲得している。 ・担当者とも視線が合い，働きかけを喜んで顔を見て笑う。	他者の動作模倣 ・母親や担当者の動作の模倣的再現。 ・鏡遊び：鏡の前で色々なポーズを取る。手にした玩具を写して見る。鏡の中で担当者と視線を合わせる。 ・人形を歩かせる。	喃語・ジャルゴン・言語発達 ・母のことばの模倣的ジャルゴン→母や担当者の模倣的発語。遅延反響言語。喃語が活性化→急速にことばを獲得。 ・遊びの広がり：家中になぐり描き。構成的遊び。 ・対象をじっくり見つめる。 ・衝動的なかきまわしから調べる探索行動へと変化。
3：4	いきいきした情動表現 ・遊びながらその時々の感情につれて表情がいきいきと変化する。 ・壁などに額をぶつける自傷は消失。→大声をあげながら両手で頭部を叩いて，母親や担当者を脅すようにする。	母親からの分離・独立の始まり ・母親が視界内にいなくても，落ち着いてひとり遊びができる。担当者にも愛着を示す。 ・母親や担当者など，愛着対象になっている他者と喜びを共有。 ・未知の人に働きかけられると，視線回避や対人無関心，興奮性や注意集中困難な傾向が顕著になる。	動作模倣安定 ・動作模倣安定（他者の動作モデルを容易にまねる：身体図式の獲得） ・鏡の前でポーズを取る遊びが続く。 ・母親の靴を履いて笑いながら歩く。	共同注意・象徴機能・言語発達 ・急速に語彙量増加（63語）。 ・たえまない独語と母親や担当者のことばの模倣を経て，コミュニケーション言語化。 ・共同注意：母や担当者に絵を指さし，笑いながら命名。 ・ブロックでの構成遊びや，感覚運動的実験遊びに熱中。 ・固執傾向は続く。

48

しかし，母親からの応答的かかわりを工夫することで，1カ月後の3歳3カ月頃から，母親が愛着対象として分化し始め，この頃から急速に表情が豊かになり，母親が安全基地化し，うれしさを母に伝えに行き，母と共有しようとする態度が目立つようになります。この傾向は，3歳4カ月目にはより顕著になり，担当者（筆者）もまた愛着対象となり，笑顔を向け，興味を共有する相手になります。また，愛着関係を基盤に模倣が安定し，語彙量が増え，言語的応答が育ち，象徴遊びが広がるなど，急速に表象的な発達段階に入りました。

しかし，同じ3歳4カ月のある日，BFくんが見学者の集団に偶然取り囲まれ，傍らで話しかけられるという事態が起きます。BFくんの状態は一変し，未知の人達にたいしては，2歳9カ月当時のように硬い無表情になり，頑なに視線を回避し，奇声をあげながら両手で自傷する興奮状態に陥ります。つまり，①で取り上げた場面12の男児BLくんと同じ状況が再現されたのです。

このエピソードは，BFくんが他者一般と情意的にかかわる安定した力をまだ獲得していないことを明らかにすると共に，情動表現は関係の場の相手がBFくんにとって愛着対象になっているか否かによって左右され，BLくんの反応と共通することを，改めて明らかにしたのです。

(2)事例2　BMくん　男児

保育所への入所を契機に，対人行動がとれないことに気づいた保育士の勧めで，2歳9カ月で相談機関につながったのがBMくんです。

胎生期，周産期に異常はありませんでした。自宅で内職に没頭しながら，初めての子育てをしていた母親は，BMくんに社会的な養育的かかわりをする余裕がなく，また，BMくんの様子に疑念を抱くこともありませんでした。

BFくんと同じ形態の母子面接の経過をまとめたのが表2.2.2「BMくんの情動行動と愛着関係の発達」です。表2.2.2の通り，保育所への入所を契機に母親の胸を触りたがるなど，母親を部分対象として認知し始めますが，療育開始当初は，両親を含めた他者一般への関心は希薄でした。嬉しそうな表情を見せることはありますが，状況とつながらず，他者に向かわない空笑でした。

第2章　自閉症児のからだとこころの育ち

表2.2.2　BM くんの情動行動と愛着関係の発達

年齢	生理・緊張・情動	愛着・対人関係	身体感覚・姿勢活動	認知・適応
乳児期	情緒的交流の希薄さ ・あやしても笑わない。	愛着関係未発達 ・母親に甘えず，誰にでも抱かれる。 ・視線が合わない。	姿勢運動発達は順調 ・11カ月で始歩。 ・衝動的に動き回る。	外界との限局的な交渉活動 ・常同的発声。 ・興味の限局性。
2:6〜 保育所 入所	情動事態での緊張性反応 ・欲求阻止や行動への介入に怒ると咬みつくが，相手への情動表現はない。 ・うれしそうな情動で走るが理由不明（空笑）。 ・過剰な刺激には両耳をふさいだり，身体を固くする。 ・口唇感覚に固執。	対人的無関心・愛着未発達 ・園入所1カ月後から，母親の胸を触りたがる。 ・他者一般への関心希薄。視線が合わない。他者の働きかけを嫌がる。 ・稀に他者に興味を示す。 ・母親を欲求解決の道具的対象として識別。	身体感覚や姿勢運動未分化 ・衝動的動き回り。きわめて多動。 ・排泄はすべてパンツにする。 ・哺乳瓶を口からぶら下げ，両腕を振って走り，飛び跳ねる。 ・状況と関係がない手かざし。 ・両脚跳び，滑り台遊びが可能。 ・母の仕草をまねることがある。	外界との限局的な交渉活動 ・同一性保持の欲求。 ・要求はクレーン症状や茶碗を押し付ける道具的表現。 ・極端な偏食と異食。 ・対人的関わりを拒否。
2:9〜 個別指導開始				
2:10〜 3:0	両親への情動表現の始まり ・両親に笑いかける→ほめられると喜び，うれしいと跳んだり手を叩いたりする。 ・他児の攻撃に，両耳をふさいで体を縮める。怒ると大声を出し，失禁する。 ・哺乳瓶の使用を制限可能。 ・叱られると機嫌を取る。 ・小さい子や特定の CM を怖がる。	両親が愛着対象化→母親への愛着の深まり ・両親の顔を見ると喜び，相手をしてほしがる。 ・誰でも人の顔を見る。 ・親にほめられた動作を繰り返し，拍手を要求。 ・園の踊りの輪に入って周囲を見て喜び，他児に触れにいく。	部分的な身体意識と動作模倣の始まり ・痛みを訴えて撫でてほしがる。 ・日常道具の模倣的使用。 ・ズボンを自分で脱ぎ，畳の上で排泄（便器を拒否）→トイレで排尿＝尿はトイレで，便はパンツでする。 ・腕をあげて抱いてほしがる。 ・簡単な身振りを促されてする。 ・三輪車のペダルを踏めない。	興味関心の広がり ・周囲を眺め回し，話しかけに耳をすます。 ・喃語の活性化。 ・新規な場所への抵抗や偏食が改善。 ・母に絵を指さしさせてしきりにジャルゴン。
3:1〜 3:7	情動表現の始まりと特異性 ・気に入らないと，母の頬をつかんでつねる。 ・好きなものに唾を吐く。 ・他児に攻撃するとやり返したり，咬む。 ・特定 CM やキャラクターに怯える。	母親との愛着関係安定 ・母の後追い，人見知りが激しくなる。両親以外の人には近づかず，母がいるかをたえず確認し，母の元へ自分で戻る。 ・他児の動きを目で追い，近づいたり，触ったり，見て笑ったりする。	模倣・身振り・身体感覚の社会化 ・模倣行動の広がり：母の日常動作は詳細に模倣して再現。 ・排泄便をトイレで自立。自分でタンスから服を出して着る。衣服の着脱自立。 ・幾つかの身振り動作獲得。 ・三輪車をこいで，ペダルと共に足が動くのを熱心に観察する。	外界・ことばへの関心 ・母を基地に，外界探索。 ・定位の指さし獲得。 ・音声やことばの模倣。自分で絵を指しながらしきりに何か言う。要求のマンマ安定。 ・母に絵の名前を言ってほしがる。 ・発音不明瞭だが，しきりに言おうとする。
3:8〜 3:11	情動表現の安定 ・一日中ニコニコ。働きかけられると必ずうれしそうな反応が返ってくる。 ・恥ずかしがる表現が発達。 ・叱られて泣くと必ず失禁。 ・他児を怖ること消失。	他者への関心の広がり ・身振りや指さしで，他者とやりとりする。 ・他児を見ると喜び，簡単なやりとり遊び可能。 ・袋に入れたお金を持って近所の菓子屋に一人で行き，買って帰る。	部分的身体意識 ・模倣，手遊び，身振り動作安定。 ・入浴時，触れられた身体の部位を自分で洗う。 ・集団で簡単なおゆうぎをする。 ・聞かれて身体部位を指さす。	言語理解の広がり ・本児から他者への共同注意の促しは安定。 ・名前を知りたがる。 ・感覚運動的実験遊び。 ・言語指示による簡単な用事解決が安定。 ・偏食傾向続く。文字積木に固執。

50

しかし，母子関係を育てる療育的かかわりをスタートさせると，2歳10カ月には，両親に笑いかけるなどの情動表現が向けられるようになり，他児の存在にも注意を向けるようになります。しかし，許容量を超える対人刺激にさらされると，従来からあった，両耳をふさぎ，体を縮めるなどの，緊張性の反応も観察されています。しかし，3歳0カ月頃になると，母親への愛着が深まり，母の後追いや人見知りが始まり，褒められると喜ぶような情意的表現が目立つようになります。

3歳1カ月から7カ月の時期には，母への愛着関係は安定し，母親を心理的基地とする外界探索が目立つと共に，母親の動作を詳細に模倣し，指さして母にことばを言ってほしがる，トイレでの排泄や衣服の着脱などの身体の感覚や運動が生活習慣に沿って自立，という発達の力を獲得します。また，他者への関心が広がり，保育所では他児にも情意的なかかわりを示し，攻撃されると固まるのではなく相手を直接攻撃するなど，情動表現は豊かになり，3歳8カ月にはいかにも楽しそうに生活する様子が見られるようになりました。

表2.2.2に記載できなかったその後の経過としては，4歳0カ月に聞かれて指さして答える可逆の指さし，延滞模倣，身体図式の獲得，象徴的身振り動作が発達します。ただし，構音の難しさ，関係の一方向性，理解できないと反響言語になる傾向，遊びの固執性や常同性など，新しく獲得された発達の力に応じて新たな問題が表面化する傾向がありました。

3. 愛着形成の発達的意義——縦断的研究から

二つの事例の発達経過から言えることは，特定の他者との関係が育ち，この他者が愛着対象として他から区別され，心理的な基地となる時，情動事態での緊張性の反応は，情動の本来的な社会的機能を発揮するようになるということです。この情動の社会的機能は，単に表情や対人的態度として表現されるようになっただけではありませんでした。母子の相互的な関係の道が拓かれ，母という安全基地を得て，外界との感覚運動的交渉活動が広がり，身体の感覚と運

第 2 章　自閉症児のからだとこころの育ち

動を生活習慣に沿って社会化し，自立する力が育ちました。更に，身体の感覚
と活動は，分化した全体的な身体図式へと統合され，身振りや模倣が発達し，
表象機能獲得の発達的基盤として機能するようになります。

　こうした関係発達の様相は，乳児の精神衛生の基礎となる心理神経生物学的
メカニズムについての，ショア（Shore, A. N., 2001）の研究を想起させます。す
なわちショアは，胎内から新たな環境に生まれ落ちて多様なストレスにさらさ
れる乳児にとって，新奇性やストレスと取り組む最も初期の適応性は，対人的
相互交渉を通じて発達すると考えています。また，安定した愛着関係は大脳辺
縁系の心理生物学的制御の発達に影響を及ぼすなど，愛着関係の質が脳機能と
からんで乳幼児の精神保健に深くかかわると考えています。従って今日，母子
の愛着関係は単に母子の情意的関係を意味するだけなのではありません。また，
自閉症における母子関係を促進する支援は，心因説に立っているわけではない
のです。2 事例の経過が示すように，愛着関係が育つと愛着対象が安全基地と
なって，外界は脅かすものとしてではなく興味の対象となり，外界との交渉的
活動が活性化します。また愛着関係は，領域を超えた新たな発達の高次化過程
を切り拓く原動力ともなっている点で，その形成は重要な発達課題なのです。

　愛着形成が妨げられる時，愛着関係を土俵として発達する共同注意，身振り
や模倣，言語の獲得過程も，当然の結果として妨げられることになります。そ
うした発達の初期徴候を捉え，愛着形成の道を拓くことが，早期療育の課題で
あることを，2 事例は示唆しているのです。

　今回示した，限られた紙面での二つの表は，読者にとっては煩雑かもしれま
せん。しかし，あえて掲載したのは，発達的な変化は，単にある行動領域内で
独立して起こるのではなく，他の領域と深くかかわって変化すること，また，
子ども毎に個別的様相を現わしながらも，共通の展開を見せることを，複数の
事例で示したかったためです。紹介できたのは 2 例ですが，他の事例でも同様
の変化が起きることを確認し，「自閉症児の症状改善過程」として図式化した
のが図 2.2.1 です（山上，1999）。

　従来から自閉症（自閉症スペクトラム症）の生物学的基礎については，遺伝

52

2 自閉症児の関係性と情動行動

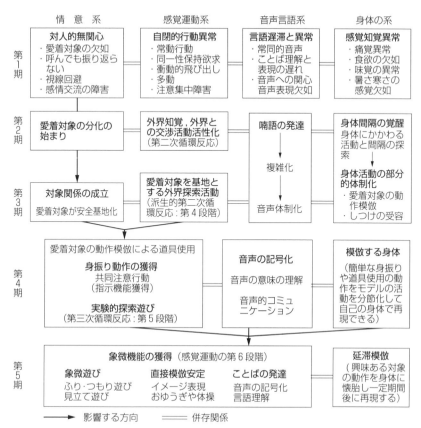

図2.2.1 自閉症の症状改善過程
(出所) 山上 (1999) p.175. (一部改変)

や大脳生理学の分野から膨大な研究成果が公表されてきました。それらの生物学的研究のデータは重要です。しかし自閉症が発達障害であるということは、生物学的な障害要因が種子となり、直接的に症状という花が育つというような問題ではないのです。なんらかの生物学的障害要因は発達の過程に介入し、発達過程を介して症状を形成し、その症状の様相もまた、発達的に変容していきます。たとえば、「社会的コミュニケーションおよび相互関係における持続的障害」という症状も、赤ちゃん時代に芽が出て、だんだん大きく育ったというより、対人相互作用の発達を妨げるなんらかの障害要因が発達過程と絡んで症

53

第2章 自閉症児のからだとこころの育ち

状として形成されたものと理解できます。

　生活年齢や発達年齢が統制された膨大な横断的量的研究では，異なる時期の発達的様相についてその違いは明らかにはできますが，乳児期の特徴と幼児期の症状を発達的に連続したものとして理解するメカニズムは明らかにできません。量的研究の成果と相補的関係をなすものとして，縦断的な質的研究の重要性が言われる所以です。実際に，一人の子どもの詳細な発達経過をたどる組織的な研究はまれですし，現在もなおまれです。ここで提示した縦断的追跡研究は，症状形成や症状軽減のメカニズムとして，「情動」と「愛着形成」が要になることを示唆しており，量的研究の空隙をつなぐ発達の視点として，今後も検討する必要があると考えられます。

3 自閉症児の姿勢・運動発達

1. 残された問題——自閉症児の姿勢・運動発達

　自閉症児の筋緊張と情動や関係性との関係について検討してきましたが，観察データが幼児期から学童期にある自閉症児の情動行動であったため，それらの特異な情動行動と緊張性の姿勢反応が，いつ頃から，どのような形で顕在化したのかについては，問題にしてきませんでした。

　もし自閉症児が筋緊張についての特殊な問題を抱えているとすれば，その問題は生後まもなくから，何らかの形で表れているはずです。自閉症の症状が顕在化し，発達支援が開始されるまでの時期に，姿勢・運動発達や筋緊張の面には，どのような問題が見られるのでしょうか。

　自閉症児の乳児期を健常児と比較した場合，姿勢・運動発達に特徴が見られることは，1990年代初頭のホームビデオの分析研究（Adrien et al., 1991, 1993）で指摘されています。この研究は，家族が成長記録として撮影した乳児期のビデオについて，後に自閉症の診断を受けた対象児と健常児のそれを比較して，自閉症の初期徴候を検討したものです。結果として，自閉症児の生後1年目に見られる行動指標として，社会的相互作用の貧困，注意の散漫や転動性の大きさ，社会的微笑や適切な表情の欠如などの情動表現の問題と併せて，低緊張が指摘されています。つまり，姿勢・運動発達に特異な問題があると指摘する研究が以前からあったのです。

　しかし，そうした一部の研究を除き，始歩に限定すれば，それほど大きな遅れがないか，通常より早期に歩行が開始される例もまれではなく，自閉症は知

第2章　自閉症児のからだとこころの育ち

的障害に比べて，姿勢・運動発達に遅れはないと理解するのが一般的でした。しかし，問題なのは，遅れたかどうかではなく，姿勢・運動発達の過程における"特徴的な問題"についての，質的検討だったのではないかと考えられます。

　自閉症児の情動行動の特異性への関心から出発して，乳児の姿勢・運動発達の観察を開始したことはすでに述べました。実はこれと並行して，自閉症と診断された子どもの乳児期の発達調査を実施しています。かなり前の調査なのですが，対象となったのは，自閉症児親の会および保護者の協力が得られた50例です（山上，1978a，1979，1999）。調査は，「胎生期や周産期の情報」，「情動・社会面，感覚運動面，身体面（姿勢・運動や生理）の発達」，「その他（夜泣きや特異な行動特徴など）」でした。調査結果の内，姿勢・運動発達に焦点を当てて紹介すると，始歩が最も早かったのは生後9カ月が2例，10カ月が4例，11カ月が9例，12カ月が7例，13カ月が7例，14カ月が12例，15カ月が5例，16カ月が4例でした。姿勢・運動発達に特徴的な様相が見られた数例を紹介すると，以下の通りです。

(1)事例1　CAちゃん　女児　第1子

　CAちゃんには，姿勢・運動発達に特異な遅れや逸脱は見られませんが，生後11カ月で走っていたと報告されるような，特異な早熟さが見られました。

　妊娠後期に貧血がひどく，満期産でしたが，早期破水，吸引分娩，弛緩性出血，臍帯巻絡，仮死で出生し，保育器を1日使用しています。

　4カ月健診や10カ月健診は問題なく通過し，姿勢・運動発達としては，定頸3カ月，寝返り5カ月，ずり這いから高這いへと移動して，11カ月でよちよち歩きが全くないまま走り出します。始歩と同時に走っていたという母親の記憶は鮮明で，知人を迎えに行った飛行場の広い空間を，生後11カ月目に嬉々として走っていたというエピソードがあります。

　生後5・6カ月頃から2カ月間，音に過敏に反応して，驚いては泣きました。また，いかつい体格の男性を怖がり，近所の人にあやされると泣くなどの反応があったため，母親は人見知りがあったと理解しています。しかし，生後8カ

月の時，身内の行事の間，他家に預けたところ，全く抵抗がなかったため，母親は奇異に感じています。

　1歳頃から，ひとり遊びと偏食が目立つようになり，母親は「CAちゃんは人を必要としていない」と感じていましたが，特に問題があるとは思っていませんでした。1歳2カ月頃から，独り勝手に遊び，飽きると部屋をぐるぐる回り，かかわりを拒否するなど，ことばの遅れとかかわりにくさが親の気がかりになります。そのようなCAちゃんの様子を見て，当時別居していた祖母が，「どんな小さい子どもにも通じることが通じない」と問題を指摘します。これを受けて1歳6カ月から，相談機関を巡り，自閉症を指摘されて，1歳8カ月には地域での療育も開始されます。しかしその直後に他の行政区へ転居となり，多動，かんしゃく，咬みつき，奇声など，ただならぬ様相を現すようになります。1歳9カ月には医療機関を受診しててんかん波が見つかり，発作はないものの，1歳10カ月から抗てんかん薬の服用が開始され，あわせて自閉症の診断を受けます。

　地域の集団療育と連携しながら，筆者が個別の発達支援を開始したのは2歳1カ月です。この時点で，母親への身体接触レベルの愛着が芽生えていましたが，相互的な関係は育っておらず，空笑，表情の希薄さ，ことばの遅れ，興味の限局性，数字や文字へのこだわりが見られました。

⑵事例2　CBくん　男児　第1子

　CBくんは，乳児期の低緊張と始歩後の衝動的運動が目立った例です。

　胎生期，周産期に問題はなく，満期産で誕生しています。4カ月健診で定頸が不安定だったため，整形外科の受診と発達相談を勧められますが，母親は受け流しています。8カ月頃から，就寝後1時間ぐらいすると，毎晩夜泣きをするようになり，夜中に笑うこともありましたが，笑う理由が不明で，怒ると余計に笑うので，様子がおかしいとは思っていました。10カ月健診は，「おんぶしても，なんかフニャフニャして，お座りもまだちゃんとできなかった」ので，問題を指摘されるのを嫌った母親は受診しませんでした。

第2章　自閉症児のからだとこころの育ち

　その後，あまり這わないまま，1歳頃から，手を持って歩かせるように要求
するようになり，そうしてやらないと怒りました。1歳2カ月で独り歩きが始
まると，後ろも見ずに走るようになり，母親が追いかけることが増えました。

　1歳6カ月健診も受診しませんでしたが，保健師の働きかけで1歳7カ月で
受診しています。この時には，指示機能が未獲得でしたが，その他の問診項目
は通過し，健診は正常として通過します。母親は問題がなかったと受け止めて
安心しましたが，この時期にあったことばは，その後消失します。その後，
CBくんが3歳2カ月時に，弟が4カ月健診を受診し，その場で母親がCBく
んのことばの遅れを相談したため，発達相談につながります。そこで聴力検査
を勧められますが，母親は特に心配しておらず，助言は聞き流します。

　3歳6カ月健診で問題があると言われましたが，指摘された内容が母親には
理解できませんでした。同じ時期に幼稚園に申し込み，入園を拒否されます。
テスト場面で聞かれた動物の名前を全問正答するCBくんを，両親は賢い子と
考えていましたが，きわめて多動で注意散漫なため，集団行動ができないとい
うのが，園側の拒否理由でした。

　入園拒否に驚いた両親が相談機関に訴え，3歳7カ月から地域での療育が開
始されます。療育と並行して4歳1カ月から保育所に通所しますが，保育内容
への参加は困難でした。6歳になる頃から，オウム返し的なことばが徐々に増
加し，指示機能が獲得され，語彙は相当数獲得されますが，それらをコミュニ
ケーションに使うことはありませんでした。

　療育機関からの紹介で，筆者の元へ来談したのは，CBくんが6歳4カ月の
時です。当時のCBくんは，低い一本調子な口調で絶えず遅延反響言語を呟い
ており，課題に注意を集中できずに動き回り，要求は単語で一方的に伝えまし
た。母親を他と区別している様子は見えましたが，母親との相互的なやりとり
関係は成立していませんでした。

⑶事例3　CCくん　男児　第2子　兄も自閉症

　CCくんには自閉症の兄がおり，母親が児童相談所での療育に，生後7カ月

3 自閉症児の姿勢・運動発達

から1歳6カ月までCCくんを同伴して通所していたため，療育スタッフであった筆者がその成長過程を乳児期から観察する機会があった事例です。

CCくんはきわめて反応の乏しい乳児だったため，筆者はなんらかの発達上の問題があるのではないかと注意しながら経過を見守っていましたが，1歳3カ月頃から急速に自閉症の症状が表面化していきます。3歳5カ月年上の兄は2歳4か月で自閉症を疑われ，2歳5カ月からの定期的な発達相談を経て，母子の集団療育に通所していました。

CCくんの胎生期は，妊娠3カ月で流産しかけ，貧血ぎみで，母体の状態はよくありませんでしたが，満期産で，特に異常なく誕生しています。姿勢・運動発達は，定頸3カ月，寝返り5カ月で，順調だと母親は理解していました。

兄は乳児期より情動表現が乏しく，他者関係より機械や記号に強い興味を示し，常同行動や同一性保持の欲求が顕著なタイプでした。そうした兄の乳児期と比較しながら，あやされると微笑し，人見知り反応も観察されるCCくんは，明らかに健康であることを，CCくんが1歳を迎える頃まで，母親は療育スタッフの前でしばしば話題にしました。

しかし担当スタッフは，一カ所に座らせるといつまでもひとりでおとなしくしており，積極的に玩具で遊ばず，移動の意欲を示さないこと，反応が受身的であり，情動反応もぼんやりしていて，他者指向的なかかわりが見られないこと，一向に歩こうとしないことなどから，運動発達遅滞や軽度の精神発達遅滞を疑いながら経過を見ていました。

1歳3カ月で歩行が自立しますが，その頃から，兄にも見られた，状況に結びつかないピョンピョン飛び跳ねる行動が目を引くようになります。いつもぼんやりした微笑を浮かべていましたが，状況による表情の変化はありませんでした。その後，1歳半頃に，「クック，イヤ，ウマ」などの単語が出たと母親から報告があり，簡単な手遊びの模倣がありましたが，ことばも模倣もその後すぐに消失しました。

この歩行の自立からことば様の音声が出てすぐに消失した時期に，自閉症の症状が積極的な形で顕在化します。すなわち，ことばの遅れ，興味の限局性，

59

第2章　自閉症児のからだとこころの育ち

視線が合わない，呼んでも振り向かない，要求場面でのクレーン症状，爪先立って両手を叩きながら飛び跳ねるなどの行動であり，家族はCCくんに兄と同じ自閉症を疑うようになります。この時期に1歳半健診があり，発達上の問題が指摘され，地域療育が開始されます。

　2歳7カ月で，個別の発達相談を改めて筆者が担当することになります。当時のCCくんについて母親は，密着して抱きついてくるが視線が合わず，目が合っても焦点が合わず，呼んでも振り向いてくれないと訴えています。CCくんは視野に母親がいれば安定し，母親に抱きついてはいきますが，母親との情意的，相互的なやりとり関係はありませんでした。

　またこの時期に，夜泣き，ぐずり泣き，叫び声が目立つようになり，医療機関を受診して諸検査を受けますが，脳波も含めて異常はありませんでした。主治医の判断で抗てんかん薬の服用が始まりますが，状態像は変化せず，以後，重度の知的障害を伴う自閉症としての臨床像を鮮明にしていきます。

(4)事例4　CDちゃん　女児　第1子

　CDちゃんは，過緊張と推測されるような特異な姿勢・運動活動，座位姿勢の遅れ，這い這いの欠如，いざり移動を経て，平均的な月齢までに歩き始めた例です。また，第一子であったCDちゃんについて，母親は詳細な育児記録を書いており，日付が明確な写真を含めて，乳児期の詳細な記録が残っています。

　妊娠中は家業の関係で母親は心身共に過労気味でしたが，周産期は特に問題なくCDちゃんは誕生します。定頸は2カ月で，生後5カ月頃から，抱こうとすると膝の上に立ってしまう行動が目立つようになり，母親は「脚の強い子」と記載しています。脚を突っ張って立位になることを好むため，母親はCDちゃんを歩行器に乗せるようになりますが，6カ月以降は歩行器に座って足で床を蹴り，家中を移動していました。歩行器移動をしていたこの時期は座位はまだ安定しておらず，7カ月で座位が安定します。這い這いを全くしないまま，11カ月からは座位姿勢でのいざり移動を経て歩き始め，12カ月までに歩行は安定します。

60

3 自閉症児の姿勢・運動発達

　対人面では，生後2カ月頃からの微笑反応，5カ月からは母と母以外の人の顔の見比べ，6カ月には母親への積極的な甘え，10カ月以降は後追いと簡単な動作模倣が記録されています。

　乳児期の写真は，どの月齢でも，目を大きく見開き，張り付いたような硬い表情をしたCDちゃんが写っています。写真の表情から，第三者的には一貫して緊張が高かったと推測されるのですが，母親は問題には思っていません。また，1歳の誕生日祝いの夜から4歳6カ月まで，毎夜の激しい夜泣きが続くようになります。

　1歳から1歳半にかけて，指示機能は獲得されないまま，「マンマ」などのことば様の音声が七つほどあり，名前を呼ぶと「ハイ」と返事をしました。この時期について母親は，CDちゃんの発育は順調で，育てやすい子だと考えています。しかし，同じ時期に，クレーン症状による要求，道順への固執，テレビの音声に固執して消すと怒る，などの行動が目立ち始めます。1歳半頃から次第に笑わなくなり，視線を回避するようになり，2歳までには，排尿を予告する「シッコ」を残してすべて消失します。2歳を過ぎる頃には，高いところに上り，呼びかけても振り向かず，働きかけられるのを嫌がり，状況とかかわりなく突然大笑いしたり，泣きだしたりする行動が目立ち始めます。こうした行動異常が目立つようになった時期は，2歳0カ月と2歳4カ月の転居，2歳6カ月に妹の誕生など，環境面の変化が重なっていました。

　転居先で地域の支援につながるのに時間がかかり，保健師の勧めで初めて相談機関を訪れたのは，CDちゃんが4歳3カ月の時で，その時CDちゃんを担当したのが筆者でした。当時のCDちゃんはきわめて多動で，一人遊びが目立ち，道順や家具の配置への固執が強く，テレビの音が聞こえる範囲から出ることがない，などの行動特徴がありました。しかし，近隣がいない孤立した住宅環境のせいもあって，CDちゃんの状態を客観的に見る機会は乏しく，母親はCDちゃんに特に問題があるとは思っていませんでした。

　執拗な夜泣きは，特に治療をしたわけではないまま，4歳6カ月にピタッと止まります。またこの時期に，2歳の妹の知的障害が顕在化します。

61

第2章　自閉症児のからだとこころの育ち

＊

　発達の様相はきわめて個別的ですし，著しい遅滞でもなければ，保護者が姿勢・運動発達に注意を向けるのは難しいようです。先に紹介した4例のように，特異な姿勢・運動発達の傾向が見られる場合でも，保護者が問題を感じていた例は皆無でした。姿勢・運動発達は正常だったと報告されているその他の事例についても，その発達経過の詳細は不明です。なんらかの個別の問題があったと推測される例もあれば，報告の通り姿勢・運動発達は順調だったのだろうと推測される例もありました。詳細は不明なのですが，気がかりな発達的様相が見られた例を補足的に紹介すると，以下のようです。

(5)事例5・6　CEくんとCFくん　男児　1卵性双生児の第1子・第2子

　1卵性双生児のCEくんとCFくんは，在胎9カ月で，CEくんは1850グラム，CFくんは2000グラムで誕生し，共に18日間保育器を使用しています。家業の関係で母親は妊娠中も出産後も激しい肉体労働に従事し，母子の接触は制限され，人工乳を与える役の祖母もあやしたことがなく，テレビをつけて放任していました。運動発達は両児とも早熟だったと報告され，定頸3カ月，這い這い6カ月，始歩9カ月と報告されますが，9カ月での歩行の様相は不明です。2歳を過ぎてもことばは発達せず，医療機関で脳波も含めた諸検査を受けますが，異常はありませんでした。2歳7カ月でことばの遅れと多動を主訴に，筆者のいる相談機関を訪れていますが，家族や本児ら相互の情意的関係は育っていませんでした。

(6)事例7　CGちゃん　第1子　女児

　陣痛微弱で出産に24時間を要しましたが，CGちゃんは予定より10日遅れで特に問題なく出生しています。定頸3カ月，後ずさりしただけで這い這いをしないまま，突然1歳3カ月で歩き始め，歩き始めると転ぶことがありませんでした。あやしても笑いにくく，母親は声を出して笑うCGちゃんを見たことがありません。何かを要求することもなく，呼んでも振り向かず，ベッドの上で

何時間でもおとなしくしていました。1歳4カ月から4歳にかけて毎夜の夜泣きが続き，親は育てにくいと感じるようになります。2歳過ぎから，遊びの限局性，常同行動，家のなかを爪先立って走り回るなどの傾向が顕著になり，2歳6カ月で筆者のいる相談機関を訪れています。

(7)事例8　CHちゃん　第2子　女児

CHちゃんは，胎生期，周産期共に問題なく，定頸2カ月，座位5カ月，這い這いとつかまり立ち10カ月，伝い歩きと始歩が11カ月で，1歳までに歩き始めるなど，姿勢・運動発達は順調でした。誕生直後から，1歳2カ月年上の兄が嫉妬からCHちゃんを激しく攻撃し，生傷が絶えませんでした。6カ月頃からは母親以外の人への拒否反応，母親との分離不安や後追い傾向が強くなり，常に母親の脚に密着していました。それ以外はおとなしい育てやすい子で，泣いたり笑ったりせず，母親に甘えたり，相手になってほしがることもありませんでした。1歳から「ギコギコ」という特殊な発声，クレーン症状，部分的な模倣が見られました。2歳頃，母親の動作模倣が始まると同時に，体を回転しながら首を左右に激しく振ってげらげら笑う，自分の手を凝視するなどの行動が目立つようになり，ことばの遅れを主訴に2歳10カ月で，筆者のいる相談機関を訪れています。

2. 自閉症の姿勢・運動発達の再検討

自閉症児8例について，乳児期の姿勢・運動発達の様相を報告しましたが，事例3の男児と事例4の女児を除き，得られた情報は自閉症の症状が顕著になってからの後方視的な調査によるものです。このため，姿勢・運動発達に特異な問題が報告された例も，報告されなかった例も，報告に養育者の主観がどれぐらい関与していたかは断定できません。しかし，紹介できた事例は少ないものの，自閉症児の姿勢活動や移動運動発達には，特異な徴候が潜んでいる可能性が示唆されています。

第2章　自閉症児のからだとこころの育ち

　事例1では，よちよち歩きが全くないままに11カ月で走り出し，事例5・6は9カ月での極めて早い歩行の自立が報告されています。事例2では，乳児期の定頸と座位姿勢の発達の遅れ，低緊張，這わない傾向，自立歩行せずに両手支持を要求する態度，歩行と同時に始まった衝動的な飛び出しが特徴的です。事例3では，姿勢・運動発達の重大な遅れはないものの，低緊張を疑わせる能動性の極端な欠如，遅れ気味の歩行の自立，歩行と同時に始まった飛び跳ねる緊張性の姿勢・運動への傾倒が特徴的です。事例7にも事例2や事例3に似た傾向が見られ，突然の歩行開始などの発達の飛躍が見られます。更に事例4では，脚を突っ張って立位になる過緊張が目立つ一方，座位姿勢の安定が遅れ，這い這いの欠落，やや早目の歩行の自立が見られました。また，姿勢・運動発達は順調だったと推測される，事例8のような例もありました。

　ところで近年になって，姿勢・運動発達の特異性を，自閉症の初期徴候として注目する研究が報告されるようになっています。たとえばタイテルバウムら（Teitelbaum et al., 1998）は，後に自閉症と診断された子どもと健常児の乳児期のビデオを解析し，非定型的な運動発達の様相によって，生後4～6カ月で自閉症を発見できると考えています。運動障害の様相は個別的ですが，運動発達のマイルストーン毎に見られ，口形の異常，姿勢や運動の非対称性，出現時期のずれ，反り返りなどの特異な緊張性の姿勢・運動が注目されています。また，ランダ（Landa, 2008）も，回顧的なビデオの解析研究によって，社会的相互作用に関する領域での問題と併せて，生後6カ月から12カ月に，姿勢調整の異常やまずさ，特異的運動，低緊張，活動性の低さや受動性などを報告しています。

　それらの後方視的な研究とは異なり，坪倉（2009）は2006年から2007年に運動発達の遅れを主訴に来院し，後に広汎性発達障害（今日の自閉症スペクトラム症）と診断するに至った16名を追跡し，その運動発達の特徴を四つのパターンに区分しています。すなわち，①一時期運動発達の遅れがあるが追いついて独り歩きは正常，②見られるべき運動が歩き始めまで出現しない，③全体的に運動発達が強く遅れる，④各運動のできる順序がちぐはぐである，というものです。坪倉の結果でとりわけ興味深いのは，運動発達の遅滞と併せて，全員に筋

3 自閉症児の姿勢・運動発達

緊張や共同注意の異常が認められたことです。その他に，いざり移動が25％，反り返りが50％，特異的運動が63％，反射異常が75％に見られ，広汎性発達障害のベースに身体の問題があることに注意を促しています。

また安治ら（2008）は，先のタイテルバウムらの研究を踏まえて，144名の9カ月児に対して神経学的・認知行動学的・社会認知的発達を個別に評価し，筋緊張低下群24名，亢進群2名を見出しています。人数が少なかった亢進群を除いて低下群と正常群を比較し，低下群では観察者の働きかけに対して視線を合わせる頻度やタイミング・持続時間の適切さが低い傾向など，発達障害の前駆症状が高い確率で見出されています。今後の縦断的研究の必要性が指摘されると共に，筋緊張が発達に及ぼす影響に関心を促しています。

更に熊谷（2010）は，自閉症の原因となる脳の機能障害は，精神機能に関する症状を引き起こすだけでなく，運動発達の障害の原因にもなると指摘し，乳児期から追跡した低緊張児の7パーセントが自閉症と診断されたと報告しています。

それらの研究成果は，後に自閉症と診断される子どもの乳児期に，何らかの緊張性の異常や運動発達上の問題があることを示唆しています。低緊張に注目する研究が多いようですが，自験例も含めて，一部には強い反り返りなどの過緊張が疑われる例も報告されています。従って，低緊張であれ過緊張であれ，姿勢保持や姿勢転換，移動運動に必要な，適切な筋緊張（トーヌス）の配分がうまくいかない傾向が示唆されていると考えられます。そうした筋緊張の問題は，本書で取り上げた情動行動の特異性や対人関係の障害と発達的にかかわっており，自己感（および他者感）の育ちが妨げられるという過程をたどるのではないかと筆者は推測しています。筋緊張の問題には中枢神経系が関与していると推測されますが，本書で検討してきた「筋緊張と情動行動」，「情動と関係性」の問題に言及している研究は，今のところ見当たりません。近年注目されるようになった筋緊張や姿勢・運動発達の特異性が，自閉症の症状形成にどのようにかかわるのかについては，今後，機能相互の発達的連関を視野において，解明する努力が強く望まれるところです。

4 情動と自傷行為

1. 自傷行為

　発達臨床の現場では，生活年齢も発達年齢も異なる人々が，多様な自傷行為をする現実にしばしば遭遇します。自傷の中身は多様で，鋭利なもので切る，爪噛み，抜毛，傷口をむしる，つねる，こぶしでの殴打，壁や床への激突など，全身が血だらけになり，生命に危険が及ぶ場合や，失明の危険に陥る場合すらあります。また，それらの自傷の多くは，身体の表面部分に強い刺激を加えるものです。

　自傷行為は自閉症や知的障害などの発達の障害がある場合に，幅広い年齢層でみられますが，心理的不適応状態と絡んでも起きます。心理臨床領域でしばしば出会う，思春期に多くみられるリストカットなどもそうです。現れる年齢や問題領域は広いのですが，ここでは主として自閉症や知的障害などの問題を抱えている子どもの自傷行為に焦点を当てて，検討していきたいと思います。

　3で取り上げたように，自閉症の子どものなかには，情動事態に陥ると，笑ったり，怒ったりするのではなく，飛び跳ねたり，反り返ったりする緊張性の姿勢・運動反応をする子どもがいました。また，**2**で事例としてあげた BF くんの例のように，緊張が高じると，自傷行為に陥る場合がありました。せっぱつまった緊張性の高い声，衝動的な動き，抱かれると強く反り返るなどの緊張性の姿勢反応が目立つ時期に，BF くんには激しい自傷が見られました。コンクリート壁に額を打ちつける自傷を止めようとして，額と壁の間に差し入れた筆者の手には，血豆ができるほどの激しさでした。

思い通りにならないなどの欲求阻止場面で，被害体験に追い打ちをかけるように，自らを傷つける加害行為をするのはなぜなのでしょう。この疑問と取り組むために，まずは，育ちの過程の一時期に，一過性に観察される自傷を取り上げます。その発現の様相を検討することで，自傷行為の心理的基礎を理解できると考えるからです。

2. 一過性の自傷行為——事例：CI ちゃんの場合

保育所で毎週観察していた CI ちゃん（女児）は，一時期自傷行為が見られた子どもです。

CI ちゃんに初めて出会ったのは，CI ちゃんが生後 9 カ月21日目のことでした。当時の CI ちゃんは，担当保育士との相互的なやりとり関係がすでに育っていました。保育士の動きを追視し，保育士がそばを離れるとぐずり泣きし，「アーアー」と声を張り上げて呼びかけ，気持ちを分かち合うように，手を差し出したり，視線を合わせたりしました。

生後10カ月に入ると，CI ちゃんから保育士へは情動表現や発声で，保育士から CI ちゃんへは感情を言語化して，相互に気持ちのやりとりをする姿が観察されています。また，座位から這い這いへの姿勢転換が自在になり，室内を移動しては，探索的遊びを楽しんでいます。ボタン操作でことばをしゃべり，音楽が鳴る玩具がお気に入りで，鳴り出すと保育士に呼びかけて，驚きや喜びを共有しようとしました。

自傷行為

そうした CI ちゃんに，ここ数日，自傷行為が見られると，保育士から相談があったのは，CI ちゃんの生後10カ月26日目のことでした。

CI ちゃんの様子を見に行くと，園庭から 2 階の保育室にもどろうとしている場面で，緩やかな階段を，乳児たちが思い思いに這って登っていました。CI ちゃんは最初から拒否し，保育士の方に両腕を差し伸べて抱っこを求めています。他児たちがそれぞれに階段を這い上っていくなか，這い這いができる

はずの CI ちゃんだけが取り残され，保育士が励ませば励ますほど，大声を張り上げて泣いて拒否します。保育士が 1 段目に CI ちゃんの両手を突かせて，上るように励ましたところ，CI ちゃんはその俯け姿勢のまま，額を 2 段目にガンガン激しく打ちつけて，更に激しく泣き出しました。同日の別の場面では，保育室で床に腹這いになって遊んでいて，徐々にぐずり声をあげ，やがて，腹這い姿勢のまま音を立てて額を床に打ちつけ，大声で泣き出しました。声のトーンには疲れや眠気の他，抱いてほしいのに放っておかれることへの怒りが感じられました。

　二つの観察場面に共通しているのは，思い通りにならない欲求阻止の状況です。特に階段場面は，抱っこして上げてほしいのに自力で上るように励まされて，興奮状態に陥っている様子です。

　その後，11カ月16日には，つかまり立ちと伝い歩きで室内を自在に移動できるようになっていますが，階段上りや這い這い移動を励まされる場面では，やはり，泣いて抱っこを要求し，自力での移動はしませんでした。ただこの頃には，床に額を打ちつける自傷はなくなっています。

CI ちゃんの自傷と情動

　CI ちゃんの自傷行為は，生後10カ月の一時期に集中して起こり，11カ月半ばには消失しています。その後も特に問題となる行動はみられません。

　CI ちゃんの認知発達は順調であり，11カ月23日には，他児の方へ「ンー」と言いながら指さして保育士の注意を促し，保育士が気づいて他児に注意を向けた後で，二人で顔を見合わせて，注意を共有する場面が観察されています。しかし，情動面では特定の保育士への愛着が強く，後追いをして泣き，嫌なことがあると保育士の顔を見上げて訴え泣きをするなど，依存的態度が目立ちました。また，自発的にできることでも促されるとやろうとせず，すぐに抱っこを求め，泣き，"情動表現で他者を動かす"態度を身につけていました。

　CI ちゃんには兄や姉たちがおり，家族みんなが末っ子の CI ちゃんをかわいがっていました。要求はおとなが読み取ってすぐにかなえ，這い這い移動ができるようになってからも，とりわけ祖父母に抱っこされて過ごすことが多かっ

たようです。そうした家族関係と生活経験のなかで，依存的な情動表現が主要なコミュニケーション媒体となっており，それが容れられなかった時，興奮の高まりのなかで自傷に至っていると考えられました。

3. 自傷行為が繰り返された例——事例：CJ くんの場合

　発達上の障害がある子どもの場合，自傷行為はより長期に，きわめて深刻な様相を表す場合があります。CJ くんがその一例です。

　CJ くんは，保育所から地域の特別支援学級を経て，中等部から特別支援学校に進んだ自閉症の男児です。筆者の CJ くんへの支援は，保育所に在籍していた3歳7カ月から始まり，高等部まで継続されました。彼が抱えている最も困難な問題が自傷行為でした。長い年月にわたって，家族の粘り強い取り組み，保育や教育，医療，自閉症専門施設での指導（TEACCH），作業療法（感覚統合），筆者の発達支援や家族支援など，が続けられてきました。

　ここでは，自傷が始まった幼児期から小学1年生の時期に焦点を当てますが，それに先立って，CJ くんの成育歴を振り返ってみます。多方面からの支援を受けながらも，顕著な改善を見出せなかった時期があり，どのような育ちの様相のなかで自傷が起きているのかを，押さえておくためです。なお，事例報告について家族の了解は得ていますが，支障がない範囲で事実関係は改変してあります。

CJ くんの成育歴

　CJ くんは第一子で，2歳下に弟がいる4人家族です。妊娠中貧血がひどく，陣痛は長びきましたが，普通分娩で特に異常なく誕生しています。母乳を吸わず，2日目に哺乳瓶でミルクを吸った後，母乳も吸うようになり，以後混合乳で育ちます。3カ月で笑い，首が据わりました。4カ月頃から，全く違う方向を見てニコニコし，授乳時に視線が合いませんでしたが，その後笑わなくなりました。5カ月でエアコンの吹き出し口を気にするようになり，8カ月には視線が全く合わなくなり，空腹時にケラケラ笑うなど，母親は違和感を抱くよう

第2章　自閉症児のからだとこころの育ち

になります。9カ月からは這い這いでの移動が可能となり，1歳には，ペン立てのなかをペンでつつくなど，遊びが限局されており，1歳2カ月からは，母親の顔も見ずに手をひっぱって要求を示すクレーン症状がみられるなど，「赤ちゃんらしくない」と母親は感じています。先に紹介した保育所で自傷が見られたCIちゃんと比較すると，生活の場を他者と共有し，他者とのやりとり関係に支えられて外界とかかわる力が稀薄です。

　1歳4カ月で歩き始め，1歳半健診では，視線が不安定で指示に注意を向けないこと，指さしとことばが未獲得であることが指摘されました。母親の方からは，食べ物を口に運べず，「自分の口がどこにあるのかわからない」様子を相談しています。健診直後に転居しますが，この時期から母親への密着が目立つようになり，人見知りがきつくなります。1歳10カ月で3種混合ワクチンを接種後，奇声をあげ，白目をむく行動が目立つようになり，地域の医療機関からの紹介で大学病院を受診し，自閉症を指摘されました。

　2歳7カ月に障害児枠で保育所に入所。保育所では集団場面を避けて，人気のない静かな場所を好み，常に棒を手にし，縁の下などの穴を覗き込む行動が目立っています。2歳10カ月で弟が誕生しますが，この時期に，園芸用の支柱に固執するため，母親が「1本だけよ」と言い聞かしていた「イッポン」が，オウム返し的初語になります。CJくんの状態の明暗がくっきりしたのもこの時期で，エアコンをひどく恐がったり，風の強い日に揺れるカーテンを見てゲラゲラ笑うかと思えば，突然恐がったりするなど，急激な態度の変化が見られるようになります。

　3歳1カ月頃には，オウム返し的な音声模倣の他，まれに「チョダイ（頂戴）」などの要求語が発語されることがありました。しかし，共同注意行動としての指示機能は，まだ獲得されていません。

自傷の始まり

　自傷行為が初めて観察されたのは，CJくんが4歳の誕生日を迎えた頃です。誕生日の頃に，CJくんがきまって心身の調子を崩すため，母親は誕生日が怖いという思いをもっていました。誕生日直前に機嫌が悪く表情が険しくなり，

発熱もありました。4歳0カ月で，定期的に受診している医療機関で脳波検査を試みましたが，動くために失敗しました。その数日後，たまたま通った高架下のトンネルで耳をふさぐ行動が始まり，体調不良が続くなかで，声を絞るように張り上げ，同時に両耳を激しく叩く行動が1日中続く事態になります。この時期に，自宅では母親の，保育所では保育士の身体の上でないと寝ないようになり，寝る前には30分近く唸り声をあげ，白目をむく様子が観察されています。

　ただならない様子を心配した保育士の要請で，当時保育所の巡回相談を担当していた筆者が4歳1カ月時に保育所を訪問し，初めてCJくんと出会います。当時は自傷行為の他に，食欲減退，好みの変化，食べ物を手で揉んで散乱させる食行動の変化，排泄習慣の崩れ，砂や泥を食べる異食がありました。しかし，行動全般が退行したわけではありません。一方的ですが，「チョダイ（頂戴）」「持ッテ」などの要求語が増え，保育士のかかわりを喜び，他児の誘いで集団に参加する場面があるなど，対人行動は改善しています。

　感覚知覚の異常や状況理解の難しさが目立っていたため，保育所では刺激の統制，保育の枠組みと課題を明確かつ限定化し，見通しが持てるような配慮，医療機関との連携，家族への支援など，援助方針を強化しています。

　4歳3カ月で脳波の再検査をし，異常所見はありませんでしたが，睡眠薬と微量の抗精神病薬の処方が始まります。服薬によって睡眠時間は増えましたが自傷行為は改善せず，耳を叩く自傷の他に，からだの柔らかい部分をつねる，髪の毛を引っ張るなどの自傷が増えました。この時期に最も効果的だったのは，母親が腰をすえてかかわる態度をとり，自傷する手に手袋をはめさせるという対処法を編み出したことでした。手袋で自傷は軽減し，自分から手袋を要求するようになります。

　自傷という自己加害的な皮膚刺激に対して，攻撃する手を包み込むことで対処する方法を，受け容れたということです。これは，保育士や母親のからだの上に寝そべる（直接的な身体接触）行動とも関連すると推測されますが，いずれも皮膚への圧刺激であり，柔らかく触れる刺激が，自傷的な皮膚刺激を抑制

第2章　自閉症児のからだとこころの育ち

する働きを持った様子です。

　4歳5カ月には心理的に安定し，退行した排泄行動や衣服の着脱行動が回復し，対象を指さして「電気チュケル（点ける）」と要求し，状況をことばで知らせるようになります。母親は「意志や伝えたいことがはっきりし，相手に同意を求めて共感してほしがるようになった」と感じています。その反面，意志が通らないとカンシャクを起こし，反抗的に泣くこともふえました。

　年度替りに保育所の移転があり，環境は変化しましたが，混乱を防ぐための対応を工夫し，4歳8カ月には，自傷行為や奇声はほぼ消失します。棒や穴へのこだわりは続きましたが，状況理解は改善し，ことばかけを理解し，指示されたことをひとりでこなし，場面に合ったことばの力も発揮されていきます。母親との再会場面での喜びの表現や身体接触を求める傾向が強まり，いつも笑って楽しそうにしている時期を迎えます。

2度目の自傷行為

　5歳の誕生日を迎える直前に熱を出し，手での自傷が再発します。母親がすぐに手袋を導入すると，CJくん自身が手袋を自分ではめて自傷を回避するようになり，自傷は1カ月ほどで収束します。しかし同じ時期に，横臥を嫌がって，上半身を立てて壁で支える座り寝が始まり，これが長期化します。眠りこんでから布団に寝かせようとしても，すぐに眼を覚ますため，母親がつきっきりで姿勢を支えなければなりませんでした。

　通常は全身の緊張を緩める就寝時に，上半身を立てるという，いかにも矛盾した姿勢にこだわる例は，他にも聞いたことがあります。原因はよくわかりませんが，CJくんの場合，自傷を収めるために手袋という圧刺激が有効ではあったものの，全身に及ぶ筋緊張を緩めて横たわることには，不安が伴う様子でした。4カ月にわたる試行錯誤の末，疲れきるまで遊ばせることで，座り寝は卒業します。ただ，母親の胸に頭を載せて横になり，母親の心音を聞きながら寝ている様子が見られました。

　自傷や座り寝があった5歳0カ月から5歳4カ月には，保育所の行事と重なって，機嫌が悪いとか，給食を食べないなどの問題もありましたが，全体的な

退行が起きたわけではありません。排泄行動が自立し、音や色彩刺激を嫌っていた遊園地や動物ショーを初めて楽しむようになり、母親を真似て家事を自分から進んで一緒にするようになるなど、新しい力が獲得された時期でもあります。保育所でも担当の保育士との関係を支えに、苦手な場面を離れた場所から眺めていたり、参加できそうな場面だと役割をこなし、苦手だけれど我慢する力を発揮するようになります。集団内にいるのがつらくなると、「テブクロ（手袋）」と要求して手袋をはめて自傷を抑制し、人気のない場所へ移動するなど、集団参加を自分で調整する様子が見られました。

　また、言語的な理解力や意思表示面で大きな進歩が見られました。このため、見通しを持って行動できるようになり、スケジュールを予め伝えておけば、飛行機に乗って家族旅行し、トラブルなく楽しむことができるなど、新しい体験に脅かされることがなくなりました。「オ父タン」、「オ母タン」と呼びかけ、自分を「CJタン」と呼んでうれしがり、自立の意欲を、「ジウンデ（自分です
る）」と表すようにもなります。

3度目と4度目の自傷行為

　5歳5カ月から卒園を控える6歳6カ月の頃まで、CJくんは順調でした。「見るもの見るもの、面白くてしかたない」のだと母親には思えるほど、いつも笑っていました。保育所でも、ほとんどの時間をともだちのなかで過ごし、みんなと一緒にいることがうれしそうでした。苦手だったり初めてだったりする経験も、挑戦することができ、他児のなかで自分の役割をこなし、竹馬、遊動円木、組体操など、全身の運動もできるようになります。

　5歳9カ月時の新版K式発達検査では、認知・適応の発達年齢が2歳7カ月、言語・社会が2歳6カ月という結果でした。注意の持続が難しく、わかっていても指さして答えにくい傾向があり、理解力に比べて関係の場のなかでやりとりする力には制限がありました。しかし、見立て行動やふり行動が増加し、「○○ニ、ナリタイ」と言ってそのまねをしたり、おちんちんが「ポーン、取レタ」とふざけて笑うなど、楽しい面白い世界が広がっていきました。卒園1カ月前には、作品展に向けて、木工や編み物に意欲的に取り組んでいます。し

第2章　自閉症児のからだとこころの育ち

かしその後，卒園と就学の行事に絡む新奇体験が重なるなかで水疱瘡になり，急速に心身の調子を崩します。

　耳を引きちぎるような自傷が起こり，血だらけになりながら，「痛イ，痛イ」と訴え，自らバスタオルで頭部を包むようにしました。手袋の替わりに長袖の袖口を「括ッテ」と要求し，"手が出ない"ように手を包んで自傷を抑制する行動も目立っています。睡眠は再び不安定となり，この時は座り寝ではなく立位姿勢でしか寝られないようになります。母親が支え続けなければならず，疲労困憊した母親が寝入ってしまうと，夜中にひとりで耳の自傷をしていることがありました。

　こうした状況が続くなか，卒園と地域の小学校への入学を迎えますが，心身ともに消耗していたCJくんは，入学まもなくおたふく風邪を引きます。体調は容易に回復せず，長期欠席となりました。食欲の減退と食べられるものの限局化，耳，眼，首の周辺や額をつねる，引っかくなどの他，口内や舌を嚙むなどの自傷で，傷だらけの状態となります。自傷が激しさを増すと，手袋や袖をくくる対応は嫌がり，バスタオルを何枚もからだに巻きつける対応を求めました。またイライラすると，通りすがりの他児を攻撃することも目立ちました。個別の補助教員の支援を受けながら特別支援学級へ通級し，刺激が多い状況ではバスタオルを頭から被ってカプセルのようにこもったり，別室へ避難したり，補助教員と個別に過ごすなどの対応を受けています。

　家庭，学校，学童保育では，CJくんを脅かす環境を調整し，安定できる場を確保するための取り組みが様々に行われました。その結果，混乱は3カ月ほどで収束し，初めての経験にも挑戦して，楽しむ力が回復します。7歳の誕生日は初めて調子を崩すことなく経過し，母親が「困ることがほとんどない」と述べるほど，状態は安定しました。

　しかし，その数カ月後から身体のぴくつきが目立つようになり，医療機関を受診して，トゥレット障害と言われます。その後，特にきっかけがあったわけではないのに，数日間で急速に状態が悪化し，唇や舌を縫合が必要なほど嚙む，4度目の激しい自傷の時期を迎えます。身体はこれまでになく強張り，ぴくつ

き，からだのなかから湧いてくるものを自分では抑えきれない様子が見えました。興奮状態では激しく手足を振り回し，おとながなだめたり抑えたりするのは困難でした。家庭や教育現場から，行動記録を添えて，医療機関に緊急の援助を要請し，検査でてんかん波が初めて確認され，身体のぴくつきは発作であるという理解が示されました。薬が変更され，突発的な興奮や自傷は次第に軽減されていきます。この間，手袋をはめ，服を何枚も重ね着し，重みのある布団やバスタオルにくるまって過ごしていた時期があります。母親は度重なるCJくんの調子の崩れや自傷に責任を感じ，自分を責める気持ちが強かったのですが，この時期に初めて，CJくんの持って生まれた問題として，受け止めることができるようになったと語っています。

学年末には，自傷が起こりそうな場面で，必要に応じて触覚の圧刺激を利用しながら，楽しそうに過ごすCJくんの姿が回復しています。

CJくんの自傷

CJくんの自傷行為を振り返ると，自傷はまずは体調不良が大きな引き金になって始まり，7歳では，てんかん発作という緊張性の姿勢・運動と，激しい自傷行為が生じています。そうした経過から，医療機関を初めて受診した1歳10カ月での，奇声をあげて白目をむく行動には，すでに器質的な障害がかかわっていたと推測されます。

体調という身体的土台がぐらつく時，CJくんは，高い叫び声，身体のこわばり，不随意的な腕の振り回しなど，筋緊張の亢進を示す行動を表しました。自傷行為と併せて，横臥姿勢で寝ることができないほど，筋緊張を緩めることができない事態にも陥りました。また，食事の場面でも，ごく限定的な食物以外は排除する，まるで検閲者のような緊迫した態度がみられました。緊張が最高潮に達すると，見ている母親は，「もうだめだ。それ，始まるぞ！」とわかり，事実，堰が決壊するように一気に自傷が始まるのでした。

外界との適応的交流が限局されているCJくんにとって，新奇な体験や見通しが持てない状況は，圧倒的な脅威として迫り，心身を巻き込んだ著しい緊張の高まりがもたらされたと推測されます。3度目の自傷の場合は，これに新奇

第 2 章　自閉症児のからだとこころの育ち

体験が山積みとなる環境の変化が重なったわけですから，事態はより深刻だったと推測されます。

4.　緊張・情動・自傷

　発達の過程で一過性に見られる自傷行動と，発達障害とてんかんが関与していると考えられる深刻な自傷行為の例を検討してきました。いずれの自傷行為も，緊張が弛緩のはけ口を見出せないまま，極度に高まった状態で，激しい外部刺激を与える形で生じています。

　内部的な緊張の高まりを抑制するのは，それと拮抗関係にある外部感覚であると指摘しているのはワロンです。高まった興奮を吐き出すために，人は誰でも怒りを爆発させ，大声でわめき，激しく手足を振り回し，椅子やテーブルに当り散らし，壁を蹴って穴を開けるなどの行動をとることがあります。しかし，状況があまりにも困難で解決が主体の能力をはるかに越え，興奮を運動的に発散することができない場合，興奮は遂には硬直やけいれんや嗚咽に至り，失神することさえあるとワロンは述べます。そして，筋組織が過緊張にとらえられる時，外部の感覚刺激によってこれに対抗し，緊張を封じこめようとする行為が自傷なのだと考えています。従って，外界との交渉活動や適応的な解決能力に制限があるほど，すなわち，おとなよりも子ども，外界とかかわる力が制限される発達障害が重い例ほど，自傷行為は起きやすくなるということです。

　ワロンを引き合いに出すまでもなく，悲嘆のあまり髪をかきむしり，苦悶を打ち消そうとしてわが身に爪を立てるのは，よく知られている行為です。また，正体がはっきりしない焦燥感に苛まれる時，腕を刃物で傷つけると，つかの間スッとするのだと，リストカットの常習者は述べます。今回，詳しく紹介できたのは 2 事例ですが，発達の途上には多様な自傷のエピソードがあります。

　たとえば，4 歳のある女児は，家族関係に大きな問題が生じた時期，それまでと様子が違って急に落ち着かなくなり，険しい表情で手の指の爪を噛み，足をつかんでは口へ持っていって，すべての足の爪を噛みちぎるようになりまし

た。

　また，思春期に入った重い知的障害を伴う自閉的な女児は，全身が血だらけになるほど，柔らかい皮膚部分をつねって傷つけました。また，通常は入れないほどの高温の風呂に入りたがり，入ると落ち着く様子でした。傷ついた皮膚は，高温の湯に浸かると，さぞかし沁みて痛いだろうと思われるのですが，からだのなかから湧いてくる，自分では処理できない興奮や緊張を，自傷や高温の湯で押さえ込もうとしているように見えました。

　また，重度の遅滞を伴い，話しことばを持たず，他者とのコミュニケーションがきわめて限局されていた自閉症のある青年は，興奮状態に陥って網膜剥離の危険が高まるほど眼部を殴打し，劇薬であるトイレの洗浄剤を，口に含もうとしました。危険防止のために職員が薬品の管理を厳しくすると，施設を抜け出し，近隣の家のトイレから奪おうとすらしました。彼を突き動かしている興奮や緊張が，実は虫歯の激痛に由来するものであったことは，後からわかりました。それを訴える力が備わっていなかった時，激痛を押さえ込むために，彼は劇的な外部感覚刺激を欲したのです。

　このように，自傷は単なる問題行動なのではありません。医療の視点とあわせて発達的理解を必要としており，発達的な視点からも支援の方策を練る必要があるのです。状況を理解し状況適応的に行動する力は，本来，「人と共にある世界」での社会的態度として形成される力です。目の前の理解困難な状況にどう対処するかという，適応的スキルの獲得を課題とする支援は当然必要ですが，それらとあわせて，関係発達を通じて社会的に問題を解決する力を育てる支援は，幼児期においてはとりわけ重要になると考えられます。

第 3 章

日常の場での育ち

これまでからだに焦点をあてるかたちで発達過程を検討してきた
のですが，発達現象を丸ごととらえるのは難しいため，どうしても
視点を絞らざるを得ませんでした。しかし，現実の育ちの現場とい
うのは実験場面とは異なり，偶然的で個別的な要因が多様に絡まっ
て流れていく一回きりの状況です。すなわち，日常の育ちの現場に
戻ってみると，赤ちゃんは姿勢活動だけをしているわけではないの
です。家族の一員として，朝起きてから寝るまでの時間帯を，家族
の日課に合わせながら，哺乳し，排泄し，寝たり，遊んだりしてい
るはずです。従って，視点を絞って発達過程をたどるだけでなく，
それらと並行して，日常的な生活の場での子どもの育ちの姿をたど
ることも発達研究にとっては必要不可欠になります。

　そこで本章では，乳児保育室の子どもの観察事例をもとに，育ち
の途上にある子どもが日々をどのように生きて育っていくのかを，
改めて振り返ってみたいと思います。

1 乳児保育室での観察

　ある保育所で，9例の乳児について，11週にわたって毎週定期的な観察と，2カ月後のフォローアップ観察を行うことができました。観察は，原則午前中の2時間程度，同じ乳児保育室で行いました。保育室はキッチンやトイレや収蔵庫などの共有スペースで大まかに二部屋に仕切られ，ベッドの置かれた乳児期前期用の部屋と，移動が可能になった子ども用の玩具やテーブルなどが配置された部屋とに分かれています。二つの部屋は子どもの移動能力や生活の必要に応じて使い分けられていました。病欠などの理由で観察できなかった日もありますので，子どもによって観察回数は8回から13回程度です。観察者（筆者）は，①保育士や観察者との関係，②他児との関係，③共同注意行動：他者との興味・関心の共有，④認知・言語，⑤保育室の状況や集団場面，⑥姿勢・運動，⑦その他（体調・家族関係・特記事項など）の項目に分けて自由記述する記録用紙を用意し，観察しながらその場で記録をとりました。

　観察は保育室内のベッドや家具の陰などの目立たない場所で行い，基本的には観察に専念しました。しかし，保育の介助（保育士が他児にかかわる間抱いている，そばで見守るなど）を依頼されることがあり，自由に子どもたちとかかわることが許容されていました。また，乳児期後半は，見慣れない他者への人見知り反応が強まる時期であり，子どもたちが警戒し，時には激しく泣くことになりましたから，観察者の同室は保育者にとって日常の保育を妨げる事態だったと推測されます。保育室への闖入者としての観察者を受け容れ，子どもたちの不安反応をなだめるかかわりを，保育士集団が引き受けたことでこの観察は初めて成り立ったものです。感謝を込めて報告致します。

第3章　日常の場での育ち

　観察事例は，月齢が低い子どもから順に，保育の場でのエピソードを中心に，9例中の5事例の概要を仮名で紹介していきます。実際には，生後4カ月4日から1歳5カ月までの年齢の子どもの観察記録になります。記載にあたっては，「　」内は子どもの声やことば，〈　〉内は保育士や観察者などのおとなの発言を表します。乳児の個人情報には一切触れず，保育室で起きたことだけに焦点化しました。なお，月齢が重なっているために本章で取り上げなかった他の4例の観察データは，本書の他の章でテーマにそって引用しています。

1. 事例1　姿勢活動が目立った幸生くん
　　（男児　観察期間：生後4カ月4日〜8カ月21日）

　幸生くんは，観察期間中の乳児期前半から後半にかけて，第1章❶で紹介した姿勢の循環活動に熱中する様子が観察者された子どもです。その育ちの様相は，赤ちゃんにおける姿勢運動発達がどれほど周囲とかかわる力と関連しあっているかを考えさせてくれます。

生後4カ月4日：寝返りの姿勢の循環活動

　登園してきてから一旦睡眠をとり，ベッドの上で穏やかに目覚めていた幸生くんは，マットに伏臥位に置かれる。マット上で上下肢を緩やかに動かしていたが，しばらくするとからだをねじって寝返ろうとするが寝返りしきれず，左を下にした横臥位になる。動けなくなって苦しくなり，ぐずり声をあげる幸生くんに，〈寝返りしたいんやね〉〈苦しいね〉と保育士は声をかけ，繰り返し名前を呼んで寝返ろうとする幸生くんを励ます。保育士の声が耳に入っている様子は見えないが，ひたすら寝返ろうとしている。

生後4カ月11日：社会的微笑　泣き声に感情がこもる

　寝起き後のおむつ交換などの世話をした後，保育士は幸生くんをマットに仰臥位に寝かせ，胸のあたりに吊り輪が下がった玩具を置いて他児の世話のためにその場を去る。幸生くんは静かに覚醒した様子で，右手を伸ばして吊り輪をつかみ，緩やかに足で宙を蹴るような動きをしながら一人で遊んでいる。観察

者が顔を出すと全身の動きを止めてじっと顔を見上げて正視し，幸生くんの方からニコッと微笑する。観察者にあやされる間，ずっと顔を見上げ，あやされるごとににっこり微笑。戻ってきた保育士が抱き姿勢で，〈ギッタンギッタンギッタンコー〉と口ずさみながらゆすり，時間をかけて授乳。

　保育士が他児の食事の世話に離れる間，幸生くんはバギーに座らせられる。しばらくしてぐずるような訴え泣きの声を出すと，〈は〜い，もうすぐよ。ちょっと待っててね〉と保育士が応答。そのまましばらく放置されているとさらに泣き声になる。離れた場所から，〈あー眠たい〉と感情移入的な言葉かけをする。「アーアーン，エヘヘ……，アーン」と泣くと，担当外の保育者が，〈（来てくれないから）怒ってる〉と感情移入的に声掛け。ごく幼少期から，保育者はこうした感情移入的なことばかけをごく日常的に行っている。

生後 4 カ月18日：上下肢の緩やかな運動　能動的な社会的微笑

　クッションで支えられて斜めの仰臥位でおしゃぶりをつかんで舐めながら，下肢を緩やかに蹴るように，宙をこぐように動かしており，下肢の動きに合わせて不随意的に上肢も緩やかに動く。長く同じ姿勢をしていて苦しくなったのかぐずり声をあげる。観察者が接近して視線を向けると幸生くんも視線を向け，目が合うとにっこり微笑。何度も目が合うのを待ち構えていて視線をぴったり合わせ，合うたびににっこり微笑。

生後 4 カ月25日：ねじり姿勢の循環活動　寝返りの獲得　社会的微笑

　寝起きの幸生くんのおむつを交換しようとする保育士だが，幸生くんは「ヴァー，アダー，デグー」などと発声しながら，上体をねじってよく動く。〈幸生くん，幸生くん〉と幸生くんの注意を引き付けてからだの動きを抑制しようとしながら，〈ちょっと待っててくれる？〉と動きを制止するよう頼む。その後，他児を世話する間，幸生くんはマットに仰臥位に寝かされるが，穏やかな様子で下肢で宙を蹴るようにしながら両手を合わせて遊び，室内を移動する保育士の動きを目で追う。そのまま視線を周囲に回し，5 メートルぐらい離れた場所から観察している観察者に気づいて目を合わせ，見入るようにしながら「アグゥー」と発声。保育士がすぐ戻ってきて，幸生くんを抱いて授乳しなが

第3章　日常の場での育ち

ら低い声で話しかけている。幸生くんの飲み方を見ていて，〈もうやめようかね〉と話しかけ，〈暑いね。よいしょ〉と立ち上がる。背中をトントンしながら室内を歩き，げっぷが出た様子に，〈オーケー〉といいつつトントンを続ける。

　他児の世話のために保育士が幸生くんをマットに仰臥位に寝かせてその場を去ると，幸生くんはからだをねじって何度も横臥位になった後，踏ん張ってコロンと伏臥位になる。寝返りに成功した瞬間，〈わあ，寝返った〉〈できた！〉と保育士たちから感動の声掛け。別の場面では，〈ちょっと遊んでてな〉と吊り輪の玩具を胸の上に置いて保育士が去ると，「アウー」と言いながら下肢を突っ張る動きをしつつ，目で輪を捉えながら両手を伸ばし，全身の気持ちが輪に伸びている。輪に指が触れて動くと，気持ちが高まっていく様子で，しきりに「アッバーァー」と発声。更につかもうと手を伸ばし，左手でつかんで振りながら下肢を蹴るようにする。左手の人差し指を口にくわえて舐めながら，右手で輪をつかんでゆすぶる。吊り輪から手を放し，からだをねじって「アウー，ウ〜アヨ，アーアーアー」と発声。何度もからだをねじっていて横臥位で身動きできなくなり，保育士がみつけて仰臥位に戻す。

　この日は，他者から名前を呼ばれてあやされるたびに，相手の顔をじっと見つめてニコッと笑った。また，人差し指が他の指から分化して突き出る形になり，手を動かした時に指さしたかのように見える行動があった。この行動から乳児期後期の指示機能の獲得には，発達的な準備段階として，乳児期前期に人差し指の分化があると推測された。

生後5カ月2日：あやされてよく笑う　抱き癖がつく

　吊り輪遊びがお気に入りで，発声しながら一人でよく遊ぶ。あやされるとよく笑い，そばに誰もいなくなるとぐずり声をあげて抱っこを要求する場面が目立つ。〈どうしたの？〉保育士が近づいて抱き上げようとすると，抱かれる前に察知して泣き止む。抱かれると周囲をきょろきょろ見回す態度が目立つ（抱き癖がついてきている）。ボールプールに入れられると興奮状態になり，保育士に支えられながら，しきりに玩具をもった手を上下に振って喜ぶ。

生後 5 カ月 9 日：胸あげと下肢のバタつきの循環活動　他者の顔の積極的な観察

　保育士が他児の世話をする間，マット上に伏臥位で寝ていて，胸あげと下肢をバタバタさせる姿勢活動をしている。周囲を見回し，3 メートルほど後方にいる観察者を見つけて目を合わせにっこり笑う。首を正面に戻し，また下肢をバタバタと蹴る。両手を突っ張って胸をあげ，目の前にいる保育士の顔を見上げる。人差し指の分化がより顕著になり，人差し指だけを口に入れて吸っている。

　ふと気づくと，横 2 メートルぐらい離れた場所で保育士に抱かれている幸生くんが，他児を観察している筆者を，首を横にねじって注視している。記録用紙を床に置いてメモしていると，幸生くんが抱かれた姿勢でからだを傾けて観察者のペンの動きをじっと見つめている。気づいた観察者が無言で〈バア〉と口を大きく開けると，ニッカーと笑う。おとなの顔の確認行動が目立つ。保育士に頼まれて幸生くんを前向きに抱きかかえながら記録していると，用紙を覗きこむように見る。何度か覗き込んだ後，抱いている背後の観察者を振り返って顔を見上げる。

生後 5 カ月16日：伏臥位で方向転換　寝返り・胸あげ・飛行機の姿勢　おとなの顔の確認と検閲

　他児を観察していてふと気づくと，幸生くんが首をねじって観察者の方をじっと見ている。舌を鳴らしてあやすと，観察者の顔を注視した後ふっと視線を外す。しばらくしてまた首をねじって観察者を注視する。いつも世話してくれる保育士とは違う人だという，見慣れない他者を検閲している態度。誰にでも笑いかける時期は過ぎている。他児が大声をあげると，声を出している人の方を確かめる。

　マット上では，腹部を支点に方向転換。また仰臥位から伏臥位に寝返って胸あげをする。前方にある玩具を注視しながら，初めて飛行機の姿勢。肘で上体を支えて首を上げ周囲を見回す。観察者を見つけると，胸を上げた姿勢でじっと注視。玩具に手を伸ばしながら胸を上げ，物に向かう気持ちの高まりが上下肢をバタバタさせ，時折右手で床をリズミカルに叩く行動に現れ，その合間に

第3章　日常の場での育ち

上下肢を宙にあげる飛行機の姿勢が挿入される。

生後 5 カ月29日：胸あげの姿勢活動　見慣れない他者の検閲　声での要求表現

　見慣れない観察者から声をかけられると探索的に注視。食事場面では大きな声で，「エーイ，エーイ」と催促の発声。口に食べ物を入れてもらい，飲み込んでなくなると，また「エーイ，エーイ」と催促。そのたびに保育士が〈はいはいはい〉と応えて口に食べ物を運ぶ。欲求や意思がはっきりしてきて，保育士の注意を自分に引き付けようと発声。マット上では，腕を前方に伸ばして肘で支える胸あげの姿勢活動が目立つ。

生後 6 カ月 6 日：かかわりを喜ぶ　快の情動表現と姿勢反応　飛行機の姿勢活動
寝返り　見慣れない他者への警戒

　保育士が呼びかけながら接近し，抱き上げようとすると，幸生くんは全身をバタバタさせて喜びを表現。抱き上げた保育士が幸生くんの顔を見て，〈あ，笑ってる〉と声をかける。マット上で寝返りしている幸生くんに，観察者が〈幸生くん，寝返り上手になったね〉と声をかけるとニコッと微笑を返し，飛行機の姿勢をとってピョンピョンからだを弾ませる。そばにいた保育士が面白がって笑うと，保育士の顔を見上げて目を合わせる。観察者が更に声をかけると，またにっこり笑って飛行機の姿勢。快の情動興奮が姿勢反応として現れる。保育士がまた面白がって笑うと，また保育士の顔をしっかり見上げる。

　しかし見慣れない観察者の存在は気になる様子で警戒心を表し，振り返っては視覚的に探索。保育士が伏臥位姿勢の幸生くんの前に玩具を置くと，両手を伸ばして玩具をつかみ，胸をぐっとあげてから飛行機の姿勢。下肢は宙を蹴るようにしてピョンピョン跳ねる。床をカリカリ音を立てて手でひっかき，音をたてる自分の手の動きを注視。時折顔を伏せては休憩。

生後 6 カ月13日：飛行機の姿勢活動　見慣れない他者への警戒　喃語

　見慣れない観察者への警戒心は強まり，なじんでいる保育士には相手されることを求め，一人にされると泣き出す。喃語の発声が豊かになり，観察者がまねると更に声を張り上げる。飛行機の姿勢活動で上下肢をそり上げてバタバタさせたり，仰臥位で同側の足を手でつかんで揺する姿勢活動が目立つ。

86

生後 6 カ月20日：飛行機の姿勢活動　ずり這い移動　見慣れない他者への警戒と許容

　授乳中に観察者が入室するのを，幸生くんはミルクを飲みながら注視。観察者が動くと追視し，5メーター程離れた真横の位置に座ると，横目でずっと注視している。観察者が目を合わせるとニコッと笑う。ほどなく視線を外して周囲を見た後，また自分から観察者に視線を合わせてニコッと笑う。警戒は解いていないが，許容しつつある様子。何かに注意を向けて見ている時に，見ている対象を指でつまむようなしぐさをしたり，自分の見ている方に手を差し伸べる（手差し様）しぐさが見られる。

　興味のある玩具に手を伸ばしながら飛行機の姿勢。上げた腕をバタバタさせて，そばにいる保育士の顔を見上げて確認する。またこの日から，腕を交互に動かしてのずり這い移動が観察される。座位はまだ不安定で，クッションで固定してもらって座位を保ちながら両腕をバタバタ動かす。座位で両手が自由になり，そばにあったティッシュボックスから紙を引っ張り出して遊ぶ。

生後 8 カ月21日（フォローアップ観察）：座位姿勢安定　見慣れぬ他者への関心　ずり這い移動と胸あげ姿勢

　観察者が入室すると，幸生くんも含めておやつのために席についていた12人ほどの乳児が，一斉に動きを止めて無言で観察者を凝視し，観察者は全員に検閲されている思い。幸生くんは座位姿勢安定。その後も幸生くんは観察者が気になる様子でたびたび視線を向けてくるが，目が合うとニコッと笑う。見慣れない人だが不安ではない様子。幸生くんはずり這いで室内を自在に移動しており，這い這いの途中，腕たてで胸をぐっと上げ，高くなった視野で周囲の他児の動きを見回す。伏臥位でいる時に音楽が鳴り出すと，にこにこして，「アヴァアヴァ」と発声しながらからだを揺すっている。

2.　事例 2　座位姿勢の安定化に伴って状態像が激変した隆一くん
　　（男児　観察期間：生後 6 カ月19日〜11カ月24日）

　観察開始当初の隆一くんは生後 6 カ月の半ばを過ぎており，首は座っていま

第3章　日常の場での育ち

したが，伏臥位にするとぺったり頬をつけて首を上げず，座位姿勢を苦しがる
など，躯幹が安定しない低緊張が目立ちました。対人面では見慣れない他者へ
の好奇心と探索的なまなざしが見られ，ニコニコしながら玩具に手を伸ばして
遊ぶ様子も見られたのですが，全体としてはおとなしく受動的な印象を受ける
子でした。その後，仰臥位で頭の方向でのずり這いがみられるようになり，伏
臥位を嫌がる傾向について作業療法士の助言を受けて姿勢調整をした結果，姿
勢運動と外界に向かう態度が顕著に変化した例です。

生後6カ月19日：見慣れない他者への警戒　座位不安定　腹部を支点にした方向転換

　午前中の睡眠から目覚めて，保育士に着替えやおむつ交換をしてもらい，観
察者のそばの椅子に座らされる。見慣れない観察者が気になる様子で，横から
視線を向けて見つめている。

　座位姿勢は安定しておらず，長く座っているのが苦しそう。保育士が気づい
て床にうつ伏せにする。顔を横にして頬っぺたを床にべったりつけた姿勢で周
りを見る。目が合うとニッと笑う。その後，吊り輪の玩具の前の床に座位姿勢
で座らされる。ニコニコしながら目の前の玩具に手を伸ばして触れてつかむ。
伏臥位で保育士が首あげを励ますが首は上げない。腹部を支点に方向回転し，
右手で右足をつかんでゴロンゴロンしているのが目立つ。

生後7カ月3日：首上げと胸あげの姿勢活動　座位の崩れ

　先週は水疱瘡で休む。寝起きに保育士から声をかけられるとにっこり微笑。
おむつ交換の間，頭をそらして上方に置いてある吊り輪に手を伸ばしつかんで
ガラガラと音をたてて振る。マット上に伏臥位に寝せられると，首を上げ，両
手でボールをつかんで床に押し付ける。さらに首を上げ，胸を高く上げ，手に
したガラガラを振りながら，「アーアー」と発声。2週間前にできなかった首
上げと胸上げ姿勢活動が目立つ。保育士が他動的に座位をとらせ，座位が安定
している他児二人と向かい合わせに座らせる。隆一くんははじめ床に手を突い
て上体を支えていたが，床から手を放して近くの玩具に手を伸ばすこともある。
まだ座位は不安定で，次第に姿勢が崩れて玩具の上に顔をつけて倒れこむ。

1 乳児保育室での観察

生後 7 カ月10日：全体に静か　仰臥位這い這いと伏臥位を嫌がる傾向の改善

　全体に静かに過ごしており，何かを要求したりぐずったりすることがない。他児と一緒に床に座らされて，座位姿勢で室内を移動する保育士の動きなど，周囲に目を向けている。移動の意欲は示さない。数日前まで伏臥位を嫌がり，仰臥位にすると仰臥位のまま頭方向へずり這いをしていた。このずり這いについて作業療法士から，伏臥位が苦しくならないような姿勢調整の指導を受ける。保育場面で助言に沿って姿勢実施した結果，伏臥位を嫌がらなくなっている。

生後 7 カ月17日：座位安定化　胸上げの姿勢活動　初めて寝返り　全体におとなしい

　支持なしでの座位姿勢が安定化傾向にある。自由になった両手で積極的に玩具に手を伸ばし，片方で玩具をもちもう片方で砂じり。玩具を右から左へ持ち替える。伏臥位では両手を突っ張って胸上げの姿勢活動。伏臥位から寝返って仰臥位になろうとするが，右片足が胴の下に挟まって抜けずもがく。一旦休憩してから足をもがいて抜き，初めてごろんと寝返って仰臥位になる。見守っていた保育士たちが，歓声をあげて〈すごい〉とほめる。仰臥位で指吸い。その後仰臥位から伏臥位に戻る。全体におとなしく静かにしていて，欲求表現，ぐずり泣きがなく，他者に関心を向けることが乏しい。

生後 7 カ月24日：臨床像の激変　胸上げの姿勢活動　ずり這いの始まり　外界への積極的かかわり

　これまで精彩に欠ける印象の隆一くんだったが，この日から臨床像が激変。表情が活き活きし，ニコニコして目を大きく見開き，高い覚醒水準を示す。

　胸上げの姿勢活動が目立ち，腹部を支点にした方向転換，ずり這い様の前進。玩具，保育士，他児への積極的な関心を示す。伏臥位でも座位でも，積極的に玩具に手を伸ばしてつかむ。洗面器を片手でつかんで振りまわしながら，「エーエーッ」という大声に観察者はびっくり。

　室内を移動する保育士を追視し，目が合うとニコッと笑う。伏臥位で両手を床についてぐっと胸を上げ，保育士の顔を見上げることを反復。観察者を注視した後，保育士に視線を切り替えて比べるようにし，更に観察者に視線を戻して注視しながら，右手で床をトントン叩く遊び。そばで遊んでいる他児に注意

89

を向け，近くにいる保育士の顔を見上げて相手を確認。食事の用意で忙しい保育士を見上げ，両手を伸ばして抱っこを要求しながら，ぐずり声をあげるなど要求の発声が初めて聞かれた。また，他児の顔に手を伸ばして触れる，持っている積み木を押し付ける，背中に手を触れるなど，他児に触れるかかわりも初めて観察される。食事場面では保育士が差しだしたスプーンに身を乗り出すようにして口を開く。食欲旺盛。

生後8カ月7日：胸上げの姿勢活動　後へのずり這い　玩具の探索　情動表現活性化

　座位姿勢にはまだ不安定な面があり，保育士がクッションを腰に当てて支えている。伏臥位で床に置かれると，さっそく玩具に手を伸ばしてつかみ，遊びながら胸をぐっとそらす。保育士が隆一くんの足を支えて這い這いを励ますと，「エーエーエー」と言いながら両手を突っ張る。結果的に後ろにずってしまう。面白そうな玩具を目の前に置かれると，右手を伸ばしてつかもうと全身を懸命に伸ばし，腕を踏ん張ると結果的に後ろへのずり這いになってしまう。〈離れていく〉と残念がる保育士。座位ではからだを前後に揺すったり，両手に玩具をもって揺すって音を立てて遊ぶ。更に座位で一生懸命玩具の方へ手を伸ばし，片手を突いてからだを支えながら手を延ばしてつかみ，つかんだ玩具を口にもっていって舐める。

　情動表現が豊かになり，保育士に向けて両手を挙げて強いぐずり泣きをする。保育士が〈ダッコダッコ〉と隆一くんの要求を言語化。〈お待たせ〉と声をかけ，〈おいで〉と手を差し伸べると，差し出された手に隆一くんが手を重ねる。〈お手てが出たぞー〉と応じながら抱き上げ，〈ダッコダッコ〉と言語化。あやす保育士の顔を見上げて，うれしそうに「グフフ」と笑う。保育士が歌いながら隆一くんを揺すると，ニコニコして保育士の顔を見上げる。

　周囲の玩具など，物への興味関心が強まり，つかんで舐める，振る，調べるように触るなどが目立つ。保育士が他児の世話をする間，伏臥位にされると「エーエーエー」とぐずり声をあげながら，片手で床をトントン叩く。保育士が見つけて隆一くんを抱き上げて座位にしてやり，〈トントントン，お手て〉と声掛けするとニコニコ。保育士もそばの滑り台を叩きながら〈トントント

ン〉と声をかけると，活き活きしてきた隆一くんも床を叩き続ける。保育士の情動調律的かかわりによって，ぐずり泣きでの焦れたトントンが遊びのトントンに変化していく。

生後 8 カ月14日：前進と後退の這い這い　探索行動　興味の共有欲求　対人要求とぐずり泣き

　前方の敷物の縁をつかんでからだを引っ張りあげるようにし，後ずさりになってしまったり時々前進できたり。欲しい玩具が前方にあると，手を伸ばして「ウーン」とぐずり声をあげながら前方へずり這い。玩具には積極的な関心を示し，のびやかな発声をしながら，つかんだ玩具を探索。ボタンを手の平全体で押して音が鳴ると，やった！　という表情。食事中は食べ物の方に手を延ばしたり，食べさせてくれるスプーンを持った保育士の手に手を伸ばしたり，食器に手を伸ばしたりと，早く欲しいと要求。

　食事が終わって玩具遊び。この玩具が面白いことを誰かと共有したい様子で，保育士の様子をたびたび目でチェック。しかし保育士が気づかないでいると，視線を移して，正面にいる観察者に視線を向け，目を合わせてにっこり笑ってから玩具に関心を戻す。移動して位置が変わっても，たびたび振り返って観察者と目を合わせて，視覚的に確認している様子。保育士が近寄ると，相手してもらえるのがうれしい様子でニコッとする。一人で床に取り残された状況になった時は，相手をしてほしくてぐずり泣きする。気づいた保育士が，〈（泣かないで）ガンバレガンバレ〉と声をかける。

　保育士が手にしていたおんぶ紐の輪を隆一くんがつかんだので，保育士が引っ張ると隆一くんが自分の方に引き戻して綱引きのようになる。引っ張られて輪が手から離れると手を延ばして，床をトントン叩きながらずって前進し輪をつかむ。保育士がまた引っ張って輪が手から離れると，「アーアー」と怒って耳を掻くようにしながらぐずり声をあげる。

生後 8 カ月28日：ずり這いと探索　人見知り

　ずり這い移動が速くなり，目にとめた玩具に向かってずり這いで接近して行ってはつかんで探索。保育士が他児とイナイイナイバア遊びをしているのを，

第3章　日常の場での育ち

保育士のからだの陰から首を延ばして覗き込んでいる。保育士が見つけて，
〈覗いてる〉と声をかける。観察者が隆一くんにイナイイナイバア遊びを誘い
かけると，首を延ばして観察者の方を覗くが警戒心を表し，突然泣き出す。人
見知りが強まっている。

生後9カ月5日：人見知り　ずり這いと探索

　入室すると哺乳しながら観察者の動きを追視。観察者が座ると吸いながら横
目で警戒。哺乳が終わって床に座らされたので観察者があやしかけると，じっ
と見つめて固まった後，床に突っ伏して顔を伏せ，大声で泣き出す（人見知
り）。

　ずり這い移動が活発で，興味をひかれた対象に向けて室内を積極的に移動。
玩具をいじりながら，気にして観察者をしきりに振り返って見る。他児が挑戦
している乳児用の滑り台に興味を示し，自分も這い登ろうと意欲的。

**生後11カ月24日（フォローアップ観察）：姿勢転換自在　ずり這いと四つ這い　やり
取り関係　見慣れない他者への警戒**

　久し振りに会った隆一くんは，座位から伏臥位，伏臥位から座位と，姿勢転
換が自在になっている。目が大きく開き，表情が活き活きして，見違えるよう
に活気があり，姿勢運動や玩具探索行動や対人行動がそれぞれメリハリが効い
ている。観察者が思わず〈これが隆一くん？〉と保育士に確認すると，〈しっ
かりしたでしょ〉という返事。

　ずり這いも混じるが四つ這い移動が安定。室内を移動してつかまり立ちし，
引き出しの穴に指を入れて引き出そうとする。ミニカーを手にして床に押し付
けて走らせ，見ているか確認する態度で観察者を振り返り，ニコッと笑いかけ
る。観察者が隆一くんに玩具を差し出すと受け取る。観察者が〈ちょうだい〉
と手を重ねて差し出すと，にっこりして観察者の手の平に玩具を押し付けるが，
何度繰り返してもつかんだ玩具は放さない。大型玩具のハンドルに触れては，
観察者の方を見て目を合わせる。目が合うとにっこり。またハンドルに触って
は観察者の方を見てにっこりの繰り返し。観察者が〈おいで〉と腕を伸ばしダ
ッコの身振りをすると，じっと見つめて近寄って来ない。観察者への好奇心は

強いが，なじみの保育士ではないので警戒している。

3．事例3 　対人的情緒反応が目立った敦子ちゃん
　　（女児　観察期間：生後6カ月28日〜11カ月1日）

　敦子ちゃんは，他者への選択的な人見知り反応が強まった時期に観察が始まった関係で，観察期間中，一貫して見慣れない観察者（筆者）への強い警戒と不安反応を表しました。敦子ちゃんには申し訳ないことをしましたが，赤ちゃんたちの心理的安定は生活の場を共有している養育者によって支えられ，不安からの回復にも，養育者の存在が不可欠であることを痛感させられた子どもです。

生後6カ月28日：座位　人見知り

　午睡から覚めて，着替えをしてもらってから床に座らされる。座位姿勢は安定しており，座位で玩具に手を伸ばして遊ぶ。

　見知らぬ観察者がいるのに気づいてじっと見つめた後，「エーエー」と泣き出す。観察者から逃げる方法がみつからないかのように，床に突っ伏して顔を伏せて泣き出す。気がついた保育士が，敦子ちゃんを抱き上げて，観察者が視野に入らないようにするとすぐに泣き止む。他児の観察と記録に注意を向けていた観察者がふと目を上げると，敦子ちゃんがじっとこちらを見ている。観察者を見ないで済むように首をねじって顔を背けながらべそをかく。敦子ちゃんの人見知りに気づいた保育士が，敦子ちゃんの関心を観察者からそらそうとしてボールプールに関心を促すとべそかきは収まる。しかし，その後しばらくしてまた観察者が気づくと，敦子ちゃんがじっとこちらを見ている。目が合ったとたんに「エーッ，エーッ」と泣き出す。観察者の存在が気になって見ずにはいられない様子で，調べるように見るが，目が合うと不安が高まってしまう様子。

生後7カ月5日：見慣れぬ他者への好奇心と警戒　人見知り

　観察者が子どもたちの背後，7メートルぐらいの場所から観察しているのを

第3章 日常の場での育ち

敦子ちゃんが見つける。観察者を凝視した後，視線を外して他児の方へ視線を移す。しばらく後で，観察者が敦子ちゃんに視線を向けると，敦子ちゃんが観察者を緊張した表情でじっと凝視しているのを発見。敦子ちゃんがおんぶされて移動しても，その位置から観察者を注視。見慣れない他者への好奇心と警戒心が感じられる。世話をしてくれていた保育士が敦子ちゃんのそばから離れると，分離を不安がって「エーン，エーン。エへへへ……」とぐずり泣き。保育士が，離れた場所から〈迎えに行けないんだけど〉と声をかけるが，敦子ちゃんはぐずり泣きを続けるばかり。保育士が戻ってきて抱き上げてもらって泣き止む。

　保育士が他児の世話をする間，保育士が敦子ちゃんを椅子に座らせ，他児の様子が見える場所に置く。観察者は敦子ちゃんの背後になり，敦子ちゃんは伸びやかな喃語を発しながら，他児の様子を見ている。

生後7カ月12日：目的志向的ずり這い

　ずり這い移動が始まっている。興味をひかれた玩具に狙いを定めて，目的志向的なずり這い移動。目は目標にしっかり固定され，接近して玩具をつかむ。

生後7カ月19日：見慣れぬ他者への警戒や不安　人見知り　置き去りの不安と訴え泣き

　なじみのない観察者に気づいて凝視。観察者が敦子ちゃんの視線を避けるようにベッドの陰に座るのをじっと追視している。しばらくして観察者が顔を出してみると，敦子ちゃんはずっと観察者の方を見つめていて目が合ってしまう。〈敦子ちゃん，ごめん〉と声をかけると，むしろ緊張を刺激してしまったようで，「ギャー」と泣き出す。そこへ入室した保育士に向かって訴え泣きする。事情がわからない保育士が，〈なんでそんなに泣くねん〉と言いながら抱き上げて，観察者が背後になるような位置の椅子に座らせる。観察者が見えなくなって泣き止む。見慣れない人が同じ部屋にいることに強い好奇心と不安，この人は誰だろうと検閲する態度が目立つ。

　食事場面では，世話をしてくれていた保育士が席を立つと，置き去りにされたと感じたのか，「エーエーエー」と大声で泣く。周囲を見回して訴え泣きし，

わざわざ背後の観察者の方を向いて探し，目が合うと一層声を張り上げて激しく泣く。一人の保育士が〈なんで泣くねん〉と声をかけると，ほかの保育士が〈甘えもあるねん〉と応え，〈そうか〉とやりとり。

生後7カ月26日：後追い　人見知り

　担当保育士が室内を移動すると，声をあげながら近寄ろうと這い這いをする。気づいた他の保育士が，〈後追いしたいの〉と声をかける。

　観察者への警戒は続いており，敦子ちゃんの視野に入らないような位置に座っている観察者をわざわざ見つけて注視。凍り付いて不安な硬い表情をしている。保育士が配慮して，敦子ちゃんを観察者が背後になる位置に座らせて，そばに吊り輪の玩具を置く。手を伸ばして，吊り輪の玩具で遊んでいる。しかし気づくと，敦子ちゃんが首をねじって観察者の方をじっと見ている。観察者が視線を外して敦子ちゃんの緊張が高まらないようにすると，吊り輪遊びに注意を戻す。

　人見知りは強く，目が合うと視線が外せない様子だが，緊張しながらも見慣れぬ他者を検閲的に眺める。怖いもの見たさの態度。

生後8カ月2日：つかまり立ち　人見知り

　つかまり立ちができるようになっている。人見知り反応は続いており，7〜8メーター離れた物陰から観察しているのだが，観察者を見つけて凝視し，「ワーッ」と泣き出す。保育士が抱き上げて観察者が視野に入らないようにすると泣き止む。座位姿勢で玩具で遊んでいる間も，繰り返し振り返って観察者を見つけてはじっと見つめる。

生後8カ月9日：要求を声や態度で訴える

　他児をだっこしている保育士の膝を支えにつかまり立ちし，自分もだっこしてほしくて「エッエッエー，エーアー」と甘え泣き。他児がコップでお茶を飲んでいると，そのコップに手を伸ばして取ろうとする。保育士が，〈もう飲んだでしょ〉と声をかけるが，ぐずり声を出す。もっと欲しいなら〈チョウダイ，チョウダイ（と言うんだよ）〉と敦子ちゃんの気持ちを代弁して声をかける。自分の要求を声や態度で訴えていく。

第3章　日常の場での育ち

生後8カ月16日：見ている方向への手差し　激しい人見知り

　他児と二人でベッドにつかまり立ちし，同じ方向を見ながら，見ている方向に手を差し延べている。自分が見ている方向を定位するような手差し。

　観察者が他児におはようと声をかけていると，その声を聞きつけて突然火がついたように激しく泣き出す。保育士が驚いて，〈どうしたん？〉と抱き上げて慰める。しばらくして観察者が他児を見ている場面でも，敦子ちゃんが観察者をじっと見つめているのに気づく。目が合ったので観察者がすぐ目をそらすが，「アー」と泣き出す。観察者の動きを追視し，目で追いながら泣く。

生後11カ月1日（フォローアップ観察）：よちよち歩き　要求や怒り，抗議の意思表示

　観察者が入室するとおやつのために席についていた子どもたちが敦子ちゃんも含めて全員，動きを止めて注視。この人は誰だろうと無言で視覚的な検閲を続ける。食べ終わって，保育士が〈今日のおやつは終わり〉と告げ，敦子ちゃんを床に移動させる。敦子ちゃんはもっと欲しかった様子で，声を張り上げて「エーエーエーアーン」と怒って泣き続ける。また，保育士が用事する間，抱っこしていた敦子ちゃんを床に降ろすと，「アーアーイアーアー」と，声を張り上げて抗議する。要求や抗議の意思表示が明確になっている。よちよちと室内を二足歩行で移動。

4. 事例4　他者とのこころのやりとりが際立った裕くん
（男児　観察期間：生後9カ月17日〜1歳2カ月4日）

　観察の当初に裕くんはすでに四つ這い移動が可能になっており，ずり這いも交えて室内を自由に這って移動しては，棚や玩具の積極的な外界探索をしていました。姿勢活動の時期はすでに卒業しており，運動機能と姿勢機能が分化し始めていて，社会的な身振りを取り入れる過程が観察されました。また，愛着対象からの情動補給を効率よく行いながら，こころを持った存在としてのおとなや他児と気持ちの交流をする間主観的なかかわりの態度が見られました。他者とのやりとり関係を豊かに展開して，いきいきと乳児期を卒業していく様子

が観察された例です。

生後 9 カ月17日：ずり這いと四つ這い移動　後追い　他者への呼びかけ　身振り動作　他者のこころへの関心

　観察者が入室すると，見慣れない他者にはピタッと視線を向けて凝視し，保育士へ視線を移し，保育士から別の保育士へと見比べるように視線を移していく。しばらくして観察者と目が合うと，じっと探るように見てからにっこり笑い，背後の保育士を振り返って笑いかけ，保育士の方へずり這いで近寄っていく。A保育士が大好きになっていて，A保育士が奥の部屋に姿を消すと，泣き声をあげながら四つ這いで後追いをする。見ていたほかの保育士が，〈大好きな先生が行っちゃった〉と共感的に声をかけ，泣き止まずに扉を押して開けようとしている裕くんを抱き上げてガラス窓からのぞかせる。〈A先生いるでしょ〉と見せるが，裕くんは顔を真っ赤にして泣き続ける。A保育士が〈ただいま〉と戻ってきて裕くんを抱き上げると，ピタッと泣き止む。

　観察者が他児とイナイナイバア遊びをしていると，「アー」と呼びかける声がし，見ると他児の背後から観察者の方をのぞいている裕くんに気づく。観察者が裕くんに向かってイナイナイバアに誘うと，ニッと笑って物陰から顔の出し入れをする。その後しばらくして，トンネルの反対側から観察者が呼びかけると，「ゲッ」とはしゃぎ声をあげ，裕くんの方から陰にしゃがみこんで隠れる。〈あれあれ？〉と観察者が驚くと首を出す。観察者が〈バッ〉と声をかけるとニッと笑う。〈イナイナイ，バア〉の声かけに合わせて，しゃがんでは顔を出す。

　食事場面で，保育士がテーブルについている四人の子どもにいただきますの歌を歌いながらしぐさをして見せると，四人ともぽかんと見ている。終わってから裕くんが両手を合わせている。食事が終わって，保育士が〈ごちそうさんしよう〉と声をかけると，裕くんが手を合わせる。〈あ，上手上手〉とほめてもらう。身振り動作がなんとなく始まっている。

　離れた場所で保育士二人が何事か騒いでいるのを聞きつけ，「アイアイアイ」と大声を出しながら這って近寄っていく。見ていた保育士が〈何事？〉と裕く

第3章　日常の場での育ち

んの思いを感情移入的に受ける。近寄られた保育士が〈来た来た〉と迎えるが，裕くんは自分が向かっている保育士の方へ手を差し伸べて，相手に向かう気持ちを手差しで示している態度。また，観察者を見て人見知りをして泣く他児のそばへ這って行き，顔を覗き込む。見ていた保育士が，〈どうしたん（と思ったんだね）〉と感情移入的に応答。いずれのエピソードも，他者のこころの状態に「なんだろう」「どうしたんだろう」と興味を示す態度が現れる。

生後9カ月24日：後追い　介助を拒否　自立の欲求

　大好きなA保育士が食事の用意のために室内を移動しているのを，泣きながら這い這いで追いかける。他児の食事の世話をする間，裕くんはA保育士の背中におんぶされて，おとなしくしている。他児の食事が終わるとA保育士が裕くんを背中から降ろして椅子に座らせる。おとなしく静かに食事するが，途中で思い出したように「ウェーンウェーン」と甘え泣き。〈よしよし，どうもない〉と慰めてもらう。食事の最後に保育士がお茶を飲ませようとして口に茶碗を近づけると，茶碗を押しやって拒否。自分で飲みたいようだが，〈それは無理無理〉と手を抑えられると怒り声。

　見慣れない観察者が室内にいることは意識しており，食事場面や遊びの場面で顔やからだをねじって観察者の方に向けて目を合わせてくる。検閲している様子。

生後10カ月1日：つかまり立ち　伝い歩き　道具の理解と使用意欲　身振りの使用

　姿勢転換は自在であり，四つ這いで移動し，つかまり立ち，伝い歩きと，室内を自在に動き回っている。欲求や意図の表現がより明確になり，未分化ながら状況のなかで使われる道具（食べる時はスプーンを使う）の理解や身振りが生まれかけている。

　おやつの場面では，スプーンで食べさせてくれている保育士の顔を確認するように見つめる。食べさせてもらいながら，自分でも右手にスプーンを持ち，左手は手づかみで食べる。ひとしきり食べてから，保育士に向けて両手を合わせる。〈ごちそうさまか？　いただきますか？　どっちかわからん〉と応じるが，お替りがほしいと判断した保育士が取って戻り，口に運んでやると食べる。

98

おやつ後に椅子を片付けている保育士に，「オーイ」と抗議の声をあげて顔を見上げる。言われた保育士は抗議されたと受け止め，〈あのね，片付けするの〉と断固片付けを主張。そう言われた裕くんは，わかった様子でそれ以上は抵抗せず，近くの玩具に注意を向ける。

生後10カ月8日：他者に喜びの共有を求める　声でのやりとり

音の出る玩具のボタンを手の平で叩くようにしてスイッチを入れる。曲が鳴り出すと，自分で両手を叩いて「アーアーアー」と喜びの声をあげながら，観察者の方へ両腕を伸ばしてくる（観察者は「ぼく，できたで」という表現と感じる）。観察者が〈ジョウズジョウズ〉と手を叩くと裕くんも手を叩き，観察者を見つめて口を大きく開いてニカッと特大の笑顔を見せる。曲が鳴り終わるとまたボタンを押して曲を鳴らし，両手を叩きながら観察者の目を覗いて喜びの共有を求めてくる。玩具の操作が可能になり，身振を獲得し始めており，他者との注意や情動の共有を積極的に求める力が育ってきている。

他児を観察していると「アー」と呼びかけてくる声が聞こえ，見ると裕くんが観察者の方をじっと見ている。目が合うと「アー」と言うので，観察者も〈アー〉と応えると，さらに「アー」と返してくる。二人でしばらく声を交換しあい，声でのやりとりが成立。

生後10カ月22日：つもり行動　能動的やりとり遊び　身振りの獲得

園庭保育では車にまたがり，足で地面を蹴って自力で移動。車から降りて地面上をはだしで這って目的方向に移動。他児が警笛のなる車にまたがって保育士に押してもらっているところへ近寄る。鳴るのを知っていて警笛部分を押して音を鳴らしてはおもしろそうに見ている。砂場で，他児がスコップを持っていると，他児には頓着なくスコップを取り上げて茶碗と叩き合わせて遊ぶ。目の前にいる保育士に手で砂をつかんで突き出す。保育士が手を伸ばすが届かずに砂が零れ落ちてしまう。もう一回同じように砂をつかんで保育士に差し伸べながら，口をスパッと鳴らす。マンマをあげているつもりらしい。ボールプールでは，つかんだボールを目が合った観察者に差し出す。受け取って〈ありがとう〉と言うと，次々と6個のボールをつかんでは渡してくれる。観察者の方

から裕くんにボールを〈はい，どうぞ〉と渡すと，つかんではポイと脇に投げる遊びを繰り返す。

室内では這い這いで室内を自由に移動。家具の隙間から「アウー」と言いながら顔を出して観察者を伺い，目が合うとにっこりして顔を引っ込め，イナイイナイバアに誘いかける。〈イナイイナイバア〉と声をかけながら観察者が顔を出し入れすると期待して見ており，能動的に相互遊びを仕掛けてくる。

食事場面で，〈いただきます〉と保育士が声掛けすると，裕くんが両手を合わせる。身振りを例示していなかった保育士がびっくりして，〈あら上手。いただきます，上手〉と声をかける。両手で茶碗を持って一人でお茶を飲む。保育士が〈上手上手，ゴックンゴックン〉と声掛け。

生後10カ月29日：動作模倣　自己感の傷つき　音声模倣

室内を四つ這いで活発に移動。スチール製の椅子を硬い玩具で叩いて，音をたてる新しい遊びを発見。他児を団扇で煽いでいた保育士が，団扇を裕くんに渡しながら〈パタパタしてあげて〉と励ます。裕くんは団扇を受け取って，振るような叩くようなしぐさをする。煽ぐ動作にはなっていないが，保育士の動作をまねている様子が見える。

這い這いで床から20センチほど高いマットの上にあがり，また床へ降りようとしてバランスを崩し，床に頭をぶつける。ゴツンという音がしたので見ると，裕くんが下肢をマット上に残し，頭を下にして，うつ伏せで固まっている。「ウエー」とぐずり声があがり，〈痛かったん？　どこが痛かったん？〉と保育士が声をかけると，「ンーンー」と泣く。〈わかった，わかった〉と近寄った保育士の膝に，泣きながら突っ伏して抱き付いていく。保育士が抱き上げて背中をトントン叩いてやりながら，〈痛いのポーン，痛いのポーン〉とおまじないの声掛けをする。この後も裕くんの機嫌は治らず，食事場面でもぐずぐず泣いて，〈ほらおいしいやろ〉と声掛けされても食欲を示さず。いつもは活き活きしている裕くんだが，マットから落ちた失敗で，気が挫けているせいだろうと思われた（自己感の傷つき）。食事の終り頃に機嫌が治り，保育士が持っているスプーンを取り上げて，自分で食べようとする。保育士が食べさせながら，

〈アムアム〉と声掛けして励ましていると，裕くんがしきりに「アムアムアム」と言う。保育士が裕くんの声に合わせて，二人で「アムアムアム」〈アムアムアム〉。

生後11カ月5日：立位保持　場面のことば　注目行動

　四つ這い移動は安定し，瞬間的に支えなしに立位を保持することがある。水分補給や食事場面では，「オイヒー（おいしい）」のことばがしきり。保育士が〈おいしい？　おいしい？〉と応答。おやつが終わると，「ダー」と大声で観察者に呼びかけ，観察者の注意をひきつけておいて，わざと床に寝転んで見せる。

生後11カ月12日：状況理解　怒られてやめる　試行錯誤の引き出し探索

　状況理解が安定し，食事場面に限らず，自分一人でさっさとやってしまい，保育士の世話を受ける様子が見られなくなる。食事を一番早く済ませると，這って玩具の方へ行き，伸びやかな発声をしながら，独りで遊び始める。目ざとく書棚の引き出しからビニール片がはみ出しているのを見つけ，指先でつまみだそうと四苦八苦して，引き出し本体を手前に引いて開ける。保育士が見つけて，〈コラッ〉と怒って引き出しを閉める。怒られた裕くんは，気おくれした様子で探索をやめる。しかし，怒った保育士がいなくなると，引き出しの探索を再開。熱心に集中して取り掛かり，試行錯誤してついに引き出しを引っ張り出す。「バブー」と興奮した，達成感を表す発声。

生後11カ月26日：片手支持歩行　歩行器を支えに歩行　状況への静観的態度

　片手支持歩行で移動。急いで移動したい時は四つ這い。歩行器を押して室内を移動。マイペースで動き，状況を静観的に観察している態度が目立つ。

生後1歳0カ月3日：よちよち歩き　転んで自己感の傷つき　発声による注目行動 他者の意図の探索　他者への玩具の手渡し

　よちよちと一人歩きが始まっている。玩具を抱えて歩いていて音を立てて転ぶ。しばらく凍り付いてから，激しく泣き出す。保育士が慰めると一旦泣き止むが，〈だって，おもちゃいっぱい持ってるんだもん〉と声をかけられると，思い出したようにまたぐずり始める（自己感の傷つき）。別の保育士が，〈どこが痛かったん？　ここ？　ここ？〉と自分の頭を触ってみせると，裕くんも自

第3章　日常の場での育ち

分の頭に手をやって触る。

　手にしている玩具を保育士や他児に差し出す行動が目立つ。手にした玩具を保育士の方に差し出しながら，〈ウエッ〉〈アエッ〉などと発声し，保育士の注意を自分の方に引き付けてその顔を見上げる。他児が持っているミニカーを取り上げて，そばにいた保育士の手の平に差し出す。受け取った保育士が，〈私にくれるの？　ありがとう〉と受け取って，取られた他児に渡す。裕くんはまたその子から取り上げて，保育士の手に差し出す。これを繰り返すので，保育士がミニカーを籠のなかに入れると，なかを覗き込んだ裕くんは，保育士の顔を見上げて保育士の意図を探る態度を示す（こころをもった存在としての他者理解）。他児に近寄って行って持っている玩具を差しだす。裕くんが観察者の方を向いてじっと見つめているのに気付いた観察者が，天井を指さしてみるが，不思議そうに観察者を見るだけで，指さした方向には関心を向けない（他者の指さし理解は未発達）。

生後1歳2カ月4日（フォローアップ観察）：走り回る　独り遊び　他者への選択的態度　簡略化された情動補給　指さして知らせようとする

　走り回っており，紐のついた玩具を引っ張って歩いている。歌っている他児に触発された様子で，一緒に踊るようにからだを揺すったり，歌ったり踊ったりする他児の様子をじっと見つめていたりする。

　自分なりの興味や関心に沿って淡々と独り遊び。大型のハンドル付き乗り物に興味をもって独り遊びをしているとき，他児が興味を持って近寄ってくる。それを見つけた裕くんは，大型遊具を苦労して抱えて，逃げるように別の場所に移動する。取られたくなかった様子。

　観察者が記録していると，ボールを持って近寄ってきて，黙って観察者に手渡す。マーラーら（1975/1981）が，分離・個体化過程の練習期の子どもが，探索で発見した玩具などを身近な他者に差し出して共有する行動として注目している行動である。観察者が〈ありがとう〉と受け取ると，すぐ取り返して別の場所に走って行き，保育士にボールを差し出す。その後，ボタン操作する玩具を観察者のところへ運んできて床に降ろす。観察者がボタン操作をして見せる

とじっと見ているが，サッと持ちあげて，「あんたじゃないよ」とでも言うように，好きな保育士の方へ抱えて行ってその保育士の前に置く。興味や関心の共有を働きかけながらも，他者への選択的な態度が顕著に見られる。

　他児二人を保育士が両脇に抱えるようにして座っているのを見つけ，近寄って行った裕くんは二人の他児のからだの隙間に自分のからだを押し込むようにする。自分の上体を保育士のからだに押し付けるとすぐに離れる。ほんの少しの情動補給で足りる様子。その保育士から少し離れた場所から，しばらく前に自分がいた場所を保育士に知らせようとするように指さす。しかし保育士が気づかないと，その保育士に近寄って行って，また自分の上体を保育士に引っ付ける。気づいてもらえなかった不全感を解消するために情動補給しているように見える。

5．事例5　愛嬌を振りまく態度が目立った恵美ちゃん
　　（女児　観察期間：生後1歳1カ月7日〜1歳5カ月10日）

　観察を開始した当初1歳を過ぎていた恵美ちゃんは，すでに這い這いと伝い歩きによる移動が自在になっており，鏡像理解を示していました。観察期間中に，ことばによる他者とのコミュニケーションが急速に豊かになり，共同注意行動などの“他者と共にある世界”を充実させて，他者との関係を楽しむオシャマな態度が目立ちました。そうした恵美ちゃんの育ちの姿から，子どもが養育者という存在をどのように支えとして利用しながら，社会的な意味世界を取り込んで自分のものにしていくのかが見えていました。

生後1歳1カ月7日：後追い　指さしによる意思表示　鏡像理解

　初対面の観察者に警戒心を見せず，関心を示して目を合わせてくる。しかし，保育士がその場を離れると急に泣き声を出して，這い這いで保育士を追っていく。おやつの準備で室内を移動する場面でも，「アハハ……アーン」と訴え泣きして後追いをする。保育士に抱かれると，自分が行きたい方向を「オエー」と言いながら指さして意思表示する。おやつを運んできた台車に気づいて，

「アッ」と言いながら台車を指さす。

　観察者は保育士から〈おしゃべりです〉と恵美ちゃんの紹介を受けたが，ことば様のジャルゴンが豊かであり，ジージー（おじいちゃん），ドウジョ（どうぞ），チッチャイ（小さい）などのことばをすでに獲得している。観察者に対しても，「アウェー」「ウーオー」などと音声で話しかけてくる。

　洗面台の鏡がお気に入りの遊び場所。背後から恵美ちゃんの様子を観察していると，保育士が恵美ちゃんに〈（観察者が）映っているのを見てる〉と声をかける。観察者が注意を向けると，恵美ちゃんが鏡の中の観察者を見ており，振り返って実物の観察者を確認する。鏡に視線を戻して鏡の中の観察者に「アエ？」と発声。振り返って観察者を確認しては鏡に視線を戻して鏡の中の観察者を見て確かめることを3回繰り返す。

　用事で入ってきていた年長児二人が退室すると，這い這いしながら後を追っていき，出て行ったガラス戸をトントン叩きながら，「コエ……コエ……コエ」としきりに発声。少し離れた背後からその様子を見ていた観察者に気づいた恵美ちゃんは，観察者の顔を振り返りながら出入り口の方を指さし，次いで出入り口を見てから，観察者の顔を振り返る。観察者が〈お兄ちゃんとお姉ちゃんが出て行ったね〉と声をかけながら出入り口を指さすと，恵美ちゃんが出入り口の方を見る（恵美ちゃんと観察者で同じ興味や関心を共有する三項関係）。

生後1歳1カ月14日：両手支持歩行の練習　褒められたい　ことばでの呼びかけ

　保育士が両手支持で〈アンヨ，アンヨ。アンヨは上手〉と声をかけて歩行を励ましている。一瞬支持なしで立位を保持することがある。数歩歩いて疲れると座りこみ，「アーン」とぐずり声をあげ，保育士の顔を見上げて抱っこを要求する。保育士に励まされてまた数歩。恵美ちゃんは得意そうな表情で，歩きながら周りが自分を見ているかどうかを見ている。歩き終わると，保育士の手をつかんで両手を合わせる形に自分の手で挟む。保育士が拍手して褒めてほしいのだと察して，恵美ちゃんの手に挟まれた手を叩きながら，口で〈パチパチパチ〉〈じょうずじょうず〉と褒める。

　子どもが入れないように柵で仕切った部屋に入って行った保育士に向かって，

柵のところから「チェンチェー，チェンチェー」と呼びかける。それを聞いた他の保育士が，〈先生って言ってるわ〉と受ける。

生後1歳1カ月21日：体調不良と不機嫌　共同注意　ことばのまね　指さしながらの指示や質問　社会的参照

体調がよくないとのことで，不機嫌そうな表情で，観察中ぐずって保育士に抱かれて過ごす時間が多かった。しかし，抱かれながらも保育士とのやりとりは活発で，興味や関心を他者と共有する共同注意行動が顕著に観察された。

保育士に〈もういい？〉と聞かれて「モウイ」とことばかけをまねたように発声。手差しや指さしをしながら，「コエ，コエ」と行きたい方向を指したり，保育士が持っているタオルを指さして「コエ（これはなに）？」と尋ねるような，確認するような問いかけをし，保育士が〈これ，エプロン〉と応じる。様々な場面で指さしながら，「これなに？」や「こっち」などの意図を表す，「コエ」の発声が目立つ。うまくいった時に自分で両手を叩いて，そばの保育士を見上げる。〈上手，上手〉と褒められると「ウジャー」と音声で応えて満足そう。

保育士が滑り台の下を指さして何事かを言うと，恵美ちゃんは指さされた方向を見る。保育士が更に何か言いながら，トンネルの奥を指さすと，奥を覗いてから保育士を振り返ってみる。トンネルから他児が這い出して来て，保育士が他児の存在を恵美ちゃんに知らせようとしていたことがわかる。保育士が危ないことをしている他児に〈恐ッ！〉と制止する声を聞きつけて，恵美ちゃんが背後を振り向いて，「なんだろう？」というように保育士の顔を確認して状況を理解しようとする「社会的参照」の態度が見られる。

大判のタオルが，母親との分離状況などで母親の象徴的代理として子どもが保持する「移行対象」（ウィニコット，1977）になってきており，恵美ちゃんは常に携帯して移動し，タオルの表面を撫でて感触を確かめる。

生後1歳2カ月4日：四つ這い移動自在　手遊び　「オイシーイ」の獲得　注目行動　得意な表情　つかまり立ち　要求の指さし

四つ這いでの移動が自在になっている。食前の手遊びとおゆうぎを楽しそう

第3章　日常の場での育ち

にやっていて，オツムテンテンは自発的に頭の上に手をのせる。

「オイシーイ」がこの日の恵美ちゃんのはやり言葉で，両手でお茶碗を持ち上げて「オイシーイ」と言う。〈おいしい，言ったね〉と保育士がびっくりする。驚かれて味を占めた様子の恵美ちゃんが，何度も何度も言っては保育士の注目を促し，顔を見上げる。あまりにも連発するので，保育士たちがどっと笑う。〈おいしいね〉とか〈（おいしくて）何よりですね〉と応えてもらうと得意そうな表情。

泣きながら保育士と一緒に部屋に戻ってきた恵美ちゃんを見て，事情を推測した他の保育士が〈私お腹空いて，タオル欲しいです〉と恵美ちゃんの気持ちを代弁する。その保育士の所へ行った恵美ちゃんは，保育士につかまり立ちして，「エーエーエー，へへへ……」と訴え泣きし，「アエ？　アエ？」と保育士の方に指さして要求。保育士は〈あえ？　あえ？〉と受けながら，恵美ちゃんがこだわっているタオルを恵美ちゃんの背後に隠す。恵美ちゃんは指さしながら周囲を見回し，タオルを見つける。〈ふわふわ〉と言いながら恵美ちゃんの頭からタオルをかけてやる保育士。

生後1歳2カ月11日：二足歩行の開始　移行対象　他者を共同注意へ誘う指さしとことば

お気に入りのタオルを手にしてよちよち歩く。転んでもまた立ち上がって歩く。〈タオルちょうだい。大事，大事。ナイナイしていい？〉と保育士がタオルを取ろうとすると嫌がって，タオルを抱いて保育士のそばから逃げる。

食事の世話をしながら，保育士が他児に〈おいしい？〉とことばかけしているのをそばで聞いていた恵美ちゃんが「オイシーイ」と言う。〈（恵美ちゃんの十八番が）出た！〉と反応した保育士が，〈おいしいか？〉と恵美ちゃんに問いかけると，待ってましたというように「オイシー」と応える。「コエッ（コレ）」と言いながら牛乳を指さす恵美ちゃん。保育士が〈恵美ちゃんの牛乳〉と応じると，両手でコップを持って「オイチイ，オイチイ」としきりに言う。〈よかったね〉と応じる保育士に，「こっち？」と他児のコップを指さす。保育士が〈これはBくんの〉と説明している。いろんな場面で「コッチ？」と言い

106

ながら指さして保育士を見る。"私が見ているものをあなたも見ているか"と，興味や関心の共有を求めたり確認したりする片言のことばでのやりとりが盛ん。

　隣室から泣きながら這ってきて，保育士の方へ両手を伸ばして，「ジージー？」と問いかけるように抱っこを要求。保育士が，〈今日はジージー（おじいちゃん）はいないよ〉と言う。離れた場所にいた保育士が両手を差し出すと，サッと立ち上がって歩いて保育士の方へ行き，抱っこしてもらう。

　保育士が目の前にいる他児に向けて，〈Ｃちゃんにあげて〉と恵美ちゃんに声をかけると，持っているペットボトルをＣちゃんに手渡す。Ｃちゃんはうれしそうに受け取る。

生後１歳２カ月18日：よちよち歩行　移行対象で情動補給

　よちよちと歩行。廊下へ出たくて仕方ない様子で，手にタオルを持って，入り口のガラス戸のところに立って廊下を見て泣き声をあげる。入室しようとしていた観察者が，〈外へ出たかったの？〉と声をかけ，手にしているタオルに〈大事なタオル〉と言うと，観察者を見上げてタオルを差し出す。観察者が受け取ってすぐに〈どうぞ〉と差し出すと，受け取る。観察者の顔を見上げながら指さして，「アッチ，ゴニャゴニャ……」としきりに訴えるようなジャルゴン。言いたいことが感じられる声。様子を見ていた保育士が出入り口のドアを開いて，〈恵美ちゃん，ふわふわちゃん（タオル）ここ置いとくよ〉と室内に残して，〈ヨチヨチ〉と歩行を励ますと，恵美ちゃんは廊下へ歩き出す。

　食事が終わってから保育士が恵美ちゃんをおんぶするが，恵美ちゃんの大事なふわふわ（タオル）が見つからず，〈ないわー，恵美ちゃんの大事なふわふわが見つからないわー。大変だー，どうしよう〉と言っているのを背中で聞いている。しばらくしてから他の保育士が片付けておいたタオルを出してくる。探していた保育士が〈あった。恵美ちゃん，ふわふわや〉と恵美ちゃんに手渡すと，恵美ちゃんは抱きかかえるようにして顔に当てて感触を確かめる。

生後１歳２カ月25日：トコトコ歩行　カタコトでの要求

　大事なタオルを手に，振り回しながらトコトコと室内を移動。「コエ（これ），コエヤン，コエ？」などと言いながら，棚から出した玩具を保育士に差しだす。

第3章 日常の場での育ち

保育士にコマを回してもらい，止まると，「アエ！　アエッ？」と発し，「クークー（くるくるして）」と要求。

　観察者が他児の観察をしていると，恵美ちゃんが近寄ってきて，「コレ？」と言いながらそばの机の上の箱を指さす。観察者が〈蛙さんやね〉と箱に描かれた絵を指さして言うと，また「コレ？」と次々に名前を聞いてくる。〈お花やね，これは紙〉と答えていく。保育士にも，「コエ？」とか「コレ？」と指さして名前を聞く行動が目立つ。「アッチ」と言いながらあちこちを指さすが，特定の方向を指し示すというより，身につけた指さしとことばを言ってみたくて仕方ないように見える。保育士が他児に〈チョウダイハ？〉とちょうだいの身振りを教えていると，恵美ちゃんが近寄って，「コエ？」と言いながらその保育士に次々と玩具を手渡していく。玩具が山のようになって〈ありがとう〉と言われると，恵美ちゃんが頭を下げてありがとうの身振りをする。ボタン操作で音楽を鳴らす玩具で遊び，曲が鳴ると自分で手を叩いて，上手上手の身振りをしている。

　観察者が天井の蛍光灯を指さして見せると，天井を見上げてから観察者の顔を確認し，何を言ってるんだろうというように観察者の意図を探る。

生後1歳3カ月2日：ことばで他者の注意を引く　関心の共有への誘い　命名の楽しさ　自己感（恥ずかしい・照れ・誇らしい）　他児へのかかわり

　観察者が入室して，〈おはよう〉と恵美ちゃんに声をかける。観察者に気づいて恵美ちゃんが歩いて近寄ってきて，「コエ？」とさっそく棚を指さす。観察者が棚の玩具を見て，〈ほら，トラさんがいるよ〉と指さすと，恵美ちゃんもトラを指さしながら「ワンワン，コエ，コエ」と指さす。この日はどんな玩具でも「ワンワン」で，「アッチ」や「コエ」もよく言う。保育士の一人が犬のイラストがついたTシャツを着ているのを見つけ，指さしながら繰り返し繰り返し「ワンワン，ワンワン」と訴える。このときは，本物の犬を発見して得意そうな恵美ちゃん。保育士たちも，〈あ，ワンワンや〉と恵美ちゃんの発見を面白がる。保育士の関心を引くために，犬と関係なくてもしきりに「ワンワン，ワンワン」と言い，自分のことばが他者の注意を引くことを知っていて連

発している印象。

　食事の前に順番に名前を呼ばれて返事しながら挙手する場面で，自分の名前が呼ばれると，恥ずかしがって動かない。保育士が恵美ちゃんの手をつかんで〈はーい〉と上げると照れて笑う。自分の番が終わって他児の名前が呼ばれると，元気になって手を上げ，「はい」のしぐさをして満面の笑み（誇らしさ）。

　昼寝の前にタオルを持って鏡の前に立ち，自分を見ている様子。布団が敷かれると，タオルを抱えて布団の上でゴロゴロ。用事で入室してきた年長児や同クラスの他児の背中をトントンと叩いて，注意を自分に引き付けようとする。

生後1歳3カ月9日：ふり・つもり行動の始まり　手遊び

　周囲のものをなんでも指さしては，「ワンワン」と言っている。壁に貼ってある犬の絵を発見して，「アッ，ワンワン」と言う。保育士が〈ほんまや〉と驚くと，台の上に立って，再度「ワンワン」と言いながら得意満面で指さす。観察者のそばにたびたび近寄ってきては，あちこち指さして「ワンワン」と言うので，観察者が〈恵美ちゃんどこ？〉と聞いてみるが，「ワンワン」と反応する。そばに人がいない時でも，独りで「ワンワン」と言いながら行動している。ことば様のジャルゴンがしきり。

　何もないのに指先で何かをつまむような形にする。保育士に〈マンマちょうだい〉と声をかけられると，つまんだまま保育士の手に渡すふりをする。〈Dくんに，どうぞして〉と言われると，Dくんの口の方へつまんだ形の指を近づけて，食べさせるふりをする。しばらくして，自分の口にも入れるふりをする。保育士が〈自分で食べてるの？〉と声掛けする。

　保育士が〈チョチチョチアババ〉の手遊びを歌いながら始めると，「チョチョッ」と言いながら両手を叩き，「アワワ」と言いながら掌を口に当てる。手にした玩具を，「アーイ」と言いながら保育士に手渡しにいく。

　タオルを手にして観察者に近寄ってきたので，〈ふわふわ（タオル）ちょうだい〉と声をかけると，慌てて背中を向けて逃げていく。

生後1歳5カ月10日（フォローアップ観察）：歩行安定　ことばや身振りでのやりとり

　立位や歩行が安定する。語彙量が増えことばでのやりとりも聞かれる。

第3章　日常の場での育ち

　愛想よしで周囲に愛嬌を振りまく。「コレコレ」や「ワンワン」と言いなが
ら働きかける。観察者にも次々と玩具を持ってきて，「ハッ（ハイ）」と差しだ
す。「コレ，アチョチョ……」に続けて複雑な，何かしゃべっているようなジ
ャルゴンが続く。「オチャ」と保育士の顔を見上げてことばで要求。〈牛乳飲む
人？〉の問いかけに，「ハーイ」と片手を上げて意思表示する。犬のおまわり
さんの曲がかかると，「ワンワン，ワンワン」と言って，観察者に教える。お
遊戯は一部分，それらしいしぐさで踊る。

2 育つということの謎を解く視点

1では乳児保育室における5例の乳児の観察を報告しました。観察されたのは，日常的な子どもの生活の姿であり，日常的な保育者のかかわりの姿でした。観察された子どもたちは，一日の約3分の1を保育所で過ごしているだけで，残りは家族と生活を共にしています。そういう意味では，乳児室の赤ちゃんたちは，二つの大きな異なる生活基盤の上で育っていることになります。家庭生活は集団の場である保育所での生活に比べて空間的人的に閉鎖的になりますが，それだけに親子の関係は個別的，濃密であり，家庭独自の生活習慣，価値観，家族関係の質，親のパーソナリティに強く影響を受けます。一方保育所での観察は，精神分析の立場に立つ乳幼児観察などと異なり，母子間の精神力動に関心を払った発達をたどることはできません。担当制はとられていますが保育士は複数かかわっており，親子や家族関係のような個別で固定的な関係ではありません。従って，保育の場での育ちは，一般の家庭での子育てとは異なる条件を基盤にして成り立っている事実は押さえておく必要があります。そうした保育の場の特徴を踏まえたうえで，共通の空間や生活スケジュール，共通の養育的他者との関係を土壌にして，子どもたちが日常をどのように過ごし，どのように育っていくのかという観察された姿には，育つということの謎を解く多くの視点が詰まっていると思われます。ここでは保育の観察を補うかたちで，一般的な家庭での育ちの事例も加えて，育ちの様相に際立つ特徴をあげて考察していきます。

第 3 章　日常の場での育ち

1.　からだをもった存在として――姿勢活動

　本章の❶で紹介した乳児の観察は，第 1 章の❶で紹介した17名の乳児の姿勢
活動の観察から15年後の観察事例です。今回の観察においても，乳児期前半の
子どもたちには日常の生活場面で，上下肢の緩やかな交互運動，胸上げ（頭上
げ），寝返り，飛行機の姿勢などの姿勢の循環活動が観察されました。

　乳児観察でまず目立ったのは，「赤ちゃんは，からだを持った存在としてこ
の世に誕生する」という特徴でした。赤ちゃんがもって生まれるからだは，人
間としての生得的な可能性を秘めており，それらの可能性が育ちの過程に深く
かかわっていると考えられます。姿勢の循環活動が示すように，赤ちゃんは発
達の初期から繰り返し特定の姿勢を保持し，その姿勢の感覚（特定の姿勢を保
持すれば直接的に感受される自己受容性の感覚）にふけり，"生きて，活動して，
ある"ことの実感を得ていると推測されました。からだに備わっている，動け
ば自分に返ってくる自己受容性の姿勢活動を通じて，生涯を通じてからだは私
という人格の基盤となっていくのです。

　乳児期前半の赤ちゃんたちは，静かに覚醒しているときでもまったく静止し
ているわけではなく，緩やかで不随意的な手足の運動が観察されました。姿勢
活動への熱中には個人差があり，移動運動が獲得されると姿勢の循環活動への
熱中は観察されなくなります。それでも，乳児たちが外界との感覚運動的活動
のかかわりと並行して，絶えずからだを動かし，自らの身体の活動とその感覚
を確かめている様子から，からだを持った存在としての乳児が自己感の発達的
土台づくりをしている様子が観察されました。

2.　身振りから象徴へ

　移動運動が自立し，姿勢機能と運動機能がより明確に分化すると，姿勢の循
環反応のような姿勢機能それ自体に特化した活動は観察されなくなります。し
かし，姿勢活動が役割を終えたわけではありません。姿勢機能が運動からより

分化すると，姿勢活動は身振りや表現の世界を担うようになっていきます。

　たとえば，首座りが安定すると首の姿勢調節は運動を支える土台機能から自由になり，首の姿勢調節機能それ自体が独立して，首を振るイヤイヤなどの身振りが可能になります。嫌な食べ物から頭部を遠ざける姿勢運動であったものが，姿勢活動それ自体が独立し，首振りが「イヤ」という象徴的身振りになるのだと指摘しているのはスピッツ（1957/1968）です。

　乳児の発達の現場では，同じような例が多数みられます。対象を把握するために掌を開閉する運動とそれを支える掌の姿勢調整がより分化すると，身振り動作としてのニギニギが可能になります。ガラガラを保持して振る姿勢活動と運動がより分化すれば，手を振る姿勢活動自体が運動から独立し，「バイバイ」という身振りになるのです。手は道具を使う手となり，他者の仕草を模倣し，やがて身振りとなって，他者とのコミュニケーションの手立てになっていく様子が観察されました。また，実際的に"つまむ"という手の活動が適応的な課題から自由になると，事例5の1歳3カ月時には，そこにはない何かを"つまむふり"を指の動きで表すという象徴表現の力を獲得していました。

　このように，姿勢が身振り機能を獲得し始めるのは生後8カ月頃から12カ月頃ですが，姿勢機能と運動機能がより分化しつつ統合されるということは，身体の活動と感覚が全体的な身体図式へと統合されることを意味します。運動は外的適応のための巧緻性を獲得し，運動から自由になった姿勢機能は，自分自身を作り変える自己塑型的な性格をより顕著に発揮して，対象を懐胎し，対象を表示する力を獲得するようになるのです。両者の分化がより安定すると，他者の姿勢活動を模倣することが容易になり，模倣を介して新たな身振りを次々に獲得し，コミュニケーションの手段として，積極的に使うようになります。それだけでなく，興味を持った経験を姿勢に懐胎し，自ら象さんや兎さんになったり，園で習った踊りを後から再現（延滞模倣）したり，身体は何か別のものを表す象徴的表現の媒体となっていくのです。

　このように，象徴性を担うのは音声や描線だけではありません。姿勢機能もまた姿勢調整によって身振りへと発達し，更には身体に対象世界を懐胎し，意

味を担う表現媒体へと発達していきました。

3. 生得的に方向づけられた育ちの方向

　赤ちゃんを観察していると，「赤ちゃんには，生得的に方向づけられた方向へ自ら育っていく，能動的な力が備わっている」ことが，強く印象に残ります。育っていく力は，すべて誕生後に白紙から獲得されていくわけではありません。教えたら身につくとか，鍛えれば芽生えてくるというわけでもありません。赤ちゃんはまるで自ずと身についていくかのように見えるほど，予め定められた方向に，しかも個別的な様相を示しながら，育ち始めます。それは，毎週毎週まるで新しい頁を開くかのようでした。

　赤ちゃんは決して世話されるだけの受け身の存在ではありません。力を自ら鍛え，新たな力の獲得に向かって果敢に挑んでいきます。姿勢の循環活動の発達で観察したとおり，首が据わり始めた赤ちゃんは繰り返し首をあげ，首が据わると胸をあげ，やがてからだをねじって寝返りに挑戦し，顔を真っ赤にして飛行機の姿勢を保持し，足で宙を蹴って這い這いに挑戦し，転んでも転んでも歩こうとします。興味を惹かれる玩具があれば繰り返しつかもうとし，なめようとし，振ろうとするなど，ピアジェが感覚運動的循環活動として位置付けた活動もまた，赤ちゃんの能動的活動の現れとして位置付けることができるものです。そのような，新しいことに挑戦し，芽生えた力を充実させていくのも，赤ちゃんの育ちの姿そのものなのだと思われました。

　赤ちゃんの身体には遺伝子情報が組み込まれており，脳にはいずれは獲得され，駆使されるようになる，言語や思考能力などの可能性が大脳生理学的に備わった状態で誕生します。喃語の複雑化，ことばの理解，ある時期に音声に意味を載せて伝えることばの力（音声の意味化過程）等々，可能性が現実のものとして身につくためには経験が必要です。しかし，経験を糧としながらも，赤ちゃんは人間固有の可能性を予め備えた身体として誕生し，その可能性を発達過程を通して実現していくのだという，発達現象の不思議さを改めて痛感させ

られた乳児観察でした。

4.　関係性のなかに生まれ落ちるということ

　育ちの様相としてさらに際立っていたのは,「人間の赤ちゃんは,社会的関係のなかに,関係を生きるべくして生まれ落ちる」のだということを印象付けるエピソードの数々でした。生まれた瞬間から,基本的な栄養摂取,生命の安全,衛生状態等々を社会的な他者に依存しなければ生存できないのが人間の赤ちゃんです。そうした社会的依存を前提としてこの世に生まれ落ちる赤ちゃんは,社会的他者に強い関心を向けます。

　保育室での観察で最も印象的だったのは,生後4カ月4日から観察を開始した本章1の事例1においてすでに,子どもにとっての他者は最も興味や関心を引き付ける特別の存在だったということです。生後4カ月にもなれば,すでに生理的微笑から社会的微笑への発達的移行が育っていることはよく知られた事実です。しかし,社会的微笑が観察されるということと,子どもが他者に向けて微笑み,見つめあった二者間で情緒的な交流が生じるということは,全く次元の異なる出来事です。社会的な対象に微笑を向ける力を備えて誕生した赤ちゃんは,おもちゃよりも何よりも他者の存在に注意深い視線を向けました。他者に注意を向けて検閲し,見慣れない他者には警戒し,乳児期後半に入れば見慣れない他者への緊張から凍り付き,泣き出し,緊張を緩めてくれる保育士に助けを求めにいく様子がたくさん観察されました。保育室の日常への闖入者であった観察者が,どれほど乳児たちの注意や警戒心を刺激し,不安をかきたてたかを思うと,生活の場の恒常性と安定性が赤ちゃんたちにとってどれほど重要であるかも痛感させられました。赤ちゃんからの能動的な他者への強い関心と,それに応えて働きかける養育的他者の存在こそ,育ちの場を支配する特徴ですが,これが「赤ちゃんは他者との関係を生きるべくして,関係のなかに生まれる」と岡本(1982)が述べていることの実態です。

5. スターンの視点

　スターン（Stern, D. N.）（1985/1989・1991）は，自己感と対人的かかわり合いの視点から発達過程を検討し，自己感を発達のオーガナイゼーションを促す原理と考え，乳児は統合された自己感（および，自己感と表裏一体になった他者感）を持つ能力があると考えています。

　例として，生後3週間の乳児に目隠しをさせて乳首を舐めさせ，次いで，目隠しを取って二つの異なる乳首を見せると，乳児はすばやく二つを見比べ，吸った方の乳首を長く見つめるという実験結果を紹介しています。この結果は，舐めた乳首が今見ている乳首と同じだという理解が，乳児にあることを示しています。

　そうした能力は，視覚に限りません。ある一つの知覚様式で受信された情報を別の知覚様式へと，知覚様式交叉的に移行する能力（無様式知覚）を，乳児は生まれつき持っているとスターンは指摘します。触ったものと見たものが同じだとわかり，見たものとすることの間にも生得的な相関があり，生後二日目の乳児は他者の表情を見て，自分では見ることができず，固有覚で感じるだけの自分の顔の表情で，真似することができるのです。その他にも，放下線を悲しいと認知し，ギザギザにとがった線を怒っていると認知するような，形，強さのレベル，動き，数，リズムといった人や物体の特徴も，総括的な無様式知覚によって直接体験されるのだという実験結果を紹介しています。

　このように，乳児はある種の統合を練り上げるように生まれついているのであり，生まれたての乳児の新生しつつある自己感（新生自己感）は，ばらばらな体験を相互に関連しあったものとしてとらえることによって生まれる結果と，それを生む過程を体験できると考えられています。それは同時に，乳児は他者との関係を生きるべくしてこの世に誕生し，他者とのかかわりを通して自己形成していく能力を，発達の前提として備えて誕生することを意味しています。新しい行動や能力は，出現するたびにオーガナイズされ，自己と他者のオーガナイゼーションを促す主観的見通しを形づくっていきます。

2　育つということの謎を解く視点

　スターンの研究は，それまでの乳児研究の流れを大きく変えたと言われています。ピアジェが考えるように，ばらばらな諸機能を，体験を繰り返すことで統合し，認識を構成していく必要はないと考えられるようになりました。更には，ワロンが指摘するような身体の同型性を根拠にしなくても，乳児は共同性を生きる能力を初めから持って生まれるということになります。

　スターンの見解には，仮説の域を出ないものも含まれます。しかし，知覚様式交叉的に，一つの知覚様式で受信された情報を何らかの形で別の知覚様式へと変換する，生得的で普遍的な能力を備えていると想定することで，ばらばらな機能の寄せ集め的な乳児ではなく，統合的で主体的な乳児の発達相に光が当たるようになりました。

　それでは，無様式知覚を想定すれば，これまで取り上げてきたような，姿勢の循環活動や，姿勢と情動の関係などを，改めて検討する意味はないのでしょうか。そうではないと筆者は考えます。たとえば，第1章1で取り上げた姿勢の循環活動とその感覚の関係は，無様式知覚には含まれません。身体は実体を持ち，重さを持ちます。その重い身体を動かすと緊張が生じます。特定の姿勢保持を実現するのは乳児自身です。姿勢活動における乳児の能動性が，顕著に観察されるのが，飛行機の姿勢の循環活動でした。

　飛行機の姿勢活動は，首を上げ，胸を上げ，腕を開き，下肢も空中に持ち上げるなど，全身を伸展させる緊張性の活動です。そのため，しばらく飛行機の姿勢を保持すると，乳児たちは疲れてぐったり力を抜き，床に突っ伏して休憩をとります。疲れるだろうと推測されますが，乳児は繰り返し挑戦し，運動とその感覚のつながりを自ら確かめるように反復します。無様式知覚とは違って姿勢活動は，「私は在る」，「私は機能している」という自己感を，直接的な身体感覚によって育て，強化していると考えられるのです。

　乳児は二足歩行の可能性を先天的に備えて誕生しますが，安定した歩行能力を確立するまでに約一年という期間が必要です。姿勢と運動が発達的に分化し，統合され，歩行が自立するまでの一年は，単に姿勢・運動発達に必要な一年なのではありません。「私が在り，活動し，知覚し，感じ，思う」という，私に

117

第3章　日常の場での育ち

属する活動の総体を，自己感に統合する作業にたえずかかわっている一年でも
あるのです。

6.　親子の情愛的かかわり —— 愛され愛する存在として

　養育的二者関係は情意的な色合いを帯びています。家庭での子育てにおいて
も保育所でも，赤ちゃんは他者に強い関心を向け，養育者と愛着関係を結び，
他者に愛される存在として生活の場にいます。集団の場で，保育士が特定の子
どもに愛情を注ぎ，"かわいがる"態度は抑制されるでしょうが，家庭で親が
子をかわいがる態度は日常です。以下に，知人が赤ちゃんを連れて筆者宅に遊
びにきたときの例で補足すると，親子の情意的な関係はより鮮明になります。

愛ちゃん（女児　10カ月26日）

　愛ちゃんは，初めて来た知らない家で，母親に抱かれてしばらくは神妙にし
ていました。「今は借りてきた猫だけど，そのうち本性を発揮します」という
母親の予告どおり，安全だと判断したらしい愛ちゃんは，お母さんの膝から降
りて，這い這いと伝い歩きで室内の探索を始めました。軽々と四つ這いで動き
回り，時折母親の方を振り返って確認しては，家具につかまり立ちし，母親の
方へ歩こうとして，その場にしりもちをついたりします。おとなばかりの部屋
のなかでは，愛ちゃんの一挙手一投足はみんなの注目を独占し，転びそうにな
ると「あっ」と慌てた声がとび，一人で立ったといっては「わあ！」と歓声が
あがります。そうしたおとなたちの注目を一身に受けていることを，愛ちゃん
はわかっているように見えました。ほほは上気し，瞳は大きく開き，笑顔を振
りまいて，得意げな表情でおとなを振り返る姿は，まるでスポットライトを浴
びているスターのようです。そして，見えている世界がおもしろくて仕方なく，
つかんだり振り回したりすることが，うれしくてしかたないという様子を，お
となたちは「なんてかわいいんだろう」と思うのでした。これが日常の子育て
における子どもとおとなの関係です。

　しかし，しばらくするとさすがに疲れて，おなかも空いてきたのでしょう。

なんとなくぐずりだし，母親に近寄って行って抱っこを求めます。母親は抱き上げると部屋の隅に移動し，胸を開いて授乳を始めました。他のおとなたちが雑談している声から護るように背中を向けて，静かなゆっくりしたトーンで何事かを話しかけています。おっぱいは，一気に飲んでそれで終わりというわけにはいきません。吸っては休み，吸っては休む愛ちゃんのリズムに合わせながら，母親はじっと顔をのぞきこんでは話しかけてやっています。そのうち眠気がやってきて，お乳を吸いながらトロトロ眠り始めた様子です。「もういいかな？」と声をかけられると，また目覚めてはお乳に吸いつく様子が繰り返されていきました。そのうち寝入った様子なので，布団に寝かしつけようとすると，目が覚めてぐずり声をあげます。母親は何度も何度も抱き直しては，ゆすりながら室内を歩きまわらなければなりませんでした。おとなたちへのめいっぱいのサービスで神経が興奮しすぎたのでしょう，緊張を解いて眠りに入るためには，からだへの緩やかな刺激でなだめてくれるおとなの手が必要なのです。

　生理的および心理的な緊張や不快感を自力では解消できず，養育的他者によってなだめられ，不快から解放されることが赤ちゃんには必要なのです。赤ちゃんが人との関係を生きるべくして人との関係の懐に生まれ落ちるということは，赤ちゃんのこういう日常を指すのでしょう。待ち望まれて誕生し，一挙手一投足に注目や励ましや賛嘆を受け，空腹や緊張から解放されて心地よく育つための養育的かかわりを受けて，赤ちゃんの日常は繰り返されていきます。そして，愛されるということ，愛するということは，こういう日常の関係の積み重ねなのだと思われるのです。

7. 応答する養育的他者

　更に，観察場面で際立っていたのは，保育者からの子どもへの応答的かかわりでした。保育者は子どもが置かれた状況，情動や気分状態，発声などに，きわめて早期から応答しています。この保育者の応答には，子どもが苦しそうにしているからと姿勢を変える，お腹が減ったようだと授乳する，眠くなったよ

第3章　日常の場での育ち

うだと抱いて揺するなど，非言語的応答が多く含まれていました。さらには，子どもの情動表現を受け止め，ことばで解釈するかのような応答（情緒的応答性）も，かなり早期から観察されました。事例1の眠くなってぐずる生後4カ月の幸生くんに〈あー眠たい〉と共感的に応答し，すぐに世話に戻れないからと〈ちょっと待っててね〉と伝え，他の保育士が〈（来てくれないから）怒ってる〉と感情移入的に応答するような，赤ちゃんの心理的状態を意味づけ，方向づける応答が保育の場にはあふれていました。すなわち，子どもの状況理解や言語理解力に関係なく，養育者は発達のきわめて早期から，子ども自身の体験世界に応えるかたちで，非言語的・言語的に意味づけて応答する姿勢を顕著に示しました。「子どもは関係のなかに生まれ落ちる」のだという理解は，実は「子どもは他者から投げかけられる意味の世界に生まれ落ちるのだ」と理解することができます。最初から意味づけられた体験世界に生まれ落ち，自らの体験を意味化するように励まされ，意味を受け継いで社会的な文化や習慣を受け継いでいく，それも育つという過程の紛れもない特徴だろうと考えられます。

＊

　その場にいる養育者は，からだを動かす赤ちゃんにかかわり，姿勢の転換を励まし，他動的に特定の姿勢を保持するように支えます。そうしたかかわりに加えて，養育者は赤ちゃんの気持を受け止めて応答し，意味づけ，ことばで表現し，養育的な世話を状況に応じて変えていきます。そのような養育的他者の存在は，赤ちゃんが外界を理解し，状況への構えを身につけ，社会的習慣やことばを理解し，自分でもことばを身につけていく原動力となります。すなわち，「からだ」と「関係性」と「外界の認識」と「ことばの獲得」は別々に育っていく力ではないのです。見えてきた発達の視点を限定して状況分析をするのでは捨象されてしまう，機能的に連続し発達的に連関しあう複合的な育ちの路線にこそ，育つということの生命部分が潜んでいる可能性があるのです。

第 4 章

自閉症児への発達支援と残された問題

これまで自閉症の臨床事例に触発された問題意識から出発して，身体・情動や関係性に焦点を当てて発達の視点を検討してきました。明らかになった視点は，それでは自閉症の子どもの支援や理解にどのようにつながるのでしょうか。

　すでに第2章の❷で，自閉症児の特異な情動行動を取り上げ，関係性の視点から一部は検討しました。本章では改めて，発達の視点をいかに支援や理解につなぐことができるかを，愛着形成に焦点を当てて❶で紹介します。

　精神発達の過程はいくつもの発達の壁を越えて高次化していく，長い複雑な過程です。たとえば乳児期の発達課題を達成したとしても，幼児期，学童期，思春期・青年期などの節目に発達の壁が控えており，育つという過程では，誰もが躓きや停滞，退行や行動異常に陥る危険性があります。とりわけ，自閉症や発達に障害がある子どもの場合は，それらの壁を越えるのには大きな困難が伴います。

　これまで検討してきた発達の視点は，発達の土台領域に限定されており，残されている問題は多様ですが，本書ですべてを扱うことはできません。そこで，幼児期のごく一部の行動領域に限られますが，生理的な排泄機能が生活習慣として自立する過程を❷で，象徴表現の世界を切り拓いた子どもたちが夢中になる描画行動を❸で取り上げ，土台部分での躓きが発達的に引き継がれて，自閉症児に特有の発達特性として現れる様相を紹介することにします。

1 自閉症児への支援と発達の視点
——愛着形成の発達的意義

1. 発達障害のある子どもの育ちと発達の視点

　第3章の観察事例が示すように通常の子どもの発達では，予定されている先天的な力が経験を糧としながら，まるで花が開くように連続的で切れ目のない過程として次々と発現していきます。このため，異なる領域の諸機能がどのように連関しあって発達過程が進展していくのかはよく見えません。しかし，何らかの理由で発達過程が阻害され，通常とは異なる発達の様相を示す子どもの場合，一般的には連続して展開するように見える発達過程に，実はいくつもの伏線があり，複雑な下位路線が相互に関連しあって，ある種の新しい力が発達するのだということが明らかになります。たとえば，知的障害がある子どもでは，歩行などの姿勢運動機能とあわせて一般的に言語獲得が遅れますが，何をどう支援すればことばが芽生えるのかは，発達研究でもよくわかっていません。そうした発達障害がある子どもの育ちの様相こそ，連続しているように見える発達現象に光を当て，発達過程は実は直線的に伸びる道ではないし，できる力が単純に積みあがっていく過程でもないのだという現実を明るみに出すのです。

　発達障害のある子どもたちへの支援に取り組むなかで，①発達の視点を鍛えるために発達理論から学び，②健常児の発達過程を改めて観察し，それらと並行的に③実際的な発達支援を試みてはその成果を検証することを，これまで自らの臨床実践の課題としてきました。しかし，①について言えば，子どもの発達や発達阻害，とりわけ育っていく過程を解明した包括的な発達理論は，筆者が発達支援を開始した1970年代当時は存在しませんでしたし，現在もなお存在

第4章　自閉症児への発達支援と残された問題

しません。ピアジェ，ワロン，ヴィゴツキィー（Vygotsky, L. S.）などのある種の体系だった理論はあるものの，親子関係の発達についてはスピッツ（Spitz, R. A.），マーラー（Mahler, M. S.）などの実証的な理論のほかに，ボウルビィ（Bowlby, J. M.）やウィニコット（Winnicott, D. W.）などの精神分析的な視点に立った臨床的発達論があるだけでした。

　ある特定の子どもへの発達支援を検討する時，「遊びはどのように広がるのか」「ことばとはどのように発達するのか」「親子の関係はどのように発達するのか」等々は緊急の支援課題でしたが，一般的に次はどうなるかという発達の里程標はあっても，ある段階から次の段階へどうしたら発達するのかは明らかではありませんでした。

　たとえばピアジェの発達理論を例にとると，触れたものを握るという感覚運動的活動は，多様な対象を握る経験を積むこと（シェマへの同化や般化）で，握る活動が対象に即してより柔軟に調整可能になり（シェマの可塑性が高まり），見たものをつかむ，つかんで振る，つかんで打ち鳴らすなど，つかむ活動が見る活動や振る活動などの他の活動と協応して，機能的・連続的により複雑で適応的な次の発達段階へと発達するのだと考えられていました。しかし，感覚運動段階から表象段階への発達的移行のように，発達上の質的転換期を長期にわたって超えられない子どもたちがおり，認知発達は認知機能独自の発達路線上で表象段階を切り拓くとは考えられないのが現実でした。

　健常児の発達場面とは異なり，発達支援の現場には，感覚運動的活動や対象への興味や関心が常同化し，いくら同じ活動が反復されても変化しないような，発達の停滞が見られる子どもが多く存在します。発達的停滞を破って発達過程を促進するのがどのような支援なのかはピアジェの関心の埒外ですから，ピアジェにその答えを求めるのは見当違いだとは思います。しかし現実に，発達過程が停滞する子どもの場合，感覚運動段階から表象段階へは時として生涯にわたって超えられない例があります。また，ピアジェの研究では発達の原動力は興味や関心だと考えられていますが，興味や関心が広がりにくい子どもがいるのも発達支援の現場の現実です。興味や関心が広がりにくい子どもに対する，

124

1 自閉症児への支援と発達の視点

興味や関心が広がる支援とはどのようなものかが壁として立ちふさがっていました。そのような時に，象徴機能の発達には情動や身体，社会的機能の発達の視点が必要であると主張するワロンの発達理論は新鮮に映りました。こうしてワロンの理論的視点を学ぶことになるのですが，しかし，ワロンには具体的な母子関係のような養育の場の関係性が発達過程で果たす役割についての視点はありません。このため筆者は，発達初期の情意的な母子関係に光を当てる精神分析的発達論から，関係性の育ちを導く視点を学ぶようになっていきました。筆者の出発点が心理臨床であり，発達支援の一環として遊戯療法を試みていたことも，発達支援を関係性の視点から提供する立場を自然なものにしたと考えられます。

2. 支援の課題としての関係性

　上述のような試行錯誤を経ながら，発達支援にかかわり始めた1970年代の当初から，認知発達の視点と併せて欠かせない視点として重視したのが「関係性の視点」です。当時の発達の諸理論を眺めた時に，人間の子どもの発達過程を土壌として支え，励まし，実現するための不可欠の要因は，人間の親による養育であり，親と子の相互的な関係の育ちであると考えたためです。この視点は現在においても揺らいでいません。あまりにも当たり前なことですが，社会的な関係の場に生まれ落ち，親との関係を生きることで，人間の子どもは社会的な一個の個性として育っていきます。この前提となる関係的世界から疎外されることになる自閉症の子どもたちにとって，障害が固定化する以前に，関係の場につながり，関係を通じて社会的態度を身につける道を拓き，自他の相互的な関係の育ちを通じて自己形成していくフィールドに根を持つことこそ，緊急の療育課題だと考えたのです。

　こうして，自閉症の発達特性を踏まえて，関係性の育ちを目指す遊戯療法的アプローチと併せて，ピアジェ，ワロン，スピッツ等の発達的視点を取り入れた「治療・教育的アプローチ」（山上，1973a，1983）を試みるようになってい

125

第4章　自閉症児への発達支援と残された問題

きます。このアプローチでは，発達における養育的二者関係の重要性を考慮するとき，子どもの育ちの場である家庭での生活，そこでの親との情意的な愛着関係の育ちを抜きにして発達支援は成り立たないと考えていました。仮説的であったそれらの主張を，具体的な発達支援の実践例として，「自閉児の発達のための親との協力関係について」として順次発表し（山上，1973b，1974a，1974b，1975，1976，1978b），「家庭療育指導法」と銘打っていました。それらの実践を蓄積しつつ，親の会の協力を得て自閉症児の発達特性を調査し，支援事例の発達経過をたどって総括し，『自閉症児の初期発達』（山上，1999）として公表したのは，それから25年後のことです。またこの出版に先立って，50例から3事例を抽出して，幼児期から学童期，思春期・青年期までの発達臨床的支援の詳細を報告したのが，『物語を生きるこどもたち』（山上，1997）です。

　この調査結果や事例の発達経過の内，関係性の育ちを課題とする発達支援を通して母子の愛着関係が育ち，症状が改善され，発達的停滞を超えていく様子をまとめたのが，すでに第2章❷で紹介した図2.2.1「自閉症の症状改善過程」です。

　臨床実践の場では，試行錯誤の発達支援とあわせて，自閉症という発達障害がどのようにその症状を形成するのかという課題の解明も必要です。従って，支援の実践と並行して，誕生から症状が固定化した幼児期までの発達経過についての調査を実施していますが，その結果をまとめたのが以下に示す図4.1.1「自閉症の症状形成過程」です。症状が顕在化してからの後方視的調査という限界はありますが，調査結果は，「自閉症の症状は，関係性の障害と深くかかわって，発達過程依存的に形成され，発達的矛盾が症状として顕現し，固定化し，発達過程の進展に伴って変容する」ことを示唆しました。より具体的には，生得的な障害要因によって生後間もなくから社会的相互関係の発達に障害がある子どもは，乳児期には将来の自閉症の症状発現を予想させる兆候を示しますが，問題の現れは消極的です。しかし，乳児期の重要な発達課題である愛着関係での躓きは，社会的関係に依存して発達する諸機能の育ちを妨げ，発達的矛盾は1歳過ぎには行動異常化し，1歳後半から2歳にかけての症状の顕在化過

1 自閉症児への支援と発達の視点

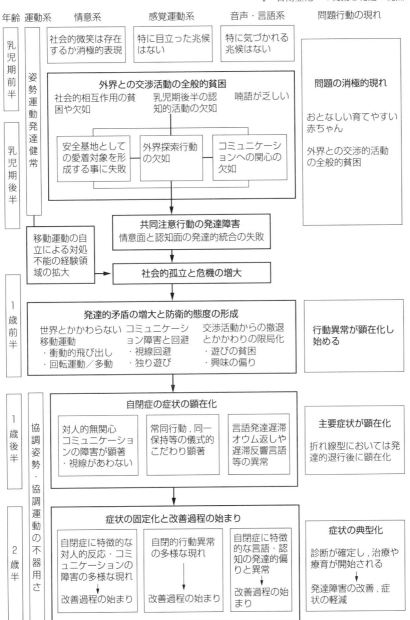

図 4.1.1 自閉症の症状形成過程

(出所) 山上 (1999) p.123。(一部改変)

第4章　自閉症児への発達支援と残された問題

程を経て，幼児期には症状の典型化に至るという発達経過がみられました。

　図4.1.1「自閉症の症状形成過程」と図2.2.1「自閉症の症状改善過程」はいわば背中合わせになって，関係性の障害が症状形成にかかわり，母子愛着関係の形成を通じて症状が改善するというように，「関係性」のあり方が自閉症という発達障害の中核的位置を占めていることを示しました。

3.　日常の子育てを発達支援につなぐ

　これまでの筆者の臨床実践では，「関係性の育ち」を中心課題に据えつつ，発達の諸理論を支援の枠組みとして参考にしながら，認知面や言語面の発達も視野に入れた支援を試行錯誤的に試みてきました。しかし，一般化された発達の理論を個別の子どもの支援に直接適用することはできません。理論を実践の指針として活かすためには，関係の場であり関係を通して人格の育ちや変容を目指す遊戯療法の視点が支えになりました。更には，理論化される以前の，保育場面や家庭での日常的で個別的な発達の様相を観察することで見えてくる，育ちの場の関係性が参考になりました。

　第3章の保育所での観察事例が示すように，一般的には赤ちゃんは周囲のおとなの存在に注意深い視線を向け，視線を積極的に合わせ，目が合えば微笑し，生後6カ月頃になれば馴染みの他者を確認する視線を向け，馴染みのない他者には検閲的視線を向け，避けようとします。そのような赤ちゃん側の能動的な他者への関心とおとなの側の養育的かかわりの相乗効果で，発達過程は進展していくように見えます。観察事例が示すように，日常生活場面における保育士（養育的他者）のかかわりには，以下に挙げるようないくつかの際立った特徴がみられ，それらの特徴は関係の場につながりにくい自閉的傾向がある子どもたちへの養育的かかわりのヒントとなりました。すなわち，筆者が実践してきた「家庭療育指導法」は，日常の子育て場面で観察されるおとなと子どもの関係性を発達支援の場に活かすことを課題としたものだということです。日常の子育て場面から浮かびあがった育ちの場の関係性には，以下のような特徴が見ら

１　自閉症児への支援と発達の視点

れました。

⑴応答的かかわり

　子どもの活動や情動状態，子どもが置かれている状況やその場の出来事に随伴するかたちで，養育者は日常的に，非言語的・言語的に応答的にかかわります。お腹がすいたと判断すれば，「お腹すいたんやね」とことばをかけて授乳し，眠くなってぐずっていると判断すれば，抱き上げて揺すって眠りを誘います。赤ちゃんの気分や情動も，否定的な場合は原因を取り除いたり，第３章１の事例２（生後８カ月７日の隆一くん）でぐずり泣きが保育士のかかわりで楽しい遊びに変化した例のように，養育者の情動調律によって泣くのをなだめたり，嬉しさをより強化したりします。

　言語理解の段階に至っていない赤ちゃんに対するおとなの感情移入的な言語化が，赤ちゃんが感情を理解したり経験を意味づけたりする力を育てるように，障害によってことばの獲得以前の発達段階にある子どもの場合も，経験を意味づけ，社会化する働きかけとして，応答的かかわりは重要になります。たとえば自閉的な子どもへのかかわりとして，言語的働きかけを否定する援助方法がありますが，一方的な働きかけは好ましくないにしろ，子ども自身の活動や経験，情動状態への応答的かかわりこそ，自らの経験の意味を自覚し，社会的存在として育っていくためには欠かせない経験になると考えられます。従って，療育者や親の側の応答的かかわりを強化し，かかわりの場に子どもを誘いこむ発達支援が必要ですし，どのような質のことばかけが必要でありどのような質のことばかけは抑制した方がよいかについては，明確な区別が必要だと考えられます。

⑵子どもの活動や状況に随伴して反復される働きかけ

　子どもの空腹，眠気，排泄後の不快感，あるいはおやつや食事場面での誘いかけなどの生活場面では，その場の状況に応じた応答的かかわりと合わせて働きかけが反復され，子どもの場面理解を励ますように行われます。食事場面を

129

第4章　自閉症児への発達支援と残された問題

例にとれば，よだれかけをつけ，テーブルに食器やスプーンをセットし，食べ物を盛り付け，コップにお茶を注ぎ，椅子に座らせるなどの状況設定をします。これは視覚支援と言うよりは，生活支援と言った方が適切でしょう。食事が始まると，「いただきます」「おいしいね」「ごっくん」「マンマだよ」「ごちそうさま」「お腹いっぱい！」「お代わり欲しい？」等々のことばかけが，日々の食事場面ごとに行われていきます。厳密な意味でことばの理解はまだ育っていません。しかし，応答的かかわりと合わせて，子どもの活動や状況に随伴する形で反復されていく状況設定と養育者の働きかけが，子どもの理解力を育てていく様子が観察されます。

　そうした保育の場の知恵は，状況に注意を払いにくい自閉症の子どもに，状況が目に入るように場面を設定し，注意を促し，その状況のなかでの子どもの具体的な活動や態度を励まし，その場を共有する他者の態度やかかわりを繰り返し丁寧に伝えていく日常的で実際的なかかわりとして提供されることが必要なのです。たとえば，靴を履く動作一つをとっても，多くの自閉症の子どもはまず靴を履くという課題が理解しにくく，促されても立ったまま足を靴に押し付けたり，履かせてもらうのを待ってじっとしていたりします。まずは，靴に注意を促し，履きやすい姿勢を保ち，足の挿入部分に注意を向け，そこを見ながら足を入れ，足を入れたらつま先が奥に入るように，かかと部分を引っ張って足をしっかり入れることが必要です。この一連の過程には，自閉症の子どもにとって難しい，見ながら姿勢調整する，見ながら手を動かす，からだに沿うように靴を調整するなどの課題が含まれています。そのような複合的な力を，課題解決のプログラムとしてではなく，家族と共にある生活の場を源泉として育つように支援するのが，「家庭療育指導法」の目標なのです。

(3)発達レベルに応じた遊びの提供

　赤ちゃん自身が活動して楽しめる遊びについては，その子どもの発達レベルに応じた経験の提供が養育場面では工夫されています。たとえば，大まかな手の動きで触れると揺れる玩具，握りこんでなめるおしゃぶり，振ったり叩いた

りして音を出す楽器，指先のスイッチ操作で音楽や声が出る玩具，ごっこ遊びの道具となるミニチュアの食器や人形など，赤ちゃんの感覚運動的な手の操作力や興味の育ちに応じて玩具は用意されています。また，赤ちゃん自身も，自らの発達の力に応じて，ティッシュボックス，新聞紙，鍋の蓋，引き出し等の生活用具，小さなごみ片などにも興味を示して遊びの素材にしていきます。外界とかかわる活動が豊かに循環し，多様な対象世界を取り込んで広がることが，発達の一つの側面だとすれば，興味を惹かれる対象とのかかわりを楽しみながら蓄積していけるように，発達力に沿った遊びを提供することも発達支援の課題になります。発達診断は発達検査の結果として算出される指数によってではなく，生活の場で発揮されるその子の"発達力"の地平に下ろして理解されてこそ，はじめて発達支援の指標になるのです。

⑷他者とかかわり，やりとりする力の育ち

　保育室の子どもたちは，子どもの方から自発的に周囲の他者に注意を向け，その動きを目で追い，他者との日常的な関係の積み重ねを通して，他者の動きを取り入れていました。しかし，自閉的な子どもたちの場合は，まず子どもの方から自発的に他者の存在に注意を向けるのが困難であり，これが関係性を基盤にして育つ発達領域を阻害する要因になっていると考えられます。では，子どもの注意を強制するのではなく，子どもの注意や興味がおのずと引き付けられるような他者の在り方は，どうしたら実現できるでしょうか。

　ピアジェの視点を支援につなぐ（山上，1973a, 1983）と，子ども自身がすでに獲得している活動（たとえば，つかむ）であればつかめる対象への注意は引きやすく（シェマの同化活動），すでに獲得している音声（たとえば，アブアブ）についても，同じ音声での働きかけは子どもの注意を引きやすいとされています。砂をこぼす遊びが常同化している子どもでは，砂の代わりにビーズをこぼす，水をこぼす，砂に小石を混ぜて抵抗を組みこむなどの働きかけは注意を引きやすいですし，そのような働きかけをする他者への注意も引きやすいということです。子ども自身が対象世界とのかかわりにおいてすでに発揮できる力を

第4章　自閉症児への発達支援と残された問題

土台にして，その力がより広く多様な対象に般化されることを通じて発達は促進されていきます。子どもの興味や関心は個別的ですから，親がかかわりのターゲットにする興味や関心も当然それに合わせて個別的になります。

　筆者が担当した自閉症児とその家族への支援は，現在もすべての事例に，家庭での親子関係の育ちを基軸とする家庭療育を基本方針とし，保育や教育などの他機関と連携して実施しています。子ども自身がすでに獲得している外界への興味や関心，外界とかかわる活動を起点として，それらにかかわり，興味や関心，情動を共有しつつ，並行的関係からやりとり関係への育ちを励ましていくのです。自閉症の症状に表れているように外界とのかかわりが限局されていたとしても，子ども自身の外界に向かう活動を基盤にして，そこを護りながらかかわりを開始すると，かかわった他者（主として母親）が，まずは身体接触を求める形での愛着対象として分化し始めます。遊戯療法において，セラピストが子どもの関心の対象として分化し始めるのと同じプロセスです。

　楽しい遊びの世界を励ます他者は，身体接触していれば安心できる対象として分化し始め，次いで愛着対象として安全基地化していきます。すでに第2章❷で症状改善過程として提示したとおり，安全基地ができることで外界探索は活性化し，愛着対象の動作模倣や身振り動作が獲得される様子が観察できます。またこの改善経過を身体の系でたどると，やはり関係性の発達を軸として身体の感覚と活動が体制化されて身振り模倣が育ち，やがて象徴機能の獲得時期に，姿勢活動によるイメージ表現（姿勢活動が他者の動作を懐胎して再現する延滞模倣），象徴遊び，ことば等の発達がみられる方向へと育っていくのです。

4. 愛着研究の進歩 —— 関係の形成がもたらすもの

⑴愛着研究の進歩がもたらした知見

　愛着形成が上述したような発達的変化の原動力になるメカニズムについては，近年の愛着研究の成果が示唆的です。

　すでに紹介した自閉症の子どもの「症状形成過程」（図4.1.1）と「症状改善

1 自閉症児への支援と発達の視点

表4.1.1 発達精神病理学の視点 (1990年代〜)

・人の発達がどのような生物学的, 心理的, 社会的要素 (とりわけ家族環境) によって
　影響を受けているかの解明を目指す
・健常な発達と精神病理の発生をプロセスとして捉える (発達の阻害状態→問題の兆候
　→問題の固定化過程→症状化)
・早期介入：症状が出揃う前に早期の不適応パターンを見極め, 治療や介入に踏み込む

（出所）　Cummings et al., 2000

過程」(第2章2図2.2.1) において, 決定的な役割を果たしたのが愛着形成の
問題でした。精神発達や人格形成における愛着形成の重要性は, 主として精神
分析的な立場に立つ発達理論において従来から提唱されてきましたが, 愛着研
究は1990年代に入って台頭した発達精神病理学, とりわけ2000年に入ってから
の急速な大脳生理学的研究の進歩に伴って, 実証的な裏付けを得て発展しまし
た (Cicceti & Curtis, 2006)。

　発達精神病理学の基本的な考え方を整理すると表4.1.1のようになります。
この立場は, 自閉症の症状は発達過程を通して形成されるという本書の見解を
支持するものであり, 症状が顕在化する以前に早期発見し, 治療や介入につな
ぐことの重要性を主張している点も, 本書と見解を同じくしています。また,
人の発達における愛着関係の重要性を最新の脳研究を根拠に強調しており, 愛
着関係のパターンと人格発達の関連性にきわめて重要な示唆を与えています。

　脳の画像研究によって, 現在では, 愛着関係は乳児を外界の過剰な刺激から
守り, 外界を意味づけ, かかわりを方向づけて, ストレス・マネージメントの
機能を担っていることが明らかにされています (山上, 2007)。それらの研究成
果を踏まえ, 愛着関係が関係的側面, 認知的側面, 身体・情動的側面の発達に,
どのようにかかわるかを図式化したのが図4.1.2です。

　愛着関係の形成に失敗する場合, 乳児は外界への適応的態度を発達させるこ
とができず, 外界は圧倒的脅威として体験されるだろうと, 最近の愛着研究は
指摘しています。すなわち臨床事例で明らかになった愛着関係の発達的意義が,
大脳生理学の成果によって裏付けられる時代が到来しているのです。そうした
動向と並行的に, 将来自閉症の症状が顕在化すると予想される乳児に対して超

第 4 章　自閉症児への発達支援と残された問題

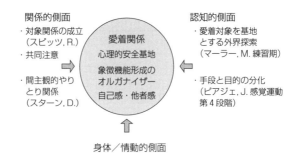

図 4.1.2　乳児期の愛着関係と精神発達の関係

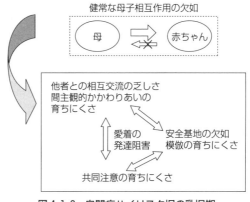

図 4.1.3　自閉症ハイリスク児の乳児期
（出所）　山上（2014）p. 201.

早期に介入し，母子関係の育ちを支援する治療法（Acquarone, 2007）も試みられています。

　乳児期初期の母子相互作用が成り立たず，乳児期後半になって愛着の発達阻害が顕在化する子どもは，自閉症の中核障害と言われる「心の理論」の乳児期的な前駆症状である「共同注意行動」が育たず，模倣などの育ち，間主観的なこころの通じ合いに発達阻害の様相がみられるというように，問題が発達的に引き継がれていくことを示したのが，図 4.1.3「自閉症ハイリスク児の乳児

1　自閉症児への支援と発達の視点

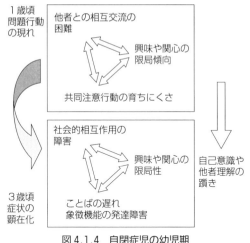

図 4.1.4　自閉症児の幼児期
（出所）　山上（2014）p.201.

期」です。

　さらに乳児期の愛着関係の発達阻害で見られる兆候は，1歳頃には問題行動化し，3歳頃になると症状として固定化する傾向へと，発達的矛盾が症状化する傾向が見られることを模式図化したのが，図 4.1.4「自閉症児の幼児期」です。

　関係性の発達障害に絡んで形成され症状化した，杉山（2011）が言う特異な発達凸凹が，愛着関係の形成を基軸として発達的・症状的に改善されていく過程を図示したのが，図 2.2.1「自閉症の症状改善過程」でした。この症状改善過程は，視点を変えると，愛着形成が認知行動，言語，姿勢活動のそれぞれの領域で新たな発達の相を切り拓き，象徴機能や身体図式の獲得に至る過程であり，自閉症性の発達障害が改善していく過程でもあると見ることができます。図 2.2.1を略図化して示したのが，図 4.1.5「自閉症児の象徴機能・身体図式獲得過程」です。

　特定の他者との関係が育ち，この他者が愛着対象として他から区別され，心理的な基地となる時，情動事態での緊張性の反応は，情動の本来的な社会的機能へと移行し，笑い，泣き，怒る，情意的なコミュニケーションの道が拓かれ

第4章　自閉症児への発達支援と残された問題

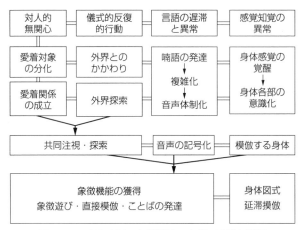

図4.1.5　自閉症児の象徴機能・身体図式獲得過程

ることはより詳細な図2.2.1の発達経過が示しています。更に，情動の社会的機能は，単に表情や対人的態度として表現されただけではありませんでした。母子の相互的な関係の道が拓かれ，母という安全基地を得ると，外界との感覚運動的交渉活動が広がり，身体の活動と感覚を生活習慣に沿って社会化する力が育ち，身振りや模倣が発達し，表象機能獲得の発達的基盤として機能することが明らかになりました。

　図4.1.5が示しているのは，愛着関係性の育ちが，単に親と子の情意的関係の深まりを意味するだけなのではないということです。関係性の育ちが契機となって，発達の諸領域で新たな質の展開が生じるのです。この過程がうまく進展しない時，社会的な相互作用の質的障害が二次的に言語発達を妨げ，コミュニケーションの質的障害をもたらすのは，発達的にはごく当然の帰結です。更に，外的状況の意味理解や見通し行動は，社会的関係を基盤にして育つ力ですから，社会性の障害がある場合，外界が脅威に満ちたものとして体験されるのも当然です。また，外界が脅威である時，脅威が強まる新奇体験を回避し，状況を恒常的に保とうとし，安心できる世界に留まろうとする態度（固執性や同一性保持の傾向，常同的で反復的な行動）が形成されるのは，発達的には当然の成り行きです。従って，重度の知的障害のために外界との交渉活動が限局され

る場合，自閉症と共通する行動特徴が現れることは理解できます。

象徴機能や身体図式の獲得によって，象徴表現の世界が開け，模倣による社会的態度の取り入れが可能になりますが，愛着対象が限定される子どももおり，他者一般への関心や親和的関係へと広がりにくいという問題が残る傾向は見られます（山上，1978b）。とはいえ，安全や安心が体験でき情動補給の場である心理的基地が獲得されることで，情意面のみならず認知面，音声・言語面の発達が促進され，身体的な自己感が獲得されることを事例が示しています。

(2)継続的支援の必要性

以上のような経過は，幼児期における発達支援の土台作りの作業です。この土台の上に一人ひとりの個性が育ち，"自分自身の人生を生きる"（山上，1997）ことが実現するように支援を重ねていくことが，その後の長期的支援の課題です。従って筆者は，愛着形成によって"自閉症が治る"と主張しているわけではありません。先天的に相互的な社会的関係に障害がある子どもの場合，できるだけ早期から関係性の育ちを支援する取り組みが必要かつ可能であるので，関係性の育ちに向けての支援を通じて症状形成過程に介入し，症状の軽減を図ることが早期療育の課題になると考えているのです。

人間の脳の発達は3歳で成人の脳の8割に達すると言われていますが，とりわけ生後1年目に脳は飛躍的な発達を遂げ，シナプスの生成や刈り込みが起こると考えられています。この急激な発達を遂げる時期には，たとえば脳性麻痺を例に挙げると，中枢レベルでの脳の一次的障害（中枢性協調障害）は，生後4カ月以降には病的な運動パタンを形成し始めて中枢性協調障害から脳性運動障害へと至り，さらに適切な対処が行われないと，脳性運動障害から脳性麻痺へと固定化すると考えられています（ボイタ，1978）。従って，一次的障害レベルで早期発見し早期療育につなぐことで，麻痺の永続化を回避することが課題になるのです。先天的な脳障害によって起こる発達障害を想定する場合，脳性麻痺モデルと同様，脳の中枢性の障害は発達障害の兆候を表し，次いで症状形成の過程をたどり，やがて固定化していくと考えなければなりません。図

第4章　自閉症児への発達支援と残された問題

4.1.1で示した自閉症の症状形成モデルは，まさに先天的な関係性の障害を軸に，自閉症の症状が同様のプロセスをたどって形成されることを示しています。

　愛着関係の形成は，子どもにとってその後の人格形成と精神発達の土台形成の作業ですが，❶で扱うことができたプロセスが最終目標なのではありません。その後の支援の内容は，生活スキルや対人スキルの習得，言語学習や教科学習などでの支援など多方面にわたります。筆者が幼児期から社会人に至るまでの長期間，発達支援関係を結ぶことができた例では，保護者との基本的な関係の育ちを土台にしながら，その土台の上に自閉症の発達特性を踏まえた学習支援，生活スキルの獲得支援，友達づくりや野外活動，余暇活動等々を，他機関や他職種と連携しながら広げる努力をしてきました。

　そうした継続的な支援は，本人や家族が必要とする限り提供される必要がありますし，個別的な支援関係にとどまらず，自閉症という問題への社会的な理解を促し，就労の場や生活の場を広げるなど，社会全体を変えていく課題とも連携して提供される必要があります。幼児期に自閉症の特性が著しく改善し，高機能の臨床像を表すようになった例においても，またコミュニケーションや行動上の問題を残しながらも，他者と共にあることを楽しむようになった例においても，自閉症の特性が残る傾向が見られるからです。

　現在のところ，自閉症の早期発見は1歳半健診という，自閉症の発達障害が症状として固定化し始める年齢で主に行われており，症状化以前の兆候段階での超早期の発見と療育の努力は，黒川・米島（2006）や糸島プロジェクト（大神，2008）のようなごく一部の実践に限られています。それだけに，兆候段階からの発達支援の取り組みが，組織的に定着していくことが必要とされています。

5. 残された問題——生涯を視野に入れた支援

　❶では，主として幼児期の自閉症に焦点を当てたため，学童期以降の発達の問題を取り上げることはできませんでした。

138

1　自閉症児への支援と発達の視点

　今日，自閉症スペクトラム症のうち，高機能の人たちの独自の才能や内的世界に光が当たるようになっており，それらの特性を障害でなく個性や才能として理解しようとする姿勢が強まっています。自閉症という問題は，障害の範疇に入らないほど限りなく些細な，一般の人々のなかにある自閉症的資質から，コミュニケーションの道が阻まれ興味や行動が限局されている重い知的障害を持つ人々まで，スペクトラムを形成しているという理解が定着してきています。

　筆者が幼少期に出会い，おとなになっていく過程を追跡することができた例のなかには，学童期に高機能の臨床像が鮮明になり，思春期あたりから支援の必要性がなくなって支援関係を卒業していった事例，高校や大学に進学し一般就労を試みたけれどもかなわず，転職しながらも常勤の職を得て，マンションを購入して一人暮らしを始めた事例，大学卒業後，紆余曲折を経ながらも障害枠で就労し，家を出て自活している事例などがあります。夜間高校で学びながら車の修理の技術を身につけ，見習い期間後に常勤雇用された第2章2の事例BMくんのような例もあります。

　一方では，義務教育や特別支援学校の高等部を修了した後に，作業所などでの就労をしながらグループホームなどの生活型の施設に移行した例は多く，受け入れ先の理解の乏しさゆえに一般就労の道が絶たれている現実が目につきます。日本の現状としては，とりわけ自閉症の人々の生活を支援する社会システムに不備があるため，親の高齢化などで家族の支援力が低下すると，生活型の福祉施設へ入所する傾向が見られます。また自らの特性をどう理解し受け容れるか，周囲にどう伝えるかに悩み，引きこもり状態に陥っている例や，鬱や強迫症状によって身動きがとれなくなっている例もあります。高機能で優れた才能に恵まれながら，その才能を活かす場や機会に恵まれないまま，行動異常に埋もれるように暮らしている人たちもいます。30年も前に，話すことはできないが文字をいつのまにか習得して，書きことばで母親とやりとりすることができた小学2年生の女児に会いました。しかし，知的障害を伴う重い自閉症と理解していた教師陣は，親が書かせているに違いないという思い込みを捨てることができませんでした。現在のようにインターネット等を利用できるパソコン

139

第4章　自閉症児への発達支援と残された問題

やスマートフォンなどのコミュニケーションツールがある時代であれば，彼女のその後の成長は大きく変わっていただろうと悔やまれます。

そもそも自閉症スペクトラム症には遺伝や大脳生理学の次元での障害が関与していると推測されていますが，高機能かそうでないかの差をもたらす原因はなお不明です。多くの優れた才能を備えた高機能自閉症の人々については，生得的なコミュニケーション障害があるにしても，その障害を補うコミュニケーションツールが補償されているか，その子の特性に配慮した教育や支援が提供されているかどうかによって，子どもの成長が大きく左右されると理解されるようになっています。しかし，これは高機能であるかないかにかかわらず共通する支援課題ですし，誕生後の経験の質，自閉症の特性を理解し受け容れ励ます人的・社会的環境，教育体制，パソコンやスマートフォンなどのコミュニケーションツールなどの機器的環境等が，自閉症の人々の生きやすさを支えることはよく知られるようになっています。したがって今日，個別的な発達支援も含めて，社会全体の支援システムの充実が求められているのです。

本書で取り上げている“関係性の発達支援”が，高機能であるかいなかにかかわらず自閉症の子どもたち全体にとって，どのような意味があるかについては，現在のところ論議はかみ合っていません。たとえば筆者の関係性の視点からの支援は，心因論に立っているとか，対人的なかかわりが苦手な自閉症の人々にとって有害であるなどの，批判を受けることがあります。しかし，自閉症の子どもの最も身近な他者であり，時として生涯にわたる支援者ともなる親との基本的関係の成立は，本人にとっても親にとっても，人生を我が道として，あるいは家族の一員として共に生きるうえでの，基本的な礎になると筆者は考えています。また高機能自閉症に限っても，初期の関係発達の支援は，彼らの特異な才能や独自の世界を否定し，妨げるわけではありません。自閉症スペクトラム症に含まれるすべての人にとってだけでなく，すべての子どもにとって，その人らしい独自な内的世界や才能の育ちにかかわる建設用道路となるのが，乳児期から幼児期にかけての関係性の発達なのだと筆者は考えています。

2　身体の社会化
——排泄の自立という課題を通して

1.　乳児期のからだの問題

　発達における身体の問題は，姿勢運動発達に限られるわけではありません。養育や保育の場での，生きることや育つことにかかわるからだの問題となれば，寝て，食べて，排泄することが代表として浮上します。

　生理的な欲求としての睡眠は，発達初期ほど短い周期で覚醒と睡眠のサイクルが繰り返され，一日の大半を寝て過ごす時期から，徐々に睡眠時間はまとまっていきます。個人差も大きく，最初から数時間まとめてぐっすり眠ってくれて，「親孝行な子や」と喜ばれる赤ちゃんもいれば，睡眠が細切れで夜中に何度も授乳が必要で，親が睡眠不足に苦しむようなリズムの赤ちゃんもいます。一般的な傾向としては，生後4カ月頃から睡眠のリズムは整ってくると言われています。生理的なサイクルに支配された乳児期の睡眠と覚醒のリズムは，おとなの生活サイクルに影響を受け，決まった時間に起きたり寝たりする生活リズムが形成されるようになり，やがて保育所や幼稚園に行くために決まった時間に起きる，寝る時間になったから布団に入るなど，家族の生活リズムに合わせて社会化されていきます。覚醒から睡眠への移行も自動的ではなく，発達の早期ほど，トントンとリズミカルに叩いたり揺すったりする他動的な刺激が必要なのが育児の日常です。

　食べることについても，最初はお腹が減ればぐずり，親が「お腹が減ったかな？」と推測して母乳あるいはミルクを与え，お腹がくちくなると眠るというようなサイクルが見られます。乳児期後半になれば「マンマ」とせがむように

第4章　自閉症児への発達支援と残された問題

なり，「お腹空いた」とことばで訴えるようになり，「○○が食べたい」と注文するようになり，幼児期には料理に興味を示す子どもたちも登場します。直接母親の乳房や哺乳瓶から摂取していた栄養は，離乳食になればスプーンで口に入れてもらい，やがて自分で食べようとしてスプーンやフォークを持ちたがるようになり，片手でスプーンやフォークを持ってもう一方で食べ物をつかんで食べるようになるなど，やがては生活世界の習慣にそって上手に自力で食事ができるようになります。日本では食事に箸を使いますが，箸を上手に使えるようになることは，幼児期に身につけるように期待されている日本の文化ですし，箸使いなどの食事の作法を洗練させていくことは日本人の生涯の課題になります。このように食事行動は単に栄養源の摂取で終わるのではなく，道具を使い社会的文化的なルールに則って行われる社会的行動へと発展していくのです。このように摂食の欲求とその充足は，内臓感覚に根ざした生存のための基本的な生理的欲求ですが，その充足のために最初から社会的関係が前提になっています。

　更にもう一つの重要なからだにかかわる問題が排泄です。赤ちゃん時代には，養育者が排泄物で汚れたおむつを換え，入浴させて清潔に保ち，赤ちゃんが快適に過ごせるように気を配る配慮が行われ，授乳とあわせて養育行動の主要な課題になります。排尿や排便に伴う生理的な緊張は，排出してしまえば解消しますし，更に養育者によっておむつ交換がされると，赤ちゃんとしては快適さを味わうことができます。乳児期というのは，おっぱいをしっかり飲み，ぐっすり眠って，周りの人といきいきしたかかわりを育てていく時代なのですが，排泄については出てしまったら養育者にきれいに世話してもらうのが，赤ちゃんの自然な姿です。

2．排泄と社会のルール

　睡眠や栄養摂取というからだの機能が社会化されていくのと同様に，排泄も社会化される過程をたどります。この過程を励ますのがトイレット・トレーニ

142

ングです。ただし同じ社会化でも、睡眠や摂食行動の社会化と排泄の感覚や行動が社会化される過程には、質的な違いが見られます。排泄の感覚と排泄の行動は、空腹やその充足の場合と同様、生理的次元の感覚や活動にかかわっているのですが、大きな違いは、排泄に伴う生理的緊張、排泄行為、その後の緊張からの解放は、基本的には身体内部の感覚や活動として完結していることです。出したくなったら出すことで、からだの機能それ自体は完結するのですが、出したくなったらどこででも、いつでも出すことを、社会は許容しません。トイレット・トレーニングでは、社会的ルールに従って、緊張を保持して漏らさないように努めた後、トイレという特定の場所まで行き、便器に座り、排泄物が外にこぼれないように注意し、出たらお尻を拭く、あるいは排泄物を水で流す、トイレのドアを閉める、その後は手を洗ってタオルで拭く等々の一連の社会的習慣の獲得が期待されます。つまり、催したら排泄して終わる身体の感覚や活動を、一連の社会的ルールに従って解決しなければならないのが排泄の習慣です。

　卵から孵ったばかりのツバメの雛は、糞がしたくなると巣の外へお尻を突き出して、ぽとんと下へ落とすため、ツバメの巣がある軒下には白い糞の山ができます。親鳥が雛の糞をくちばしでつまんで、巣の外へせっせと捨てる鳥もいます。哺乳類の赤ちゃんの場合、便が出やすいよう親がお尻をつついて刺激し、舐めてきれいにしてやります。それぞれの種はそれぞれに、幼い命が快適に過ごせるような子育ての仕組みを持っているのです。

　われわれ人間の場合、赤ちゃん時代の排泄物の処理は最初は親任せですし、排泄の仕方、させ方も、国や地域社会の文化によって様々です。世界を旅すれば、身奇麗におむつやパンツをはいている赤ちゃんたちがいる地域は、ごく限られていることがわかります。

　日本でも、暖かい季節だと裸や金太郎式の腹掛けだけで過ごしていた時代が長く続きました。木綿のおしめが定着したのは、大正時代に入ってからのようです。東南アジアを旅すれば、地面にすぐ排泄できるように、お尻部分が割れるタイプの下着をつけている赤ちゃんによく出会います。排泄後に左手で便の

第4章 自閉症児への発達支援と残された問題

始末をするため，左手を不浄とみなす文化もあります。おとなの排泄の仕方も，国や文化によってまちまちなのです。日本で当たり前になっていることは，他の国では当たり前ではありません。また，私たちの国で現在当たり前になっていることは，二世代や三世代さかのぼれば，当たり前ではないことが多々あるのです。

　現在，日本の子どもたちで，水洗式の和式便器の使い方がわからない子どもたちが増えているそうです。洋式と和式の便器の差はちょっとした違いのように思うのですが，使ったことがないとわからないのが習慣というもののようです。また，排泄をめぐって最近大きく変わったのは，紙おむつの登場によるものでしょう。赤ちゃんが誕生した家の物干し竿で，おむつが風にひるがえっている風景を目にすることは，日本ではもうなくなりました。布おむつのよさを再認識して，あえて使っている親たちもいますが，それはごくごく少数派なのです。

3. 排泄の自立と個人差

　親まかせの後始末の時期を経て，自分で排泄のコントロールができるようになる年齢は，とても個人差が大きいものです。生理学的には，生後まもない頃は膀胱に尿がたまると反射的に排尿されますが，膀胱にためておける量が次第に増え，1歳頃から大脳半球の機能が統合され，膀胱に尿がたまると脳幹レベルから大脳皮質に伝達されて尿意を自覚するようになり，2歳頃までには排尿反射を抑制するメカニズムが発達し，3歳頃には起きている間の排尿抑制がほぼできるようになって，随意的な排尿能力が獲得されると言われています。

　生活場面では，1歳早々で頃を見計らってトイレについていくと，すんなり尿が出て，ほとんどおむつをぬらさない赤ちゃんがいるかと思えば，オマルや小さいトイレに座らされることを，物凄くいやがって，4歳過ぎまでおむつを使う（つまりは，出たくなったらそのまま出す）子どももいます。そして，早く自立することがいいとは限らないのは，他の発達的な行動の場合と同じです。

144

排泄をトイレという特定の場所でできるようになるためのしつけの過程で，子どもの側の排泄に伴う感覚や活動と，親の側の「こうなって欲しい」という願いの間では，しばしば格闘が生じます。

　出したくなったらおむつでしていた排泄を，トイレという特定の場所でできるようになることが，どうしていいことなのでしょうか。子ども自身にとっては特別メリットはありません。おむつのなかで済ませた方が簡単なのに，わざわざ特別の場所に向けて括約筋の緊張を維持したり緩めたりしなければならないのです。できるようになることがいいのはもっぱらおとなの側（社会の側）の期待や要望によるものですし，生理的にはただ排泄すれば済む生理的緊張を，社会的ルールに則って遠回りに解消するというきわめて回りくどい習慣の獲得が排泄の自立なのです。保育所では，1歳を過ぎる頃から，少しずつトイレやオマルを使った排泄の練習が始まります。その時期は，コップでお茶を飲んだり，食事の時にはスプーンやフォークを使いたがったり，鉛筆やクレヨンを見るとなぐり書きを始めるなど，道具の使用が始まる時期です。生活用具や場面を理解する力を前提に，おとなの働きかけを取り入れ，おとなと共有できる力を身につけたことの表れとして，生活習慣は身についていくのです。

4．自分でできる誇りに向かって

(1)太一くんのウンチ

　1歳1カ月過ぎの男児太一くんは，服の着替えのときに，「バンザイ」と保育士が声をかけて励ますと，両手を上にあげてじっとし，服を首からすっぽり脱がしてもらうことができました。「バイバイ」などの声かけを受けて，仕草で応えることができるようになり始めている時期です。

　食事場面では，保育士にスプーンで食べさせてもらいながら手づかみで食べたり，スプーンを片手に持ってもう片方で手づかみで食べたりしています。持っているスプーンに，食べ物を載せてもらうと，口へ運んで食べることもできるようになっています。この時期に，トイレット・トレーニングもボツボツ始

第4章　自閉症児への発達支援と残された問題

まっていました。

　いつみても食欲旺盛な太一くんは，その日（1歳2カ月3日）も，他児が食べ終わってからももっと欲しがり，最後まで一人残ってもりもり食べていました。さらに食べたがるのを制止され，汚れた手や服をきれいにしてもらった後で，保育士がオマルのおいてある部屋に連れて行きました。神妙に座っている様子で，しばらくひっそりしていましたが，少しして「すごい量が出ました。すごいよ」と，付き添った保育士から感嘆の声があがります。他の保育士が「私が代表で見てくる」と見に行って，そのたっぷりな量に感激したのでしょう，「すっきりっ！」，「ウンチ，した，した」と声をかけられている様子です。そして戻ってきた保育士からは，「（たくさん出たから）また，お腹空くかも」と報告があって，その場の保育士たちからどっと笑い声があがりました。たっぷり食べて，しっかり出す，その見本のような太一くんが，見守られ励まされながら，オマルで便ができ始めた頃のことです。

(2)絵里ちゃんのトイレット・トレーニング

　もうすぐ1歳2カ月になる女児絵里ちゃんは，他の子を連れてトイレに向かったお気に入りの保育士の後を，這い這いで追っていきました。ついて行った絵里ちゃんを見つけて，保育士が他児と一緒にオマルに座らせると，自分の意図とは違ったらしく，絵里ちゃんは逃げようとしてうなり声をあげて抵抗します。逃げる絵里ちゃんを捕まえて，保育士はしばらくもみ合いを続けますが，保育士が「ほら，ほら……」となだめるように，絵里ちゃんの好きなアンパンマンのシールが張ってある壁を指して見せます。すると，オマルの位置からシールを見上げ，覚えたてのきれいな指さしでしきりに指して，アンパンマンを見つけたことに気持ちが切り替わっていきました。保育士が「アンパンマン，いるね」とことばをかけ，気持ちのやりとりをしている間に，オマルに座っていることができて，便はうまく出たようです。

　絵里ちゃんと一緒に保育室へ戻ってきた保育士からは，どんなに上手に便が出たかの報告があり，「すごい」と他の保育士たちからほめことばをかけられ

ます。絵里ちゃんはなぜほめられたのか，まだちゃんとはわかっていないようでした。しかし，ほめられたことはわかった様子で，得意そうな表情を見せ，保育室にも貼ってあるアンパンマンのシールを「あっ」と指さしてみせて，オマルの部屋でアンパンマンを見つけたのだと知らせています。

　絵里ちゃんも太一くんも，オマルで排泄ができるようになる，その途上にいます。自分からオマルに用をたしに行くことはまだできません。様子を見計らって座らせたおとなの励ましを受けて，たまたまできたという偶然的な要素もあります。しかし，おとなの助けを借りながら経験を重ねるなかで，おとなの期待や要望に沿ってオマルやトイレで排泄できるようになることが，やがて子ども自身にとって「大きくなること」「誇らしいこと」になっていきます。子どもにとって特別価値があるわけではないことが社会的には重要であり，その社会の価値観を取り入れてできるようになることが，子ども自身にとって「うれしい」，あるいは「誇らしい」と思えるようになっていく過程にこそ，排泄の自立の課題が潜んでいます。どんな方法やどんな自立の過程をたどるにしろ，一人で排尿ができるようになることが，子どもにとって「うれしい」，「誇らしい」ことになっているだろうかと，考えてみるといいのではないでしょうか。

　精神分析の創始者であるジグムント・フロイト（Freud, S.）は，おとなの精神分析治療の経験のなかから浮かびあがってきた人格発達についての見解を基に，心理・性的な発達理論を組み立てました。その際に，トイレット・トレーニングをとりわけ重視し，幼少期に受けたトレーニングの質が，人格形成に影響すると考えました。フロイトの性に重きを置いた視点は，日本人の生活や文化になじまない面があると思います。しかし，"私"のからだが排出する便や尿が親子関係のなかでどう扱われ，どう意味づけられるかによって，その自立が子ども自身の「できる」という誇りや自尊心に深くかかわっていくだろうことは頷けます。排泄の失敗が許されず，容赦のない厳しいしつけがなされるなら，失敗経験の蓄積は，子どもが自分を恥じ，価値のない存在として自覚してしまう契機になりかねません。それは幼少期だけのことではなく，高齢者の場合も，排泄の自己調節や始末が難しくなっていくとき，自尊心の深い傷つきを

第4章　自閉症児への発達支援と残された問題

体験しがちです。排泄の失敗を周囲の人間関係がどう受けとめるか，できないことがどう許容されるか，人の尊厳の根幹にかかわる社会的関係の質が明るみに出る場面です。

5. ウンコとはなにか

靴を履くとかスプーンを使うなどの場合は，道具の機能に感覚運動的活動を適合させることが課題になります。しかし排泄の自立では，膀胱や肛門の緊張が差し迫っているのに，その場で出して即座に解消するのではなく，一連の社会的なマナーに沿って解消しなければなりません。つまり，生理的機能そのものを，社会的に望まれる方向で調整しなければならないという，「身体の社会化」とも言うべき飛躍が求められるのです。

多くの子どもたちが，遊びに夢中になってトイレに駆け込む途中で漏らしてしまったり，尿が漏れそうで足踏みしながらも，トレイへ行くという行動につながらないことはよくあります。遊びながら「おもらし」をしてしまったところで，本人自身はすっきりするのであり，濡れて気持ち悪くはあるけれどさほど不都合はありません。困るのはおとなであり，トイレでできるようになることを望んでいるのはおとなたちなのです。理由がわからない子どもたちは，しばしば強く抵抗します。オマルに座らせようとすると逃げ出し，ぐずり，からだを硬くして，オマルでは絶対に出さない子どももいます。

また，この時期はことばの力が身につき始める時期でもあり，単にわけのわからないことを要求されて混乱しているというだけではない要因も絡んできます。すなわち，それまでは具体的な感覚運動的対象に過ぎなかった外界の対象物は，意味を持って子どもに迫ってくるようになります。それまで好きだった虫を恐がったり，ただのごみが虫に見えて恐がったり，壁のシミが怖い顔に見えたり，掃除機に自分が吸い込まれると怖がったりします。象徴機能を獲得するということは，物理的対象が感覚運動的対象を超えて意味世界に開かれるということであり，自分のからだのなかから出てくるウンコについても，どう意

味づけるかという課題に直面することにつながるのです。

　「何を怖がっているのだ」とおとなが一笑に付して押さえ込もうとする，子どもの恐怖反応の裏に，実は子どもの心理的世界が象徴的な意味世界に開かれた証が潜んでいる場合があることを，知っておく必要があるでしょう。

「ウンコちゃん，元気？」：美恵ちゃんの場合

　随分昔のことで，今のように水洗トイレが当たり前ではなかった時代のことです。その頃あった汲み取り式のトイレは，子どもが落ちる危険があって，現在では見かけることがほとんどなくなりました。そんな昔のある日，美恵ちゃん（4歳）のお母さんは，トイレの方から，美恵ちゃんが誰かとしゃべっているらしい声を聞きつけます。

　誰としゃべっているんだろうと思って近づいて聞き耳をたてると，トイレのなかから，「ウンコちゃーん，元気？」と言っているらしい声が聞こえます。そっとのぞくと，床に腹ばいになった美恵ちゃんが，便器のなかをのぞきこんで，ウンコちゃんに呼びかけては，手近のちり紙やスリッパを落としていました。

　そういえば，最近何度もトイレのスリッパが便器のなかに落ちていて，お母さんは恵美ちゃんが間違って落としたのだろうと思っていました。でも，そうではなかったようです。スリッパだけでなく，おもちゃや生活道具が落ちていることもありました。犯人は美恵ちゃんだったのです。美恵ちゃんは，からだから出て，遠くへ旅立っていった「ウンコちゃん」に呼びかけ，餞別を投げ入れていたようなのです。

＊

　無生物を生き物のように扱うアニミズムは，象徴機能の力を身につけた幼児期によく目立ちますし，小さな詩人のようなエピソードがたくさん観察できる頃です。美恵ちゃんにとっての便は，自分のからだから出てきたものだからこそ，ことさら身近で愛おしく，別れが惜しかったのでしょう。

　現在では水洗式のトイレが当たり前になって，さっきまで自分のからだのなかにあったものが，からだから出てきて，目の前のそこにあるということが，

第4章　自閉症児への発達支援と残された問題

ごく普通のことになりました。その上水を流すと，轟音とともにあっという間に目の前から姿を消してしまいます。さて，ウンチはどこへ行ってしまったのでしょう。

　美恵ちゃんのように，便に親愛の情を示して別れを惜しむ子どももいますが，とりわけ精神分析の事例では，自分のからだから便が排泄されることを，赤ちゃんの出産として意味づける子どもの例がしばしば登場します。また，自分のからだがちぎれてしまうという恐怖や，トイレの穴に自分が吸い込まれるかもしれない恐怖を味わう子どももいます。トイレでの排泄を，なんでもなく通過する子もいれば，恐がる子どももおり，行方不明になった便に刺激されスリッパやペーパーを水洗トイレに流す実験に夢中になる子どももいます。

　おとなにとっては常識で済ませることですが，子どもの目線に立った時，さっきまで自分のからだのなかの見えないところにあったウンチが目の前に出てきて，それが水を流せばどこかへ行ってしまうなんて，こんなに不思議なことはありません。「私が私である」ことの現実的基盤である身体的境界を越えて，便や尿は外へ出てきます。しかも，強い生理的な緊張が，出すことをせかします。子どもたちは，そうしたからだで起こることを，社会的な要請に沿い，外的枠組みに適応させるかたちで，解決する課題と格闘しているのです。

6.　身体の社会化と関係性の障害

　トイレでの排泄に独特の抵抗やこだわりを示す子どもたちがいることを知るきっかけになったのは，次郎くん（男子　5歳）のお母さんの訴えでした。随分以前のことですが，幼児期の自閉症の子どものための療育の場で，お母さんから「トイレをとても嫌がる」と訴えがあったのです。

　次郎くんのお母さんによると，次郎くんは人気のない薄暗いような部屋を選び，隅にしゃがむようにして便や尿をするのだそうです。ふっと気配を消して辺りからいなくなるので，捜すとひっそりと座敷の隅で固まっているそうです。パンツを脱ぐのも嫌がり，トイレに連れて行こうとするとパニックになるとの

150

ことでした。どこででも出しているわけではなく、出すことに無関心なわけで
もありませんでした。

次郎くんは、今なら高機能自閉症と言われるような行動特徴を示す子どもで
す。尻上がりのイントネーションで一方的にしゃべり、語彙量が多く、知識も
豊富でしたが、こだわりが強くてしょっちゅう癇癪を起こしていました。濡れ
るのが大嫌いで、自分の唾の飛沫が服についてもパニックになって服を脱いで
しまいました。子どもにとって排泄とはどんな体験なんだろうと思うようにな
ったきっかけが、次郎くんだったのです。

次郎くんの排泄をめぐる困惑を見ると、排泄は出してしまったら終わりとい
うわけではないようです。そしてよくよく見てみると、排泄をめぐる問題を抱
えている自閉症の子どもはたくさんいました。

よその家に無断で入ってトイレを点検して回り、近所の人や家族を困惑させ
る子どもがいました。知らない建物に入ると、トイレをまず確認しないと落ち
着かない子がいました。そうかと思えば、家を一歩出ると、尿も便も絶対しな
い子がいました。尿はするけど、便は絶対家でしかしないという子もいました。
また、そうした子どもたちのなかには、排泄をしないだけではなく、外へ出る
と、一切水や食物を口にしない子どももいました。真夏で汗をかく季節に、水
も飲まないし、尿も出さないということは、健康上とても気がかりです。何と
か水分だけでも補給できないだろうかと、おとなたちが手を替え品を替え試み
るのですが、外界にかかわるからだの窓口に全部錠を下ろしたように、口を開
くことも、お尻を開くことも、一切封じる子どもたちがいたのです。しかも、
なれない状況にさらされた時に、そうした傾向は一段と強まりました。

それらの子どもたちの反応は、食事や排泄時にからだを開いて、直接外界と
かかわることが、どれほど緊張を伴うものであるかをうかがわせます。深刻な
便秘は自閉症の子にとって珍しい問題ではありませんし、便はしばしばウサギ
や鹿の糞のような丸い粒状になりがちです。それは彼らの身体が常に強く緊張
していることを物語っています。先の次郎くんの場合では、関係性を基盤に発
達する他者との意味世界の共有が妨げられているだけでなく、身体の社会化過

第 4 章　自閉症児への発達支援と残された問題

程の発達も妨げられ，排泄を促す生理的緊張に襲われると，からだをこわばら
せて耐えていたのだろうと推測されるのです。そうした自閉症の子どもたちの
排泄行動の問題は，彼らが対人状況でのコミュニケーションの障害に限らず，
身体機能の社会化につまずく傾向があることを示しているのです。

　口を開いて食べ物を摂り入れ，お尻を開いて排泄することは生理現象だから，
自動的にできることのように見えますが，人間の場合はそう単純ではありませ
ん。ことばの世界が開かれ，他者と共有される意味世界が開かれ始める時期に，
身体もまた見えないところで，社会的な関係性の育ちに沿って社会化される過
程を歩んでいるのです。生活習慣の獲得，あるいは社会的な適応スキルの獲得
として理解されている排泄の自立には，そこでつまずく自閉症の子どもたちを
通して，生理機能の社会化，すなわち「身体の社会化」という課題が潜んでい
ることが示唆されていました。そのことはまた，発達とは単に"できるように
なる"ことを意味して終わるのではないと告げているのです。

152

3 描画表現と意味世界

1. 発達の質的変化期

　身振りや模倣が育つ過程を振り返ると，身体は感覚運動的な対象世界とのかかわりを超えて，表象世界を切り拓く素材になっていることが示されています。乳児期の終わり頃に，突然新しい発達の力が芽生え，発達の様相が一変したかのように見える傾向は，他の発達領域でも見られます。たとえばそれは，ことばでのコミュニケーションの力であり，描画などの表現の力です。

　ことばや描画の発達も乳児期の終わり頃にその力が芽ばえ，1歳から2歳の時期に獲得が目立ってくる新しい力です。それらの力も乳児期からの前駆的な発達過程を経て獲得されるのですが，乳児期後半になっていきなり芽ばえるように見える点で，しばしば発達の指標として取り上げられます。食べ物を「マンマ」と要求した，自動車を指して「ブーブー」と言ったなどの初語は，記念すべき発達上の出来事になります。

　ことばを理解し，ことばで他者とやりとりする力の獲得は，子どもの心理的世界を一変させます。直接的で具体的な動作によるコミュニケーションから，発声で他者の注意を引き，発声やことばで意思表示し，命名し，ことばで他者とやりとりする力の獲得が，子ども自身を夢中にさせる様子は，第3章1で紹介した保育場面での事例5の子どもの姿によく表れています。ことばは象徴機能の獲得を土台として発達しますが，ピアジェで言えば感覚運動的活動段階の発達が均衡に達した結果，ワロンで言えば姿勢機能が対象を懐胎するかたちで延滞模倣が発達することで，象徴表現の力が発達すると考えられています。こ

第4章 自閉症児への発達支援と残された問題

とばの発達過程については多くの研究が行われ，関連する書籍も多く見られます。しかし一方で，音声でもってそこにはないなにかを指示し，表出することばの力を獲得するのとほぼ同じ時期に，なにもない白紙になにものかを表現し，やがて対象を描き表す力として発揮される描画行動は，動作次元で観察される表象の力の現れなのですが，ことばの発達に比べてそれほど多くの研究があるわけではありません（ケロッグ，1969/1971）。描画は乳児期後半に芽ばえ，なぐりがきとして1歳過ぎから2歳にかけて子どもたちの興味や関心を捉え，やがて何かを表現する象徴表現としての絵が育っていきます。象徴表現の発達段階に入ることで，一本の線は走る新幹線にも自動車にもなり，意味を担った媒体になるのです。

　ここでは，新たに獲得された表象の力に子どもたちがどんなに夢中になるかを描画を例に紹介し，象徴機能の獲得という発達上の一大イベントが，子どもの心理的世界にもたらす変化について注意を向けていきます。

2．描く力の発達

　象徴機能は「あるものを別のあるもので表す」力として理解されており，象徴機能の獲得期の特徴として，有意味語，延滞模倣，象徴遊びなどの発達が取り上げられることが多いようです。描画は手指の運動によって子どもが主体的に産出するものであり，何もないところに自分が産出した線に，子ども自らが「意味するもの」としての力を付与する行動であるところに特徴があります。しかしこの描画行動も，子どもがある意図を持っていきなり何かを表そうとして描き始めるわけではありません。生後1年目の終わり頃に，手の活動の痕跡が壁や床や紙に残ることを発見した子どもたちが，まずは文具を手にして紙に打ち付けたりこすりつけたりするようになることがその始まりです。描くことへの興味はきわめて能動的であり，何らかの画材が使われる点では，道具というものの理解や使用が可能になり始める発達の力を必要とします。生後10〜12カ月頃に，食事場面でスプーンやコップを手に持ちたがるようになる時期に重

なって表れる行動です。また，手指の活動がより巧緻化することも描画発達を
支えますから，直線を描き，曲線を描き，何らかの意図を持って線を組み合わ
せてイメージを表現できるようになるためには，2歳から3歳ぐらいまで待た
なければなりません。

　話しことば，ふりやつもりなどの身振り表現，延滞模倣，象徴遊び等々，象
徴機能が一気に花開く1歳半から2歳にかけての時期に，いわば線による喃語
遊びであるかのように，描画表現の世界も芽生えます。象徴的な表現世界の幕
開けと描画行動がどのように発達的に関連しているか，象徴の力が一気に花開
く時期に，描画はどのように育っていくのかを，これから見ていこうと思いま
す。

3．和ちゃんのなぐり描き

　まずは，描くことに夢中になっている，女の子の例から始めたいと思います。
　和ちゃんは，2歳の誕生日を過ぎたばかりです。発語の数は少ないのですが
ジャルゴンが盛んで，ことばになる前のことばや身振りで，はっきりと要求を
示します。自己主張が強くなり，自分の意図が伝わらないと怒って大きな声を
はりあげます。相手がわからないと，わかるまでジャルゴンで何事かを言い続
けて，自分の意図を伝えようと頑張ります。そうした和ちゃんに，親は「だま
しが効かなくなった」と感じていました。

　そんなある日，和ちゃんが親子で筆者の家に遊びに来た時のことです。クレ
ヨンを見つけると，さっそく床板になぐり描きを始めました。あわてたおとな
が紙とシートを用意すると，腹ばいになり，両手にクレヨンを握って，小さな
ぐるぐるを両手でひたすら描き始めたのです。そのときの様子が図4.2.1です。
　描き始めるとものも言わずわき目も振らず，持つ色を換えては，ぐるぐる描
きで，何枚も何枚も紙面を埋めていきます。息を詰めるように無言で，わき目
も振らずに描き続ける様子は，にぎやかなジャルゴンしゃべりで，おとなを振
り回していたさっきまでの子とは，まるで別人のようでした。

第4章　自閉症児への発達支援と残された問題

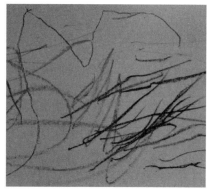

　　図4.3.1　和ちゃん，2歳0カ月　　　　図4.3.2　和ちゃん，1歳5カ月

　実は，その和ちゃんが1歳5カ月で遊びに来たときにも，はやりクレヨンを見つけると，ひたすら線を描きなぐっていました。それが図4.3.2です。その当時は，なぐりがきに興味が出てきたのだなあと，漠然と見守っていたのですが，1歳を過ぎて描くことの喜びを発見した和ちゃんは，2歳になるころには，魅入られるように描く世界に没頭するようになっていたのです。

　和ちゃんの2枚の描画は，線が描けることの発見にこころが吸いつけられていて，画面いっぱいに，描く力が躍動しています。また，1歳前半に見られる線錯画から，1歳後半から2歳にかけて目立つ円錯画への移行が，くっきりと際立っています。

4. 描画と発達

　私は，発達障害の子どもや青年たちへの発達検査を，ただひたすらこなすことが職務であった時代から，検査を実施する前の関係作りの手立てとして，紙と画材を用意して，自由に絵を描いてもらうことを行ってきました。描画は発達検査の課題と違って，子どもが自由に，自発的にかかわることができますし，いいとか悪いとかの評価からも自由です。そのことが，子どもたちが取り組みやすい状況を作ったと思われます。なによりも描くときは，初対面の検査者と

156

3 描画表現と意味世界

向き合う緊張から解放されて，どの子も楽しそうに取り組みました。検査者の側から見ると，目の前のただの白い紙と画材をどのように扱うのか，何もない白い紙の空間に，どのように"私である"痕跡が印されるかによって，物理的空間が個別的な心理的空間として立ち上がってくる様相を見ることができました。筆圧の強さ，使う色，空間の使い方などが，その子どもについて多くのことを語ってくれたのです。

　子どもはどうして描くことにこれほどこころを奪われ，熱中するのでしょうか。生活年齢に関係なく，発達年齢が1歳を過ぎると，線の軌跡を産出していくことに，子どもは強い関心を示すようになります。もちろん，手を動かせば運動の軌跡が線になるという機能的な喜びもあるでしょう。描画に夢中になる年齢には個人差がありますし，最初は描く場所を選びません。家中の壁や床だけでなく，冷蔵庫の扉やテレビなどの壁面もしばしば描画の餌食になります。広い空間だけではなく，引き出しの小さい取っ手や鍵穴のような小さな金具にまで，描き込むこともあります。そして，油断している親を仰天させ，感動もさせるのです。

　長い年月にわたって，様々な生活年齢（CA）と発達年齢（DA）の子どもたちに自由に絵を描いてもらってきましたが，興味をもって自発的に描くのは，少なくとも認知適応の発達年齢（新版K式発達検査による）が，1歳を越えた子どもたちでした。発達年齢が1歳前の子どもたちは，描くことに興味を示さないか，促されて，引っかくような線やたたきつけるような点をほんの少し描くだけでした。絵を描いてもらった子どもの発達の遅れの程度や様相は様々ですが，到達している発達年齢によって，絵には共通する特徴が見られました。

　1歳台の課題のいくつかに取り組んだだけで検査が成立せず，長期間言語獲得期で足踏みをしている子のなぐり描きが図4.3.3です。また図4.3.4もなぐり描きが始まった頃の子どもの線錯画であり，図4.3.5は円錯画が目立ってきた時期の子どもの描画です。

　画材を握って手指や腕の動きをコントロールする力，手の軌跡に注意を凝らす目の力，画材を道具として理解する力など，1歳過ぎの発達の力が描画行動

第4章 自閉症児への発達支援と残された問題

図4.3.3 CA8歳4カ月，DA推定1歳台

図4.3.4 CA2歳8カ月，DA1歳3カ月

図4.3.5 CA5歳6カ月，DA1歳8カ月

図4.3.6 CA5歳6カ月，DA2歳0カ月

を支えているのだとすれば，そうした力が獲得される発達年齢になって，描画の世界が開かれるのは当然です。しかし，単に手指の運動機能が発達すれば，なぐり描きから絵へと発達していくのかといえば，そうではありません。その発達の途上には，線が象徴機能を担うという発達の大きな壁があるのです。

　一般的には，発達年齢が2歳を越える頃から，線を描きながらイメージが動いている様子が見える描画が登場し始めます。図4.3.6の子は，しきりに何か言いながら線を重ねていき，何を描いたのかを聞いても答えませんでしたが，こころのなかに何らかのイメージを持って線を描いている様子がみえました。

158

またこの頃から，なぐり描きに「ブーブー」や「ワンワン」などと命名し，線に意味を投影する姿勢が明確になっていきます。獲得した象徴機能が，線の客観的な属性からはみ出して，子どもの情動に奉仕するかのような現象です。

さらに，3歳前後になると，線は意味を担うようになっていき，線を構成して対象を描くピクチャー表現の時代を迎えます。図4.3.7の子は，明らかに車とわかる輪郭を描き，「ブーブー」と命名しています。

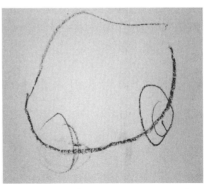

図4.3.7　車（CA 4歳0カ月，DA 3歳2カ月）

5. 自閉症と描画

線のなぐり描きからイメージ表現への移行は，連続した過程として自然に起こるように見えますが，この飛躍に躓く子どもたちがいます。象徴機能の獲得に特異な難しさを抱える自閉症の子どもたちです。象徴を理解し扱う力に障害があり，象徴的な意味世界が開かれていきません。

しかし，自閉症の子どもたちも，発達年齢が1歳台に入ると，書く道具としての画材を理解し，なぐり描きの力を獲得します。しかし，めったに描かなかったり，気持ちのこもったなぐり描きの時代がないまま，いきなり数字や漢字やアルファベットを書くことに熱中することがあります。

図4.3.8の子は，なぐり描きを全くせず，たどたどしい手の動きで，数字ばかりを書こうとこだわる子でした。うまく書けないとクレヨンを検査者に押し付けて，数字を書いてほしがりました。後には，高機能自閉症としての臨床像を現すようになっていった子です。

また，簡単な日常会話が可能になっても，いつまでもなぐり描きが続いたり，

第4章　自閉症児への発達支援と残された問題

図4.3.8　数字（CA2歳3カ月，DA1歳3カ月）

図4.3.9　アルファベット（CA6歳0カ月，DA4歳6カ月）

　ピクチャー時代に入る頃に，表象的な絵ではなく，文字やパターン的な図形的表現に熱中する子どもたちもいます。
　図4.3.9の子は発達年齢が4歳半ばにあり，知識や記憶課題には優れていますがことばの意味が関与する課題は無視して反応せず，アルファベットさえ書いていれば機嫌がいいという子どもでした。
　数字やアルファベットを書く力は，テレビから仕入れたコピー的言語や，耳から入ったことばのオウム返しと同じ性質の行動と思われます。それらは外界から取り入れた記号の再生なのです。

6. 意味の育ちの脆弱さ

　一般的には2歳頃から，子どもは自ら産出した線に意味を投影し，3歳頃から顔や乗り物などの対象物を絵で表現する力を発揮するようになります。描画の力は，象徴的身振りや象徴的遊びと同じように，象徴機能を獲得した子どもたちが，世界を意味あるものとして体験し，世界を意味づけ，世界に向けて自らを表現する力の，一つの現れとなるのです。チンパンジーもなぐり描きをすることは知られていますが，表象としての絵を描くことはありません。なぐり描きからなにかを表す絵へと移行するには，表象的表現への発達的飛躍が必要

となります。

　ところが，自閉症の子どもたちはこの飛躍に躓きます。そしてしばしば，長期にわたって壁の前で足踏み状態を続けます。しかし，単に躓いたままで終わるのではありません。たとえば図4.3.8の子は，対象世界の出来事を記憶し，コピーし，記号化し，それらを「適応の道具」として使うかたちでこの壁を早々に越えていきました。ことばを記号として理解し，意図伝達の道具として使うことができるようになっていったのです。描画については，学童期の中頃から，パターン化された主人公のキャラクターを創り，そのキャラクターの一日のスケジュールを漫画化することに熱中しました。膨大な漫画はほとんど同じ内容で，すべてのコマにアナログの時計盤が書き込まれ，何時にどこで何をするかが描かれていました。また同じ時期に，辞書的知識の豊富さで，他児から「博士」と呼ばれるようになります。それでいて，他者との会話は一方的になり，テレビの天気予報が外れたり時間割が変更されたりすると，激しいパニック反応を起こして大声をあげ，床を転げまわって怒るために，他児からは不思議な子として理解されていました。

　彼が獲得した言語機能は「あるものを別のあるもので表す」象徴機能に依拠していますし，描画もゼロから産出した創造の産物である点では，象徴表現の一つです。ただし，彼が獲得したことばの世界は限りなく記号的であり，言語獲得期の発達の壁は，いわば「記号依存的飛躍」とでも言えるような特異なかたちで乗り越えられています。漫画も時間枠に固執し，スケジュールの羅列がストーリーの骨格として反復されているだけです。象徴表現の産物ではありますが，キャラクターのこころの動きが欠けており，漫画表現が内包する意味性に欠けていました。

　一般には，「あるものを別のあるもので表す」力が言語記号（ことば）の獲得をもたらす時，「意味するもの」と「意味されるもの」を主体的に結びつける象徴的記号の力も，あわせて獲得されます。「意味するもの」は単に特定の「意味されるもの」を指し示すだけではありません。「ワンワン」は犬を指し示す言語記号であるだけではなく，「恐い」とか「吠える」とか「ポチ」とか，

第4章　自閉症児への発達支援と残された問題

「お父さんと散歩に連れて行った」などの，個別の経験や情動などの複合的な意味を，「意味されるもの」として内包する象徴的記号なのです。

　しかし自閉症においては，意味するものと意味されるものの関係は一義的な記号に留まり，そこに他者との関係性や，主体の体験世界が入り込む余地は希薄です。辞書をまるごと暗記して語義を正確に“知っている”のに，知っている語義の“意味がわからない”という，“頭で知っていること”と“体験的にわかること”が乖離する傾向は高機能の自閉症によくある特徴です。彼らのことばの世界は，象徴機能の獲得期に通常は統合され，語に内包されていく，意味の育ちの脆弱さをかかえており，その脆弱さを一義的な言語記号に依存することで，補っているのではないかと考えられます（岡本，2009）。これは別府（2005）が，自閉症児は共同注意行動の発達阻害を汎用学習ツールで補うと述べていることに通じる発達的な現象として理解できます。すなわち，情動的共有経験をもちにくい自閉症児は代償的方略として，オペラント条件づけの積み重ねによって，ある状況での自分の行動と相手の行動の随伴性を記憶し，汎用可能な関係を学習していくということです。

　振り返れば自閉症の子どもたちの乳児期には，社会的相互作用や共同注意，愛着形成の障害があることが知られており，社会的な関係性の育ちを土壌にして育つ主体的な意味の世界が，極端に限局されていることがうかがえます（山上，2014）。言語記号と象徴的表現，あるいは社会的記号と主体的な意味世界の育ちが発達的に乖離する傾向については，乳児期からの関係性の発達障害が，描画という象徴表現の領域にも発達的に連関して現れていると考えられます。

第 5 章

発達における "母"

男女の性役割，育児文化，家族形態，養育形態などの側面が今後どのように変化するにしろ，人が人との社会的関係に生まれ落ち，人との関係を通して自己形成していく存在である事実は変わりません。また，発達の土壌としての養育的二者関係の重要性も，薄れることはないでしょう。すべての子どもたちにとって，養育に携わる他者は，人格発達においても精神発達においても，発達の土壌となるものです。

　この養育者は，現実には母親とは限りません。主たる養育者が父親である場合もありますし，祖父母である場合も，年齢が離れたきょうだいである場合もあります。実際の養育者が誰であるかは様々なのですが，ここでは"子どもにとっての母親"という視点から，主として母親に焦点を当てて親子関係を扱うことにします。発達臨床の現場では，子どもが抱く親のイメージにたびたび触れ，子どもが表す「母イメージ」に胸を突かれ，「子どもにとって母とは何か」をしばしば考えさせられるからです。

　ここで，何か理想的な養育者像を提供しようというのではありません。今日，大きな社会問題になっている，虐待されて育つ子どものような，葛藤を抱えた家庭環境のなかに生まれ，親イメージに揺れる子どもたちの育ちの現実も踏まえて，育ちにかかわる「母という他者」のことを，考えていきたいと思います。

1 母という他者

1. 胎生期に始まる母子関係

　発達における愛着形成の重要性に発達研究者の関心が向かうなかで，愛着対象として取り上げられるのは通常は母親です。胎児期に，子どもは環境としての母胎と深くかかわっており，子宮内で聞き親しんでいた母親の声を，誕生直後に識別できることは，実験研究で明らかになっています。

　知人の一人が結婚し，妊娠し，出産に至るまでの期間，胎児に名前をつけて，腹部に向かってしきりに呼びかけては，やりとりをする場面に居合わせたことがあります。呼びかけに反応するかのように，胎児はしきりに動き，その動きに応答するように母親は話しかけました。母親の呼びかけに，胎児が実際に反応して動いているのかどうかは定かではありません。しかし，呼びかけに応える存在として胎児を受け止めている母親の姿を通して，母子相互作用はすでに胎児期から始まっていると強く感じたものでした。胎児を一個の人格として名前をつけ，名を呼んで育ちを励まし続け，出産後に新たな命名をしたところにも，誕生を新たな人格の始まりとして受け止めようとする姿勢が表れていました。

　妊娠中の母親と胎児の関係の持ち方は様々で，個別性が高いことでしょう。しかし，胎内に子を宿した母親と，子宮に守られて過ごす胎児の，40週という共生の時間は，「私というもの」の誕生の起源となる関係としてあり，誕生後の母親による養育は，その延長上にあると考えられます。

　また，母体は母乳という栄養源をからだに備えており，母親による授乳と，

第5章　発達における"母"

子どもによる哺乳の相互作用が，誕生直後から始まるように，母子関係は生物学的に方向づけられています。ただし，母乳はなくても，父親であれ第三者であれ，人工乳によって充分な育児が可能であるように，生物学的な問題を社会的に補うことができるのが，人間社会の自由度の高さでもあります。それでいて，発達臨床の場における子どもにとっての母親は，生物学的な母親の役割を越える広がりや重みを持ち，象徴性を孕んだ重大な意味を担っているように見えます。

2．私はどこから来たか？

　母親の胎内からこの現実世界へと誕生した子どもたちは，認知面では，誕生後からの感覚運動的活動段階の発達を経て，1歳半から2歳にかけての時期に言語機能を獲得します。

　話しことばの発達は個人差が大きく，急速に語彙量を増やして2歳前からよくしゃべる子もいれば，理解力はあるけれども3歳を過ぎてもあまりしゃべらない子もいます。また，理解や意図ははっきりしているのにうまくしゃべれないため，通じないことに自分で焦れて，ごねる態度が目立つようになることもあります。言語機能を獲得し，言語的自己感（スターン，1985/1989・1991）の発達相に達した子どもたちは，3歳前後に，「私というもの」を自覚するようになるのです。マーラーら（1975/1981）はこの発達現象を，心理的に孵化し，母親から分離した個体として「心理的誕生」を迎える「分離・個体化過程」として捉えました。以前から，「自我の芽生え」の時期として語られてきたことです。「自己主張」し，「なかなか言うことを聞かず」，「強情を張る」子どもの言動に，親が，他者と対峙する，独立した人格の育ちを強く感じるようになる時期でもあります。

　ところで，言語を獲得した子どもたちは，2歳ぐらいから，「これ何？」と聞いては，語彙量を毎日のように増やしていきます。「これ何」から始まった対象世界への問いは，やがて，2歳後半から3歳頃になると，「なんで」，「ど

うして」という問いを深めるようになっていきます。「なんで，雨は降るの」
や「なんで夜になるの」だけでなく，「これ何」と聞いて，「りんご」と教えて
もらった後で，「何でりんご，言うの」と聞くなど，答えようのない質問へと
広がり，親は質問魔の子どもに手を焼くことになります。自己意識が強まり，
他者と対峙し，自己を主張する力が充実する頃に，ことばが世界についての認
識を深める媒体となっていくのです。しかし，言語機能は単に，認知発達に寄
与するだけではありません。「なぜ」や「どうして」と問う力は，認知の発達
と絡んで取り上げられることが多いのですが，実は 4 ～ 5 歳頃になると，心理
的誕生を遂げた「私」が，自分自身の成り立ちについても，「なぜ，どうして」
と問い始めるようになります。対象や事象の存在を表示し，分析し，まとめ，
推論するための媒体となる言語機能が，自分自身を対象化して発揮されるので
す。

　お父さんやお母さんが若かった頃，自分は写真に写っておらず，どうもいな
かったようです。お母さんに聞けば，自分はお母さんのお腹から生まれたのだ
ということです。お母さんのお腹が膨らんでいる頃の写真があれば，そこから
生まれたのだと納得するでしょう。しかし，それではお母さんのお腹の中に，
いつからいるのでしょう。お兄ちゃんもお姉ちゃんもお母さんのお腹の中にい
たとすると，お腹の中は満員だったのではないでしょうか。今は大きくなって
いるけれど，小さい赤ちゃんだった時があり，その前はお母さんのお腹の中に
いたという理解は，そのもっともっと前には，自分はどこにいたのだろうとい
う問いへと誘います。

　自己についての疑問に答えてくれる手がかりは，写真などには限られません。
親は，「小さい頃」のエピソードを語り，そのエピソードの主役が，「今のあな
た」だという理解を励ますのです。また，成長するものとしての自分を理解す
る力は，過去に向かって発揮されるにとどまりません。自分はいつか，お姉ち
ゃんやお兄ちゃんのように，また，お父さんやお母さんのように，大きくなっ
ていくという未来も開けます。未来が開ける時，人は歳をとること，たくさん
歳をとるとおじいちゃんやおばあちゃんになって，いつか死ぬのだという現実

第5章　発達における"母"

も理解するようになるのです。

3.　死ぬかもしれない命

　人の成長とその終焉について理解するということは，かけがえのないお母さんやお父さん，そして自分自身の命にも終わりがあり，いつか死ぬのだということを，子どもが現実として理解するということです。自分自身の起源に問いが向かい，成長をたどっていく4歳から5歳頃に，死の問題に行き着き，大きく揺れる子どもたちがいます。「お父さんやお母さんもいつか死ぬのか」，「人は死んだらどうなるのか」と，子どもに執拗に聞かれた体験はないでしょうか。

　対人不安の問題を抱えて来談した成人女性が，幼稚園の頃に，死をめぐる不安に苦しんだことがあったと，語ったことがあります。

　「人は死んだらどうなるの」と母親に聞いたところ，「眠るのと一緒や」と答えられ，それから小学生の低学年頃まで，「眠ったらそのまま目覚めないのではないか」という不安から，眠るまいとがんばっていたのだそうです。その頃，「天狗の高下駄のような履物を履いた自分が，辺りの山々の峯を蹴っては，ぴょんぴょんと峯から峯へと跳び移っている」夢をよく見たそうです。

　子どものこころのなかに，生と死をめぐる深い問いが抱えられており，神通力の発揮と通じるような，大きな内的仕事が行われていたことをうかがわせる興味深い報告です。

　ごく普通に，元気に育っているように見える子どもが，4歳から5歳にかけての時期に，死に深くとらわれる様子に気づく親は，少数ではあるかもしれません。しかし，日常の生活を過ごしながら，人知れず，「死んだらどうなるのか」という問いと向き合っている子どもは，おとなが思う以上に，多いのではないかと思われます。

　特殊な事情が絡んだ例ですが，人の死という現実と向き合って，深く悩む子どもの姿を心配したある母親から，相談を受けたことがあります。

1 母という他者

事例晃くん　5歳　男児　長男

　晃くんは元々発育もよく，身体を動かして遊ぶのが大好きな男の子でした。しかし，母親が重い病気にかかり，入院し，手術をし，再発予防のために通院する生活が始まった頃から，幼稚園を休みがちになり，遊びにも出なくなりました。

　父親は家で商売をしていましたが，晃くんはまるで小さいおとなのように，また小さい父親のように，店に出てかいがいしく商売を手伝おうとするようになります。商店街の会合にも，父親と一緒に出席したがるようになり，イベントでは準備から片付けまで熱心に参加しました。幼い男の子が，一人前の口調で店を手伝う姿は，客の間で評判になっていたということです。

　晃くんは，「大好きなお母さんが，死ぬかもしれない」，「遠くへ行ってしまうかもしれない」という，大きな不安を抱えていたと思われます。母親自身が死の不安と向き合っており，晃くんの不安を打ち消すことはできませんでした。母親がどこかへ行ってしまわないように見張りながら，父親の姿に自分を重ね，母親を支えられる頼もしいおとなになろうとしていたのでしょう。

　母親は登園拒否状態を心配していましたが，晃くんは人の死を理解できる年齢になっており，母親の死が現実になる可能性は無視できない状況にありました。「かけがえのないお母さん」の深刻な病気と死の可能性に直面して，「お母さんと自分」の関係をこころに深く抱え込んでいたのだと考えられます。そこで，晃くんの誕生からこれまでを，アルバムを手がかりに母子で振り返り，共に生きた日々を抱え直す時を持つことが，なにかの役に立つかもしれないと，その時筆者は助言しています。

　母親が再び相談に訪れたのは，それから1年以上経った頃でした。再発の恐れは残しながらも，母親の病状は安定しており，健康を取り戻している様子がうかがえました。小学1年生になった晃くんは，元気に登校しており，ともだちと遊びに出るようにもなっています。

　そこに至るまで，母と子は晃くんの育ちの過程を一緒に振り返り，共に生きたかけがえのない日々を，こころに抱えなおす作業をした様子です。最初の相

169

談から半年ぐらいしたある日，晃くんは，「お母さん」と呼びかけ，「お母さんが死んだら，また生まれ変わって，もう1回僕を産んでくれたらいいんや」と，言ったそうです。そうして，母親を失う不安を乗り越え，幼稚園に行き，ともだちと遊ぶ生活を取り戻していったのです。

*

　子どもたちが，見ることができない過去の自分と，現在のここにいる自分とを，どのようにして連続した自己として理解し，人の誕生や死を引き受けるようになるのかという育ちの過程は，まだよくわかっていません。親の視点に立った優れた観察記録（矢野・矢野，1986）以外に，突っ込んだ検討はされていないのが実情です。

　それは，認知の発達と比較して，心理的作業として取り組まれる課題は，子どもの内的世界に踏み込んだ理解が必要であり，実験や調査の手法に馴染まないからではないかと思われます。しかし現実には，子どもたちの多くは，それぞれに答えを見いだそうとして奮闘し，やがて，時間軸を生きて成長する「自己の歴史性」と「自己の同一性」を，自力で獲得していく様子が見えます。それが，どんなに複雑な心的作業であるかを思う時，なかには答えを見いだせなくて揺れ，一人で深く悩む子どもがいることを，忘れてはならないと思います。

4. 自己の存在基盤への問い —— 私は愛されているか？

　子どもたちが自らの過去を知りたがる時，知りたがっているのは，客観的事実なのではありません。自己の起源を探求し，発見していく過程は，それが同時に，自分というものの存在基盤を問い，親と自分との関係を問い直す作業として行われるところに特徴があります。"私というもの"という主体への問いは，外界の認識のように，答えを手に入れれば終わるわけではないのです。

　自分自身への関心が強まっていく幼児期後期から学童期の初めにかけて，子どもたちはしばしば，自分のアルバムを見ることに熱心になります。成長を自分の身に起きたこととして，消化しようとする努力にも見えますし，アルバム

を見ることで，そこに写っている過去のエピソードを，自分に取り込もうとしているようにも見えます。自分が主人公であるアルバムを一緒に眺めながら，写し取られた一場面にまつわるエピソードを，親から聞くのはとりわけ大好きです。親の方も，記憶が刺激され，思い出語りが展開していきます。

　腹部が膨らんでいる母親の写真を見ながら，「この時，Dちゃんはお母さんのお腹の中にいた」こと，「お腹の中で，手や足をグングンと動かしていた」ことなどが話題になります。おじいちゃんやおばあちゃんが写っている写真を見ては，「みんなで一緒に，お宮参りをして」，お母さんが「元気な，いい子に育ちますように，とお祈りした」ことなどが語られたりします。少し大きくなって，泣き顔で写っているのは，海水浴に行った時に「波が怖かったから」なのです。「家族みんなで初めて新幹線に乗って」，「田舎のおじいちゃん，おばあちゃん家へ行った」時のことが語られることもあるでしょう。記録がたとえビデオによるものであろうと，自分にまつわる家族の思い出を，子どもは改めて親から聞きたいのです。そして，聞いて飽きることがありません。すでに知っていることでも，繰り返し聞きたがり，反芻したがります。とりわけ，ほめられたり励まされたりした時の親のことばを，“食べて栄養にする”かたちで，子どもはこころを満たして育つのです。それは，自己感への燃料補給のように見えます。自分についての記憶は，語られ，聴き取り，他者と分かち合うかたちでしか，子どものこころに根を下ろしていきません。

　親の語りから，子どもが聴き取ろうとしているのは，過去の事実なのではなく，語りに添えられる，親が抱く自分への思い，すなわち，“愛情”と呼べるようなものです。

　実の親が不在である場合，誕生と育ちの過程にまつわる養育者の思いを，どのように子に伝えるかには，配慮が必要になるでしょう。産みの親がいなくても子どもは健やかに育ちますし，育ての親の養育がその子の現在を支えているのです。そうではありますが，子ども自身にとって，産みの親の不在を自分の存在基盤に受け容れるのには，大きな困難が伴います。親の愛情や，その源泉である母という他者の不在は，自己の歴史性や同一性の起点である他者を，見

第 5 章　発達における "母"

失うような体験になるためだと思われます。そうした，自己の存在への問いは，思春期の子どもたちにも目立ちますが，問いの本質において，幼児期の問いは思春期のそれに劣らないのです。

5．親の愛情ということ

　愛情は主観的な体験であり，その中身の規定が難しいためでしょうか，発達研究の場で，「愛情」という用語が取り上げられることはまれです。親が子に向ける愛情とは，子に向ける思い，健康に気遣う配慮，授乳や衛生のための養育行動，楽しく快適に過ごせるような遊びの相手など，多方面にわたります。時には厳しく叱り，欲求をかなえないことが愛情になる場合もあります。何が愛情であるかを規定するのは困難であるにしろ，育ちの現実においては，この規定が難しい "親の愛情" というものを感じることなしに，子どもは育つことはできません。そして，子どもは，親の愛情を確認することに，ひどく熱心なのです。「見て，見て」と存在をアピールし，しばしば，「私のこと好き？」と質問しては，親に「好きだよ」と答えてもらう遊びを繰り返します。いい加減に応えることを子どもは許しません。何度でも何度でも，「私のこと好き？」と聞き，「私が生まれてうれしかった？」と確認し，親のことばを反芻し，自己に取り込んでいきます。

　ことばを獲得することは，問う力を獲得することであり，自己と他者との絆を問い，改めて他者との関係を築き直す作業が始まることでもあります。愛情を受けて育った子どもが，改めて，「私を好きか」と親に問いかけるのは，愛ということばが象徴するような関係を，ことばを通してもう一度こころに織りこむ作業なのではないかと思われます。

　愛情は空気と同じなのでしょう。欠如状態に陥って初めて，それがなくては，子どもは育つことができないという現実が明らかになるのです。

6.「あなたは私のお母さんか？」という問い

　養育者の愛情を受けて育つのが通常の育ちの場だと考えると，現実には，愛情を受けて育つことができない子どもたちがいます。個人情報に配慮しつつ，育児放棄状況で育ち，児童養護施設に保護された，ある女児の例を取り上げてみます。

事例妙ちゃん　３歳　女児

　Y児童養護施設をフィールドとして，養護性の育ちの問題について，筆者が発達臨床の実践を行っていて出会ったのが妙ちゃんです。

　妙ちゃんは，四人きょうだいの末っ子です。母親は夕方には仕事に出かけ，夜半を過ぎないと帰ってきません。在宅時の母親は，いつも寝ていました。父親はいません。お腹が空けば，食べ物は上の子が近所のコンビニに買いに行って，他のきょうだいに食べさせていました。食べ物を買うお金がない時もあったようです。妙ちゃんが赤ちゃんだった頃に，ミルクやオムツの交換を誰がどう世話していたのかは，よくわかっていません。

　学齢期の上二人の兄たちは，学校をずっと休んでおり，下二人の世話をしていたようです。着替えとか，布団に入って寝るなどの，ごく日常的な生活習慣は，家の中には存在しませんでした。

　母親が突然蒸発していなくなり，近所の人の通報で，児童相談所に保護されたのは，妙ちゃんが３歳４カ月の時でした。後に，母親が多額の借金を抱えていたことがわかりますが，その後も行方はわかっていません。

　入所した時，妙ちゃんはことばを話しませんでした。人に向けて何かを訴えるという態度も見られませんでした。何か具合の悪いことがあると，天を向いて大泣きしました。オシッコやウンコは，どこででも，しゃがみこんでパンツの中にしました。きょうだい四人の１日分として用意した５合のご飯と鍋いっぱいのカレーは，あっというまに空になり，毎食ごとに鍋も釜も空になりました。「お腹がいっぱい」という感覚がない様子で，心理的な飢餓感の現れと推測される底なしの食欲が，数カ月にわたって続きました。養育的な応答的環境

第5章　発達における"母"

が失われる時，身体の感覚も，他者に向けて伝えようとする態度も，社会的な
生活習慣も，ことばも，育たなかったのです。

　施設では，寝る時は布団に入って寝る，パジャマに着替える，排泄はトイレ
でするなどの生活習慣の獲得に向けて，場面に応じた個別的で応答的なかかわ
りが工夫されていきました。生活が安定し，担当の女性スタッフDさんとの関
係も育ち始め，状況が見通せるようになって，4歳を迎える頃には，急速に片
言を話すようになります。Dさんとの関係が発達の土壌になっていることは，
Dさんの家事の様子を，ままごと遊びとして再現し，仕草や口調までDさんそ
っくりに真似する様子から明らかでした。しかし，Dさんは交替勤務であり，
いない日もあります。他のスタッフや児童に対しては，妙ちゃんは感情を出し
にくく，ひどく萎縮し，警戒心を顕にしました。

　そうした時期に，出入りの業者やボランティアの婦人たちのような，見かけ
ないおとなの女性を見かけると，妙ちゃんは近寄って行って顔を見上げ，「オ
カアアン（お母さん）？」と声をかけ，ついて行こうとするようになります。

　警戒するかと思えばなれなれしい態度をとるような，一見矛盾する対人的態
度は，不適切な養育環境の中で育った子どもに見られる特徴的な行動で，「反
応性愛着障害」として知られているものです。しかし，そうした診断名をつけ，
症状として理解する前に，自己の存在基盤となる愛着関係が欠落したまま成長
する子どもが，どんなに対人関係に困惑し，うろうろしてしまうのかに，注意
を払う必要があるでしょう。

　強い警戒心と見境のない接近という両価的な対人的態度を示しながらも，妙
ちゃんは出会った女性たちに，「あなたは私のお母さんか」という問いを向け
続けました。妙ちゃんは誰かを捜していたのではなく，「お母さん」という他
者を捜しており，「お母さん」かもしれない人について行こうとしたのです。
この時妙ちゃんが求めた「お母さん」に，妙ちゃん自身がどのような意味をこ
めていたかは定かではありません。ただ，反応性愛着障害の子どもたちが，誰
かわからない親和的な他者に惹かれつつ，他者一般に強い警戒心を示すのとは
少し違いました。そのような矛盾した態度は残しながらも，妙ちゃんにとって

の始まりの他者，すなわち象徴性を孕んだ「母」との出会いを，捜していたのだと推測されます。

　妙ちゃんへのDさんの養育的かかわりは，暖かくきめ細やかなもので，やがてDさんは愛着対象となり，Dさんとの関係を基盤に，妙ちゃんはことばを獲得し，生活習慣を身につけていきました。その意味では，発達の土壌となる養育的二者関係を，Dさんを対象に体験したのだと言えます。しかし，学童期になる頃には，妙ちゃんは，自分には「お母さん」がいないし，自分も「覚えていない」という現実に直面するようになります。施設に保護される前の不適切な養育環境と3歳という年齢では，お母さんのことを覚えていることはできなかったのです。自己の起源となる他者が不在であり，記憶が空白であるとき，妙ちゃんの人としての育ちは，不在の母親を巡って困難な過程をたどりました。年長のきょうだいがある程度の世話はしていましたが，学童期の兄たちが妹の育ちを支える他者の役割を果たすことはできませんでした。

　思春期になった頃，妙ちゃんは心理的に不安定な状態に陥り，「私は誰にも愛されたことがない」と荒れたのです。Dさんのかかわりに支えられて育った幼少期のことを，妙ちゃんは「覚えていない」と突っぱねました。退職していったDさんに置き去りにされたという思いは，母親による置き去り体験と重なり，自分を立て直すという思春期の課題に向き合うための，他者の支えを見失っていたからです。

② 子育て支援の現場から

——母子関係の多様性

1. 子育て教室のスタート

　子育ては予想外の出来事の連続です。子育てが思ったとおりに進行することは、まずないのではないでしょうか。子どもが持って生まれるものは個別的ですし、家庭の状況も刻々と変化するのですから、二人目の子育ても、三人目の子育ても、初めての子育てになるのです。母子関係に限っても、子どもが生まれて、親子として出会って、関係そのものが育つことで、母親は母になっていき、子は子の人格を育てていくのです。本書では、育ちの過程における母子関係の重要性を指摘していますが、母子関係は実はきわめて個別性が高く、広がりのあるものです。こうあるべきだというような、理想形があるわけではありません。②では、子育て支援の場の事例を紹介しながら、育ちの過程における母と子の様々な関係を見ていくことにします。

　1985年5月に、筆者と民間のY児童養護施設が提携する形で、子育て支援教室をスタートさせました。筆者は当時、大学の心理臨床機関に所属するかたわら、Y児童養護施設内に入所している児童への心理的援助や、職員との勉強会を開始しています。時期的には、育児不安を訴える母親の増加や、育児ストレスから虐待に至ってしまう母親の存在に、社会的な関心が集まり始めていた頃でした。子育ての体験を交流する地域的な拠点の必要性を感じていた筆者は、施設内での取り組みと並行して、子育て支援を開始したのです。事業主体となったY児童養護施設は、施設と地域の垣根を取り払い、地域住民と交流する場として、子育て教室の開設に踏み切りました。筆者とこの子育て教室（以下教

室と略記）とのかかわりは1999年度までの15年にわたりましたが，その後，自治体から委託を受けた施設独自の子育て支援事業へと移行し，更に公的機関が運営する地域事業へ移行して，Ｙ児童養護施設から独立しています。

　教室は，5月から翌年3月までの1年を周期に，週1回で始まり，準備の都合で，途中から月3回に変更されました。時間は，午前中の1時間を使い，無料，登録制，自由参加方式で，スタートしています。初年度の参加者は，ごく近隣の十数組の母子と施設内の児童でしたが，類似の場がなかったせいもあり，次第に口コミで情報が伝わり，やがて40組を越える母子が集うようになります。子どもは，乳児から幼稚園入園前の4歳児までが中心で，母子二人の場合もあれば，きょうだい一緒に母子四人で参加する家族もあり，祖母が孫と一緒に参加する例もありました。施設からは，未就園の幼児とその担当者が参加しています。最も参加者が多かった1995年度を例にとると，68名の保護者に対して子どもは87名，そのうち男児は36名，女児は51名でした。0歳児12名，1歳児21名，2歳児26名，3歳児23名，4歳児4名，5歳児1名でした。乳児は兄や姉と一緒に参加する例がほとんどで，外遊びに関心を持つ年齢になってから，参加する母子が多かったと考えられます。育児経験を交流しあう場の必要性を感じて始めた教室ですが，ごった返すほどの盛況には驚きを禁じえませんでした。育児経験を交流しあえる場を，それほど母親たちが切実に求めていたということです。

2．教室の運営方針

　運営は施設の職員5～6名と筆者が中心になって行い，1995年度からは，筆者が移籍した大学の大学院生も，スタッフとして参加するようになります。また，何年も継続的に参加する母子が増えるにつれ，運営に参加する母親も募りました。教室の内容としては，当初は，単に玩具を用意して母子一緒に遊び，他の母子と交流する場として出発しましたが，次第に，季節の行事等を取り入れた大まかなテーマを設定するようになります。

第5章 発達における“母”

　会場はY施設内にある公共スペースを使用し，母子一緒の遊びがテーマの日は，フロア全体にカーペットを敷いて使用しました。また月1回，母親グループは独自の課題を設定し，子どもは子ども同士で遊ぶように励まし，緩やかな母子分離場面を設定しました。プレイ空間はカーペットを敷いた室内とこれに隣接した内庭を利用し，乳児や幼児用の玩具や文房具が用意されました。プレイ空間と母親スペースは，テーブルに布を掛けた大まかな仕切りで分けました。行き来は自由で，プレイ空間で母子が過ごすことも，母親スペースに玩具を運んで母子で過ごすことも自由でした。

　プレイ空間と母親スペースを大まかに区分したのは，後に「分離・個体化理論」の根拠となった，マーラーら（1975/1981）の長期にわたる健常母子対の組織的観察研究を参考にしています。母子関係の質とあわせて，子どもが母親から心理的に分離し，子ども同士の遊びの世界へ，緩やかに移行していく過程に，現代の子育ての問題の一つが潜んでいると考えていたためです。従って，①母子関係の育ちを支援する遊びや経験の提供を課題としながら，これとあわせて，②母親は母親同士の交流を深め，③母親との関係に護られながらも，子どもが遊びの世界の楽しさや面白さに引かれて，母親から緩やかに分離していく過程を励ますこと，が教室の大きな狙いとしてありました。

3．母と子の様々な姿

　15年間の子育て教室を通じて，筆者はごく普通の家庭で過ごしている母子に，数多く触れることができました。とりわけ印象に残っているのは，子どもの育ちも，子育てにかかわる母親の態度も，いかに個別的であるかということでした。特定の傾向や兆候をすぐに問題視するのではなく，まずはありのままの母子の姿と育ちの様相を，じっくり見守ることの大切さを痛感させられました。

　以下に，教室で出会った多数の母子のなかから，ごく少数ですが具体例を取り上げ，ある日のある場面の母子の姿を，エピソードとして紹介してみます。なお，ここで取り上げる事例は，大学院生が参加するようになった1995年以降，

参加者に研究用にデータを使用することの了解を得たうえで撮ったビデオ記録や，分離・個体化過程に焦点化した筆者自身の研究用文書記録から，個人を特定できる情報を削除したもので，年齢は観察当日のものです。

⑴事例1　1歳2カ月で参加し始めた DA くん母子

　2歳上の姉が教室に参加していた関係で，乳児期の一時期，DA くんは姉と一緒に教室に参加していました。明るく活発な姉が教室を卒業した後，1歳2カ月で，母子二人で改めて参加するようになります。すでに歩行は自立していましたが，指吸いをしながら，常に母親に抱かれた状態で過ごし，自発的に移動することも，探索的行動も一切行いませんでした。また，母親が膝から下ろすと，必ず自分の身体の一部が母親の身体に接している状態を保とうとしました。しかし，周囲はしっかり観察しており，状況もよく理解している様子でした。

　こうした分離への抵抗と母親へのしがみつきは，1年目も2年目も全く変化しませんでした。母親は，遊ぼうとしない DA くんの様子に，困ってはいる様子でしたが，無理に離そうとはせず，教室の常連として参加し続けました。

　教室の3年目，DA くんが3歳3カ月になったある日の教室は，母子共同での工作遊びがテーマでした。DA くんはやはり母の膝の上で指吸いをし続けて，工作には関心を示しませんでした。スタッフが声をかけると，母親の胸に顔を埋めて拒否しました。母親は，一人で工作をしながら，困った様子で，「来年は幼稚園なんですよ」と，スタッフに愚痴をこぼしています。

　この回の終了間際，少し離れた場所に置いてある鞄を指して，「鞄の中のタオルを取ってきて」と母親が DA くんに頼んだところ，DA くんは躊躇して鞄の方を見つめていました。傍のスタッフたちも励ましたところ，DA くんは時間をかけて鞄に気持ちを集中する態度を示した後，みんなが見守るなかで，立ち上がって鞄の方へ駆けて行き，タオルを取って走って帰る行動に出ます。教室への参加以来，初めて DA くんが母親を自発的に離れた瞬間でした。DA くん自身にとってもハードルを跳び越えた記念すべき瞬間だったと思われますが，

第5章　発達における“母”

母親にとっても周囲のスタッフにとっても，心理的誕生の瞬間に立ち会うという，深い感動を味わった出来事でした。

　この後DAくんは，自発的に母親を離れて行動する機会が一気に増加し，3歳4カ月時には玩具の取り合いをして他児を追いかけまわす行動が初めて観察されます。更に3歳6カ月頃には，母親から離れて教室内を自由に動き回るようになり，スタッフとの言語的な応答も活発になって，その変貌ぶりはまるで早送りの映像を見るようでした。

　DAくんの長期にわたる分離への抵抗を，母親やスタッフが気にしていなかったわけではありません。ただ，DAくんのなかで育っていく力を信じて待っていた母親が存在し，教室の中に散らばっている多様なきっかけを，時が来てDAくんが自分で掴んだのだと言うことができます。

(2)事例2　1歳5カ月のDBちゃん母子

　DBちゃんは一人っ子で，教室に参加し始めた頃には，すでに歩行が安定していました。他児の遊びを覗いたり，玩具に触れたり，他児が持っている玩具を取り上げたり，手にした玩具をスタッフに渡したりと，興味を転々と移しながらも，旺盛な好奇心を示して一人で動き回っていました。母親は，母親グループに参加しながらも，伸び上がってはDBちゃんの姿をたえず目で捜し，DBちゃんの様子が気になって，話題には入り込めない様子でした。

　ひとしきり動くと，DBちゃんは定期的に母親の元へ飛び込むように戻っていき，母親を確認し，時には見つけた玩具を獲物のように母親の膝に積み上げ，ままごと道具の食べ物を母親に渡し，母親が食べるふりをするのをじっと眺めては，またプレイ空間へと飛び出していきました。

　母親を確認する行動の間には，両手を差し伸べて接近する行動が混じり，母親がそのつど抱き上げると，母親の首に腕を回して抱きつき，指吸いをしながらしばらくトロンとした表情で過ごしました。まるっきりガソリン補給のような身体接触が一段落すると，母親の肩越しに辺りを見回し，また，いきなり飛び出すようにプレイ空間の方へと移動していきました。

母親への抱きつきと母親からの衝動的な飛び出しの両極が目立つ行動傾向は，マーラーが，分離・個体化過程の途上の，再接近期の特徴として指摘しているものです。歩行を獲得した子どもは，母親との関係を断ち切るように飛び出す反面，それに伴う分離不安の増大を，母親にしがみつくことで埋め合わせているのだと考えられます。

(3)事例 3　2歳 0カ月の DC ちゃん母子

　1歳 7カ月から教室に参加した一人っ子の DC ちゃんは，5カ月に渡って，他児との遊びと情動補給のための母親への接近を，頻繁に繰り返しました。母親は DC ちゃんの動きに受身的に応対する以外は，他の母親との会話を楽しんでいました。

　2歳 0カ月の日，DC ちゃんは自発的に母親から離れて，プレイ空間のままごと遊びの輪に加わりました。一遊びすると，玩具の食物を両手いっぱいに抱えて母親スペースへ移動し，母親の膝に積み上げていきました。母親が受け取って食べるふりをすると DC ちゃんはプレイ空間に戻りました。しばらくするとまた，興味をひかれた玩具や他児が手にしている玩具を取り上げては母親に見せにいき，母親が見るとまたプレイ空間に戻っています。ビデオ記録を分析すると，この往復行動は撮影された21分間に11回観察されました。母の元へ戻ると母親の周囲をうろうろし，身体の一部を母親の身体に接した状態で，他児が遊ぶ様子を眺め，その状態で，傍にいる他児の母やスタッフにジュースを注ぐふりをしては，飲ませるサービスを行っています。母親がいる場所がわかっていることが重要な様子で，母親が席を移動すると，プレイ空間から慌てて追っていく様子がみられました。

　母親から離れて遊ぶ力が育ち始めながらも，一人立ちするにはまだ不安がある時期の子どもたちは，母親という基地と遊びの基地の間を往復しながら，分離の力を鍛えていきます。またこの時期には，DB ちゃんにも見られたように，外界で見つけたおもしろい物を母の元へ持ち帰る行為や，食物を母親に食べさせるフィーディング行為をしきりと繰り返し，母子の心理的な絆を強めようと

第5章　発達における"母"

する行動が特徴的に見られます。

⑷事例4　2歳9カ月のDDくん母子

　2歳8カ月から教室に参加した一人っ子のDDくんは，他児の遊びに強い好奇心を示しながらも，母親の傍を離れることができませんでした。母親はしばらく一緒に遊びに加わり，様子をみては離れる態度を取り続けました。その結果DDくんは，遊びの変わり目の時だけ母親に傍にいてもらうと，一人で遊べるようになります。

　2歳9カ月のある日，来室したDDくん母子は，手をつないでまっすぐにプレイ空間に向かいます。DDくんの目は機関車トーマスに釘付けになっていて，自分から母親の手を離してプレイ空間に上がります。母親はその様子を見て，別の場所へ離れていきます。

　レールを組み立てて電車を走らせる玩具（プラレール）周辺では，3歳児三人がすでにトーマスを使って遊んでおり，目は電車に釘付けになりながらも，DDくんはなかに入っていくことができませんでした。しばらく三人の背後をうろうろ歩き回った後，トーマスを諦めたDDくんは，そばでパトカーを走らせて遊び始めます。その様子を見ていたスタッフと目が合うと，「これ，DDくん，（家から）持ってきたの」と話しかけます。スタッフと一緒に車を走らせて遊ぶなかで，ふっと思い出したように，「ママは？」とスタッフに聞きます。「向こうでお話しているよ」と伝えられると，背伸びして目で捜し，母親がいるのを確認すると遊びに戻ります。この後も，母親確認を何度も繰り返しては，一人で遊ぶ気持ちを立て直しているようでした。

　やがて，3歳児たちがレール遊びの場からいなくなると，DDくんは早速大好きなトーマスのそばに立ってじっと眺めます。さっきまで3歳児が独占していたトーマスを，自分で手に取るのはためらわれた様子で，「あれ取って」と，小さい声でスタッフに頼みます。スタッフが渡してあげると，DDくんは別の場所にあったトーマスの仲間の機関車たちを両手いっぱい抱えて運び，残り時間をいかにも楽しそうに繋いだり走らせたりして遊びました。

182

DD くんは，機関車トーマスというキャラクター電車に強い憧れを抱いています。家にもあるのですが，教室にあるこの電車で遊ぶのを楽しみに教室に参加しています。年長の男児たちの遊びに加わることはできませんでしたが，大好きな玩具を支えに母親から離れ，視覚的に母親を確認して情動補給しながら，教室での遊びを楽しみ始めたのです。

⑸事例 5　3 歳 2 カ月の DE くん母子

　一人っ子で恥ずかしがりやの DE くんは，3 歳 0 カ月での教室参加以来，母親の後ろに隠れて，辺りを窺うばかりでした。この日も，部屋に入ろうとしない DE くんを母親が迎えに行き，手を引いて入室しますが，DE くんは尻込みして逃げます。母親はそんな DE くんを捕まえて膝に載せ，揺すりながら，プレイ空間の方を指差して，「トーマスあるって。でも，DE はそんなしょうもないもんで遊ばないよね。あら，ジャングルジムもある。でも DE はそんなしょうもないもんで遊ばないよね。」と茶化すように話しかけていきます。DE くんの目がだんだん玩具の方に引きつけられていくと，「DE はあんなの嫌いだよね。でもちょっと見てみる？」と声を掛けるたびに，DE くんの目は玩具に注がれます。その様子を見ながら，母親が，「じゃあ，ちょっと行ってみる？」と言うと，DE くんは頷いて玩具の方へ行こうとします。しかし母親がその場を動かないので，DE くんは母親を引っ張ります。「ママも行くの？ママは行かないのになあ」と言いながらも，一人では行けない DE くんの様子を見て，「じゃあ，ママもちょっとだけ行こうか」と言って，母親は DE くんの目の高さにかがめた姿勢でプレイ空間の方へついて行きます。そこではトーマスが連結されてレール上を走っており，DE くんは目が釘付け状態になります。しばらく母子一緒にトーマスを見た後，母親はそっと離れて母親スペースに移動します。電車が止まると，DE くんは近寄ってトーマスを持ち，レールの上を走らせ始めます。

　しばらくして，ふと母親を思い出したように，「ママ」と叫んで母親スペースへ移動し，「ママ，ママ」としきりに母親の手を引っ張ります。母親は「あ

第5章　発達における"母"

っちで遊んでおいで」と動かないでいると，母親のそばから動こうとしません。結局母親が折れて，「じゃあ，ちょっとだけ」と，プレイ空間についていき，すぐに席に戻ります。しかし，DE くんが離れた隙に，年上の子がトーマスを胸に抱えこんでしまいました。その様子を見た DE くんは，突然母親の方へ泣き叫びながら走っていき，母親をバンバン叩きます。あっけにとられている母親に，トーマスが取られたのだと指差して教えます。母親は，「わかった，わかった」と言いながら，背中をとんとん叩いてやり，次第に落ち着いた DE くんは，機嫌がなおると周囲の探索に出かけたのです。

DD くんや DE くんに限らず，機関車トーマスという玩具に強く引かれる男児によく出会います。玩具への憧れや関心は，遊びの世界への強力な誘いになると同時に，同じ玩具を好きな者同士の衝突をもたらし，他者や自己を意識する契機にもなっています。

⑹事例6　3歳4カ月の DF ちゃん母子

　年度途中で教室に参加した DF ちゃんは，外出時は常に離さないという，大切にしているぬいぐるみや玩具が詰まった大きな鞄を，重そうに肩に掛けて登場しました。母親が母親グループにすぐに参加してしまうと，DF ちゃんは自分から母親を離れてプレイ空間に近寄り，活気にあふれた他児の様子に気後れした様子で，プレイ空間の入り口付近で，しばらく立ちすくんでいました。やがて靴を脱いで，恐る恐るカーペット敷きの空間に上がり，思い思いに遊んでいる他児の間を，鞄を抱えながらウロウロと移動し始めます。他児のすぐそばに立って指を吸いながら覗き込み，また次のグループへ移っていっては，指を吸いながら覗き込むことを続けていきます。どのグループにも入れなかった様子で，母親スペースとプレイ空間の境界辺りに戻った DF ちゃんは，そこから，ままごと遊びをしている3歳女児の様子をじっと眺めています。そのうち，意を決したようにままごと空間に戻り，やりとりしている女児二人のちょうど真ん中に座り込みます。女児たちは特に DF ちゃんにかかわることはなく，DF ちゃんもままごと道具に目が釘付けになりながらも，ただ凍りついたように座

っているだけでした。更にしばらくすると，DF ちゃんは固まったまま，ソロソロと傍らの茶碗に手を伸ばし，なかに具材を入れ，箸を使って食べるまねを始めます。こうして DF ちゃんは，他児の間に分け入り，たった一人でままごとを始め，遊びの世界に居場所を築き始めたのです。

　母親への依存を脱け出し，外界との自立した交流が始まる移行期には，母子関係を象徴し情緒的なエネルギー補給の対象となる玩具やタオルなどが，移行対象として保持される傾向がしばしば観察されます。母の愛をいっぱい詰め込んだ鞄を背負って，遊びの開拓に出かけていると考えると，微笑ましい姿です。

(7) 事例7　ハカイダー軍団の男児たち

　3〜4歳の6名ほどの男児で，自分たちだけで固まって行動し，あたりににらみを利かしている集団が，教室の年度途中に形成されました。より年少の子どもたちの遊びに対し，「赤ちゃんがするような遊びなんかしていられるか」といった態度をとって教室の行事には参加しません。年少の子どもたちの遊びを邪魔したり，走りまわったりしていたために，スタッフたちは「ハカイダー」と命名して様子を見守っていました。ある日，教室の始まり時に全員で歌を歌って踊っていると，ハカイダー軍団たちが遠巻きにして，スタッフに「何やってんの」と馬鹿にした調子で声をかけてきました。

　しばらくすると，ハカイダー軍団はそれぞれに遊び始めます。4歳1カ月の DG くんが，電車を長く繋ぐのに苦心しているそばで，3歳7カ月の DH くんは，レールをイメージどおりに組み立てようと試行錯誤しています。そこへ，ハカイダー軍団では一番幼い3歳3カ月の DI くんがいきなり走り込んできて，組み立ててあった鉄橋を蹴って壊してしまいます。周囲のビックリした反応を見た DI くんは，ますますはしゃいで繋いだレールをさらに蹴散らします。怒った DH くんは，「そんなことをしてはいけません」と言いながら，DI くんの肩を力任せに叩きます。叩かれた DI くんは DH くんを叩き返し，2人は取っ組み合いになります。そのうち，DI くんは自分が劣勢だと感じたようで，突然母親の方へ走っていき，母親に抱きつくなり，「ワアッ」と叫んで大泣きを

第5章　発達における"母"

始めます。その間，DHくんは全身をワナワナと震わせ，目をカッと開いて仁王立ちになり，スタッフに，「DIちゃん，壊しはった。悪い」と激しく訴えます。この時スタッフは，「DIくんはいけないことをしたから悪い。自分は何もしてないから正しい」と，必死に訴えているのを感じます。

　その後のDIくんとDHくんはそれぞれに不機嫌で，小さい子に意地悪をしていました。しかし，DIくんはスタッフの誘いで，数人の女児がままごと遊びをしている仲間に入ります。料理を作っては周囲のおとなに食べさせている間にすっかり機嫌が直ったDIくんは，DHくんたちが気を取り直してプラレールで遊んでいる場所へ跳ぶように走っていき，その勢いでさっきより更に激しく玩具を蹴散らして，意気揚々と引き上げます。DHくんはまた全身をワナワナさせますが，ふっと表情を緩めてしゃがみ，「DIちゃん，どうしたのかな。あかんな」と言い，気を取り直した様子で，「直せばいいか」と自分に言い聞かせるようにして，レールを繋ぎ直し始めました。

　終わりの時間が来ても，DIくんは一人ではしゃぎ続け，正義の味方のポーズをとっては，あるスタッフに攻撃をしかけていました。その様子を目にしたDHくんら3歳児数人は，スイッチが入ったように一斉にハカイダーに変身し，そのスタッフを取り囲んで攻撃し始めます。この時，弾みでスタッフの眼鏡が落ちて，割れてしまいます。すると，一瞬空気が凍りついて動きが止まった後，一人が「やったあ」と声をあげ，それに追随してみんなが「やったあ」と飛び跳ねて勝どきをあげました。眼鏡が壊れたスタッフは，自分たちのせいで眼鏡が壊れてしまったという気まずさときまり悪さを，一瞬でふざける遊びに切り替えたと感じています。

　「ハカイダー軍団」とは，それぞれが正義のキャラクターになったつもりで怪獣や悪者と応戦しながら，実は互いに相手を悪者に見立てており，怪獣がのりうつったように破壊の限りを尽くすために，スタッフがつけたあだ名です。DHくんは，ハカイダーの面目躍如の時もありますが，構成的な遊びを楽しみ，正義を主張し，怒りを納める力を発揮する時もあります。一番幼いDIくんは，ハカイダーのメンバーに仲間入りすることで，母親からの分離を達成して動き

回っていますが，他児の遊びを妨害する破壊行動を通して，幼い全能感に酔いしれているように見えます。

　自己意識が明確になり力の誇示が強まる時期は，他方では社会的なルールを取り入れる課題に向き合っている時期であり，子どものなかに言わばヒーローと怪獣が同居している時期なのです。

4. 子育て教室の意義

　ここで紹介できたのはごく限られた例です。しかし，事例の子どもの姿からは，母親から分離して外の世界に踏み出すことが，子どもにとってどんなにドキドキワクワクし，同時に，怖くて勇気のいることかということが伝わってきます。家庭内の母子のかかわりから一歩出て，母子一緒に参加した教室には，見知らぬ人たちが集っており，おもしろそうな玩具やしたことのない遊びに熱中する他児の姿があります。怪獣とヒーローの戦いごっこやままごと遊びなど，子ども同士で遊ぶ世界は，子どもの興味を強く引きつけてわくわくさせます。しかし，楽しそうでおもしろそうな世界が目の前にあるとはいえ，母子の二者関係を破って外の世界へ踏み出すのは，心もとなく怖いことでもあるのです。

　多くの場面で子どもは母親に身体接触を求め，母親を視覚的に確認し，母を呼んで応えてもらうことで情動補給し，分離の不安を乗り越えている様子です。母親が子どもにとって安全基地であるということは，こういう母子の姿を表現しているのです。子どもが分離不安を越えるためには，離れても大丈夫だという安全の経験や，外界探索の成果を母親と共有しあうことや，母親という安全基地をいつでも利用できるという信頼感などが必要なのです。

　他方母親の方も，子どもの分離過程には，不安や戸惑いがつきまとう様子です。しかし教室は母親にとって，他の母子と交流しながら，わが子が遊びを楽しみ，他児との間に居場所を開拓していく過程に，喜びと余裕をもって立ち会う場でもありました。そしてこれが，教室の成果の一つでもあったのです。

187

3 母をめぐるきょうだい間葛藤

1. 下の子の誕生と上の子の動揺

　外の世界を探索し，他児との遊びの世界に居場所を探りに行く行動は，独り立ちに向けての冒険とも呼べるものです。魅力的でわくわくする世界が目の前に開けているとしても，母親の懐から巣立って自力で行動するためには，子どもは勇気を奮い起こさなければなりません。この勇気を支え，踏み出そうとする子どもを励ましているのが，母親という存在でした。

　子どもにとっての母親は，触れて，抱かれて，掴むことができる，温かく柔らかい身体的な存在です。それとともに母親は，不安になれば戻り，頼ることができる，心理的な安全基地でもあります。身体とこころが重なり合う次元でこそ，母親は子どもの育ちの基盤なのです。

　しかし，移動運動が発達し行動空間が飛躍的に広がり，母親からの分離・独立をめぐる葛藤を乗り越えた後も，子どもたちは別の新たな課題に遭遇します。育つということは，育つ度に新たな課題が開ける道でもあるからです。そのような新たな課題の一つに，弟や妹の誕生によって上の子が体験する，"きょうだい間葛藤"の問題があります。

　弟や妹の誕生は，上の子にとって，心身の育ちの基地であった母親という存在を，下の子に譲ることを意味します。そして否応なく，赤ちゃん時代を卒業しなければなりません。それは，上の子が立ち向かわなければならない大事業になります。戸惑う上の子は，しばしば，卒業したはずのおっぱいを要求し，おむつをしてほしがり，抱っこやおんぶや添い寝を要求するようになります。

生活習慣も退行し，ご飯を一人では食べられず，トイレへも一人では行けなくなったりします。下の子への母親のかかわりを目の当たりにして，こころのなかの赤ちゃんが，「自分も世話してほしい」とせがむのです。

　時には動揺して，下の子を邪魔者扱いしたり敵視し，叩いたり，じゃけんに扱ったりして，母親をハラハラさせます。怒ったり止めたりする親との間で，感情がこじれて，拗ねたり，泣いたりすることも増えます。それでいて，下の子をなでたり，抱きたがったり，母親のように世話をしたがったりもします。赤ちゃんのままでいたい自分ともう赤ちゃんではない自分との間で，上の子は揺れ動き，母親が扱いにくいと感じ，対応に手を焼く事態が増えることもあるのです。この葛藤をどのように越えていくかは，子どもたち一人ひとりに委ねられており，いかにもその子らしい試行錯誤を重ねて，解決していかなければなりません。これから紹介するのは，子育て教室での観察事例であるため，きょうだい間葛藤のごく一側面に光を当てたものにすぎませんが，その様相を見ていこうと思います。

　なお使用したデータは，2と同様，筆者が1985年からかかわった子育て教室のもので，参加者には研究用にデータを使用する旨の了解を得ています。

2.　上の子たちの揺れ

(1)事例1　2歳9カ月のEAちゃんと10カ月のEBちゃん母子（年齢差1歳11カ月）

　子育て教室の年度初日，姉のEAちゃんは，妹のEBちゃんを抱いた母親に伴われて，緊張した面持ちで来室しました。すでに遊び始めていた他児の姿が目に入ると，EAちゃんは目を奪われます。しかし，近寄ろうとはせず，目は他児の方に向けながらも，母親の身体に自分の身体を添わせて立っていました。母親が少しでもそばを離れようとすると，「いやっ」と叫んで抵抗し，母親の服の裾を掴んでしがみつきました。

　その後の教室でも，EAちゃんは母親から離れようとしませんでしたが，妹

第5章　発達における "母"

の EB ちゃんはすぐに，這い這いで室内探索に出かけるようになります。妹が
母親のそばから離れると，EA ちゃんは待っていたように母親の膝に抱かれま
した。

　参加し始めて 9 週間後，妹が 1 歳 0 カ月，EA ちゃんが 2 歳11カ月になった
ある日，EA ちゃんは妹を抱いている母親のスカートの端を握って，母親にく
っついて来室しました。その日は緩やかな母子分離が設定された日で，母親は
母親グループに席を見つけ，妹を膝に抱いて座ります。EA ちゃんは，母親の
側面や背面に上半身をもたれかかる姿勢で立って，プレイ空間で遊ぶ他児の様
子に，時々目をやっています。30分ほど経った頃，母親は妹を抱いてプレイ空
間に移動し，玩具が置かれたマットの上に座らせると，すぐに母親空間へ戻り
ます。妹は後追いする様子もなく，置かれた場で遊び始めます。その間，EA
ちゃんは母親が座っていた椅子席のそばに立って，母親の動きを目で追ってい
ました。席に戻った母親は，EA ちゃんを外向けに膝の上に抱き上げて，すぐ
に母親同士の話題に関心を向けます。しばらく，母親の膝の上から母親グルー
プの様子を眺めていた EA ちゃんは，やがて母親と向き合う姿勢に座り直し，
母親の手をもって自分の腰に腕を回すようにと仕草で要求します。母親が EA
ちゃんの腰に腕を回すと，その腕を EA ちゃんは小脇に挟み，母親の膝の上で
上体を弓なりに反らせて頭が床につくほど逆さまになり，次いで，母親の腕を
掴んで身を起こす動作を反復し始めます。この間，母親は他児の母親との会話
に注意を向けながら，手は EA ちゃんの動きを支え続けていました。

　この一連のやりとりの間，母子は共に無言で，特にことばを交わしたわけで
はありません。しかし，妹をプレイ空間に置きに行った母親は，EA ちゃんの
所在なさを感じとって，EA ちゃんのために膝を空けたのだろうと推測されま
す。空いた膝の上で，EA ちゃんは危険なほど背屈し，母親はその体重を支え，
母子で抱え―抱えられる身体的かかわりを続けていきました。

　約14分経過した頃，プレイ空間で一人遊びをしていた妹が，這い這いで母親
の元へ戻ってきて，母の脚につかまり立ちし，両腕を差し出して抱っこを要求
します。母親が妹を抱き上げようとすると，EA ちゃんは自分で母親の膝から

190

降りて膝を妹に明け渡し，身体の一部を母親の身体に接して立ちます。妹の方は，母親の膝で8分ほど抱かれると満足した様子で，自発的に母親の膝から降り，再びプレイ空間の方へ這って行きます。EAちゃんは，話に夢中になっている母親に身体を接しながら，目は子ども集団に向け，身体をくねらせたり，母親を引っ張ったり押したりしつつ，手持ち無沙汰な様子です。

　そこへ，3〜4歳の男児集団がEAちゃんのすぐそばに接近し，玩具の取り合いを始めます。興味を引かれたEAちゃんは，母親の身体から自発的に離れて近くのテーブルによりかかり，男児たちの様子を眺め始めます。このとき，妹が這い這いでまた母親の元へ戻ってきて，一旦母親の膝の上に抱き上げられますが，すぐに床に降りて，這い這いでプレイ空間に戻って行きました。それを見ていたEAちゃんは，妹を追いかけるようにして，初めて自らプレイ空間に上がり込んで，玩具で遊び始めます。

　このエピソードを契機に，EAちゃんは母親から離れてプレイ空間で過ごすようになり，まもなく他児との遊びに参加し始めました。

　妹のEBちゃんに観察されたのは，母親という安全基地を上手に利用しながら，着実に外界とのかかわりを開拓していく姿です。これに対して，姉のEAちゃんは，子どもたちの遊びの世界に興味をひかれながらも，母親のそばを離れにくい様子です。しかし，妹が母親に抱っこを要求すれば，自分から母親の膝を妹に譲り，膝が空くのを待っています。膝が空けば，自分の番だとでもいうように膝の上に座り，「私がここにいる」ことを，無言で母親に訴えます。母親もまた，無言のままに，姉であるEAちゃんの気持ちの揺れを感じ取り，受け止め，受け容れた対応をしています。EAちゃんは，赤ちゃん時代の卒業を受け容れようとしながら，母親との二者関係を味わい直し，独り立ちのためのこころの準備をしているようです。

　ところで，EAちゃんが母親の膝の上で行った上半身の背屈は，第1章1で乳児の姿勢遊びとして紹介した活動に含まれるものです。生後5カ月頃から，赤ちゃんたちは母親の膝の上に抱かれると，嬉々として上半身を頭が床につくほど強くそり返らせ，引き起こしてもらう活動を喜びます。この時期は母子の

第5章　発達における"母"

情意的な関係が強まる時期で，しっかり支えないと危ないほどの背屈の力と，支えてもらえるという期待や信頼が育っており，身体の緊張と弛緩，それに伴う強い喜びや安心を，抱え─抱えられる関係の反復を通して強めているようにみえます。EA ちゃんの背屈遊びは，体が大きくなっている分だけ，母親には重く負担の大きい動作です。その大きく重い身体の保持を母親に委ねて背屈し，引き起こしてもらう反復動作は，独り立ちの不安を抱え─抱えられるという，身体を介した母子の対話でもあります。不安を受け容れてもらった EA ちゃんは，その後きっかけをつかんで，母親から離れることができたのです。

(2)事例2　3歳4カ月のFAくんと8カ月のFBくん母子（年齢差2歳8カ月）

　教室へ参加し始めてから7回目の日，母親は FB くんを胸に抱き，FA くんは母にからだをすり寄せるようにして，やや遅れて到着しました。それまでの回では，FA くんは玩具に興味を示しながらも，母親から離れることはありませんでした。弟の FB くんは，母親に抱かれた状態で，一貫して穏やかに過ごしていました。

　この日の母子は，まずプレイ空間へ進み，母親が「ここで遊びなさい」と言うのですが，FA くんは母親にしがみついて拒否します。母親は，母親同士の話し合いに早く参加したかった様子で，FA くんの好きなミキサー車を借りると，母子3人で母親スペースに移動します。母親が FB くんを抱いて席に座り，話し合いに参加し始めると，FA くんはミニカーを手に，母親の座った椅子の座席下にもぐり込みます。気づいた母親が，「起きなさい。かっこ悪いよ」とたしなめると，更に椅子の奥に頭を突っ込んで，椅子から突き出した脚を交互に動かして，存在をアピールします。母親はその後も何度か，「床に虫がいるから汚い」と声をかけるのですが，FA くんは一向に聞くそぶりを見せません。たまりかねた母親が，わざと，「蟻さんが歩いている」と架空の蟻を指差すと，FA くんは慌てて椅子の下から這い出します。その隙に母親は FB くんを抱いたまま席を移動し，座席下に空間がないソファー席に座ります。気がついた FA くんは，慌てて母親のそばへ移動し，母親の背中とソファーの背もたれの

192

隙間に，身体をねじ込んでいきます。隙間に埋もれた FA くんをスタッフがくすぐり，気づいた母親も一緒にくすぐると，顔を埋めたまま，相手してもらった FA くんは，くすくすと嬉しそうな笑い声を上げます。

　しばらくして，遊びたいけれど母親から離れられない FA くんを気遣って，母親はミキサー車を持った FA くんの手を引いてプレイ空間へ移動します。FA くんはパトカーで遊んでいる 2 歳 9 カ月の GA くんの遊ぶ様子に興味を引かれながらも，仲間に入る決心がつかない様子で，しばらく佇んでいます。スタッフが「一緒に遊ぼう」と声をかけ，母親が背中を押すと，ミキサー車を持って GA くんに近寄って行って，それぞれに車を走らせて遊び始めます。GA くんがパトカーをひっくり返し，「助けてー」と叫ぶと，スタッフが「助けてって，言ってるよ」と FA くんに声をかけます。すると，FA くんはミキサー車を動かしてパトカー救助に向かい，GA くんのパトカーは立ち直ることができました。その後二人はそれぞれに車を動かして，相手を意識した遊びを展開していきます。

　そこへ突然，乱暴者の 3 歳児，「ハカイダー軍団」（2 参照）の DI くんが，手に持ったミニカーを空中で飛ばすようにしながら乱入し，FA くんのミニカーにぶつけてきます。FA くんは必死の形相で応戦するのですが，DI くんにミキサー車が一撃されると，突然激しく泣き出します。そばにいた母親が，「別に負けてないよ」と慰めるのですが，誇りが傷ついた様子で，手にしたミキサー車を投げつけた後，あたりにある玩具も手当たり次第に放り投げ始めます。母親が危ないからと止めれば止めるほど，悔しさが募って泣き声も大きくなり，最後は床に突っ伏して大泣きになりました。

　しばらくして機嫌を直した FA くんは，自分が放り投げたままごと道具に興味を持ち，拾った皿に野菜を載せ，スタッフに食べさせ始めます。母親が FA くんのそばに弟を座らせると，弟も玩具に手を伸ばして遊び始めます。すると，FA くんは弟が手にした玩具を次々と取り上げ，弟の手が届かない場所に載せていきます。弟はきょとんとしているのですが，母親は，「それは，FB くんのでしょ。取ったらあかんよ」とか，「やめて，危ない」などと制止し，FA

第5章　発達における"母"

くんがFBくんを傷つけないかと，ハラハラしている様子です。

　弟の誕生後，FAくんは母親の関心が弟に集中し，自分が忘れられていると感じている様子です。たえず母親にまつわりついては母親の注意を引こうとしています。また，弟の玩具を取り上げたり，自分の持ち物に触らせなかったり，意地悪をする様子も観察されています。母親から離れることができず，最初は他児とは遊ぼうとしなかったFAくんですが，スタッフがGAくんとFAくんをつないだ，ほんの小さなきっかけで，遊びの世界に居場所を開拓し始めています。

　遊びの世界の開拓と並行して，母親をめぐる弟との葛藤関係は，もうしばらく続きました。しかし，「ハカイダー軍団」を形成している同じ年齢の子どもたちが，周囲で展開している遊びに，惹きつけられたり脅かされたりしながら，この後しばらくして，母親をめぐる弟との葛藤関係を卒業していきました。

(3)事例3　3歳7カ月のHAちゃんと9カ月のHBくん母子（年齢差2歳10カ月）

　HAちゃんは3歳1カ月から，生後3カ月の弟を抱いた母親と三人で教室に参加し始めます。大柄で言語表現力が高いHAちゃんは，当初から4歳児のように見える子でした。

　幼い弟は，母親に抱かれた状態で安定して過ごしています。他方HAちゃんは，母と弟を基点として，参加者の間をスキップで縫うように走っては，基点に戻っていく行動を，1年以上にわたって繰り返しました。この間，スタッフのことばかけや周辺の母子の動きには部分的にしか関心を示さず，母親が他児の遊びに参加するように励ましても，仲間に入ることはありませんでした。周囲でやっていることを探索的に覗き見はするのですが，遊びに加わらずに母親のところへ戻り，母親に抱きついたり，弟が座っている膝に割り込んだり，母親の脚を蹴ったりと所在なさげでした。しかし，弟を脇に座らせておいて，母親とHAちゃんが二人で一緒に制作するような場面では，落ち着いてじっくり取り組みました。母親としきりにおしゃべりし，「お母ちゃん，ほれ，見て，見て」と母親の注意を促し，作品を認めてもらうとうれしそうでした。

3 母をめぐるきょうだい間葛藤

　小さい子どもは弟に限らず気になる様子で，スキップで室内を移動していて，小さい子が目につくと近寄って行って顔をつつく，抱きかかえて引きずる，拳を丸めて突きかかる，持っている玩具を取り上げるなど，乱暴なかかわりをして泣かせてしまいました。よその乳児が振っているガラガラをいきなり取り上げて，一人で振って遊ぶ様子も見られました。落ち着かず，よく動き，玩具の扱いが乱暴なため，他児の母親たちが，それとなく他児がけがをしないように注意をしていました。母親もそのような HA ちゃんが気がかりな様子で，弟を抱いて座っている場所から，あたりを見回しては，頻繁に「HA ちゃん」と声を張り上げて名前を呼ぶことが目立ちました。母親がここにいること，HA ちゃんのことを気遣っていることを告げ，声でつながりを保とうとしているように見えました。

　半年が経過して，HA ちゃんが 3 歳 7 カ月，弟が 9 カ月になっても，状況は基本的には変わりませんでした。弟は這い這いやつかまり立ちが可能になり，10 カ月時にはヨチヨチ歩きが始まります。弟が母親の膝を離れて移動するようになると，HA ちゃんは空になった母親の膝に乗り，母親の身体に抱きつく様子も観察されました。手遊びに関心を示すようになった弟の手を持って，母親が遊んでやると，HA ちゃんはやきもちを焼き，母親の脚を蹴って自分に注意を向けさせました。その一方で，「抱っこ，抱っこ（私が弟を抱っこする）」と弟を抱きたがりました。弟を手荒に抱いて引きずって泣かせたり，弟の頭を抱え込んで力任せに頬をグリグリと押しつける態度は，かわいがっているというより，いじめているように見えました。"お姉ちゃんとして弟の世話をするんだ"という思いと，"だけど，この子が憎らしい"という思いが，同居しているように見える弟へのかかわりでした。

　HA ちゃんが弟の存在にいらだち，かわいがりながらいじめるといった，矛盾した態度をとる傾向は，弟の母親からの分離・独立が進み，弟が母親から離れて行動することが増加するにつれて軽減し，参加 2 年目の 4 歳半ばには観察されなくなります。弟の母親からの分離はスムースで，情動補給が必要になれば母親の元へ戻り，しばらく抱いてもらうと，すぐに自分から離れていきまし

195

第5章　発達における"母"

た。

　そうした，弟のスムースな母親からの分離が，HA ちゃんが分離不安やきょ
うだい間葛藤を超えていく力を，後押ししたようです。来室当初から，HA ち
ゃんは女児集団が興じている遊びには，覗く程度の興味しか示さない子でした。
弟との葛藤を卒業した後も，誰かと一緒に遊ぶよりは，文字を一人で覚え，本
を読んだり，工作をしたり，おとなと会話を楽しむなど，集団遊びよりは一人
遊びやおとなとの個別の関係を好む傾向が目立っています。

(4)事例 4　3 歳11カ月の DH くんと 1 歳 2 カ月の IB くん母子（年齢差 2 歳 9 カ月）

　3 歳 7 カ月当時の兄 DH くんについては，すでに活発に動き回っては他児
を襲撃する「ハカイダー軍団」の一員として❷で紹介しています。DH くんは，
教室参加当初から同年齢の男児集団のなかに自分の居場所を見つけ，母親を含
めたおとなとは距離をとって行動していました。生後10カ月の弟 IB くんは，
母親に抱かれて過ごしています。

　DH くんが 3 歳11カ月，IB くんが 1 歳 2 カ月のある日，DH くんは来室する
とすぐに母親から離れ，弟ともほとんど接触しないままに，男児グループだけ
で戦隊ものの遊びを始めました。

　IB くんは歩行が自立し始めており，ヨチヨチと母親を離れてプレイ空間へ
移動し，遊んでいる他児の周辺を歩いては探索しています。電話をみつけると，
抱えて移動し，やがて床に置いて座り込みます。そばにいたスタッフが，受話
器を取って「モシモシ」と話しかけると，見慣れない人にきょとんとしながら
注視し，その後，自分から受話器を取って耳に当てて遊びます。そのやりとり
をそばで見ていた 1 歳 7 カ月の女児が，受話器を奪って耳に当てると，今度は
IB くんが女児から受話器を取り返し，それをスタッフに渡します。探索の途
中で見つけた玩具を手掛かりに，他者とのやりとりが発展し始めた場面です。

　この女児が情動補給のために母親の元へ戻ると，IB くんは卵に関心を移し，
口に入れて唾液でベトベトになった卵を，「どうぞ」と言わんばかりにそばに

いたスタッフに差し出します。スタッフが受け取って,「モグモグ,あー美味しかった」と言って返すと,またパクッと口に入れ,口から出してはスタッフに差し出すことを繰り返します。馴染みのないスタッフの顔をシゲシゲと検閲しながら,関係を自分から築いていきます。

その後ふと立ち上がって別の場所へ移動しますが,IB くんをみつけた他のスタッフが,「見せて」と両手を差し出すと,少し考えるようにしてスタッフの手の平に卵を差し出し,結局渡さずに手を引っ込めてしまいます。その後も,IB くんは両手にジャガイモを持ってヨチヨチと歩いていて,また別のスタッフから,「見せて」と声をかけられますが,この時も差し出した手を途中で引っ込めて終わっています。終了時間になって母親が迎えにくると,母親に抱きついて甘え,長い探索行動の後の情動補給を行っていました。

教室への来室以前や家庭で,DH くんにきょうだい間葛藤が見られたかどうかはわかりません。しかし教室では,分離不安や弟とのきょうだい間葛藤は見られませんでした。DH くんは子どもグループのなかに自分の居場所をみつけ,何よりもそこでの遊びを楽しんでいます。外に興味を惹きつける遊びの世界があり,喜びを共有できるともだちがいる時,母親からの分離や自立は,促進されるのだろうと考えられます。

弟の方は,移動が可能になると,自発的に母親を離れて探索に出かけるようになりますが,母親が同じ空間にいることを知っていて安心している様子で,途中で母親の元へ戻ることはありませんでした。見慣れない人に働きかけられると,「誰だろう」というようにシゲシゲと見て検閲しますが,特に不安にはならず,働きかけられれば遊び相手として受け容れていきます。

母親も途中で IB くんの様子を見に行くことはなく,DH くんが 3 歳児集団で動き回っていることにも,特に注意を払う様子は見せませんでした。三人三様にかかわる対象を見出し,互いが同じ空間にいることを十分知っていて,それぞれに安心して過ごしている母子の姿が見られました。

3. 大きくなっていく誇りをかけて

　ごく少例ですが，弟や妹の誕生が，上の子にもたらすきょうだい間葛藤の様相と，それを超えていく上の子の姿を紹介しました。

　上の子どもたちは，**2**で紹介したような，母親からの分離・独立の途上にあり，母親との愛着関係に守られながら，独り立ちする練習をしている最中です。しかし，下の子が登場することによって，上の子は母親からの分離や自立の課題を，日常的に強く意識させられることになります。おっぱいや膝は下の子に占領され，親が下の子に細々とした養育的かかわりをする姿を，上の子はまのあたりにするのです。

　下の子の誕生によって上の子は，愛着対象を身体的・具体的な対象として保持する時代を卒業し，乳房や膝などに触れる母親との身体的かかわりを下の子に譲らなければなりません。いわば母親を内化して心理的に保持し，内的な愛着の表象をエネルギー源に変えるという，大事業に踏み出さなければならないのです。上の子にとっては，経験のない大事業であるだけに，下の子を自分を脅かす対象として，また，母をめぐるライバルとして敵視することにもなります。きょうだい間葛藤が見られない子どももいますが，それは上と下の年齢差が大きい場合や，事例4のDHくんのように，興味や楽しみの世界を早期に開拓し，親との心理的距離が安定している場合なのではないかと考えられます。

　分離・独立の移行期には，母親の象徴的代替物であるぬいぐるみやタオルや毛布などを，移行対象として保持する傾向があることは，第3章**1**の事例5の恵美ちゃんの例や，大切にしているぬいぐるみや玩具が詰まった大きな鞄を，重そうに肩に掛けて登場した**2**の事例6のDFちゃんの例で紹介しました。母親イメージを担う，フワフワした温かい素材の物が選ばれることもありますし，分離や独立の力を象徴するような，正義のキャラクター人形や，動力や建設を象徴するような，ミニカーなどが選ばれることもあります。

　大きくなるということは，母親への直接的な抱きつきを卒業し，時には象徴的対象を杖にして，母親の視覚的確認や母親からのことばかけを，母乳や身体

接触と同様のエネルギー源にしていくということです。自立の途上で，大きく
なったという誇りと乳児期への未練の間で，上の子は揺れ動きます。揺れなが
らも，どんなに誇りをかけて健気に頑張っているかは，きょうだい間葛藤の例
としてあげた EA ちゃんや FA くんの姿が物語っています。

　印象としては，第二子以降の母親からの分離は，第一子に比べて抵抗や緊張
がそれほど目立たないように見受けられます。第二子は第一子に比べて育てや
すいとよく言われますが，母親の育児経験の差だけではなく，すぐ身近に育ち
のモデルとなるきょうだいがいて，日常的にかかわる経験が，下の子どもの育
ちを励ますのではないかと思われます。

　また，上の子どもの下のきょうだいへのかかわりは，おとなが見ていてハラ
ハラするような愛憎ないまぜの乱暴さも伴いますが，泣いたりぐずったりしな
がらも，下の子はおとなが思うほどは嫌がっていないようです。その点では，
保育所に通う子どもたちが他児から受ける影響は，きょうだいのなかで育つ子
どもの経験と同質かもしれません。むしろ，家庭内の閉鎖的な母子二者関係の
方が，母子いずれにとっても，緊張が高まりやすいのではないかと推測されま
す。

4　母親の内的表象と母子関係

1.　個別の支援が求められる時

　これまである民間の子育て教室の現場から話題を取り上げてきましたが，子育て教室では，時として個別の育児相談を受ける機会が出てきます。

　多くの場合，子育ての助言を必要としている母親は，育児の不安や困難を相談できる人が，身近にいない母親たちです。従って，まずは同じ場に集い，自分以外の多様な母子の姿を目の当たりにすることで，子育てのヒントを自ら手に入れ，不安から解放されている様子が見えました。しかし，なかには個別の助言を必要としている母子がおり，場を共有して過ごすうちに，相談を求められることがあります。

　他児に比較してことばが遅いなどの発達上の問題，生活習慣の獲得に関すること，遊びやともだち関係のこと，寝つきが悪いとか気になる癖があるなどの性癖上の問題など，その時々の親の不安が，しばしば寄せられます。教室内で一緒に活動しながらの助言で終わる場合もありますし，教室の一角で，座り込んで話し込む場合や，何回かにわたって相談にのる場合もあります。また，教室の活動に参加しているなかで，母子の関係のあり方が気になって，スタッフの方から声をかける場合もあります。発達は個人差が大きく，子どもの持ち味も様々ですから，子どもの様子を母親と一緒に見守りながら相談を受けると，子どもの状態と照らし合わせて，母親の不安を聴取することができるという利点があります。親の不安や悩みは，多くの場合，簡単な助言で終わることが多いのです。

4 母親の内的表象と母子関係

　印象的なのは，母子の相性とも言えるような相談がよくあることです。たとえば，ゆっくりしたペースで行動する母親は，身体的な活動性が高く，いきいきと動き回る子どもを，「落ち着きがない子」として困っていることがあります。逆に，よく動き，よく話し，メリハリの利いた行動をする母親が，おっとり，じっくり遊ぶ子どもを，「はっきりしない」とか「遅れているのではないか」と，否定的に思ってしまうこともあります。身体を動かして，外界と直接かかわって，いきいきする子もいれば，イメージを膨らませて，内的にいきいきしている子どももいます。活動性の高さにもいろいろあるのだということを，相談者が子どもの活動に焦点を当てて助言すると，「ああ，そうか」と母親たちは思うようです。母子の性格傾向が似ている場合は，子どもの行動を自分の枠組みで理解しやすく，違う場合には，戸惑いを覚えるのだろうと思われます。意識するかしないかにかかわらず，誰もがそういう枠組みを持っていて，まずは自前の枠組みで子どもを理解しようとするのです。

　持ち前の枠組みで捉えた理解が否定的であると，"こうであるはずだ"という思い込みや期待と現実のずれに困惑し，不安に陥ってしまうのでしょう。母親が抱く赤ちゃん理解の枠組みは，通常は，子育て経験を通じて自然に修正されていくのですが，初めての子どもの場合，経験がないからこそ，他者の視点が入るかたちで修正される機会が必要なのでしょう。

　ここでは，子育て支援の場で個別的支援を行った例について，母親の心的状態と子どもの問題に焦点を当てて検討してみます。なお，研究用にデータを使用することの了解は得ていますが，個人を特定する情報は省き，検討課題に支障がない範囲で，事実関係に手を加えています。

2. 応答的かかわりを思いつかなかった母親と2歳7カ月のJAくんの例

　子育て教室に参加している子どもたちが，いつもの部屋から抜け出し，初めての場所へ探検に出かけた時のことです。興味津々の子どもたちは，歓声をあげながら廊下を走って移動していました。そのグループの最後尾を走っていた

第 5 章　発達における "母"

　JA くんは，和室に走りこんだ時，畳の上に敷いてあるカーペットに足を取ら
れて，突然バタンとうつ伏せに倒れてしまいます。
　部屋に入り込んだ他児が，もの珍しげにあちこちを探索しているなかで，
JA くんはうつ伏せに倒れたまま，凍りついたように全く動きませんでした。
泣き声をあげることも，顔を上げて助けを求めることもしませんでした。JA
くんの様子を見かねたスタッフが，JA くんを抱き起こして慰めます。しかし，
JA くん自身は何が起きているのかがわかっていないのか，表情や態度に感情
というものが見えませんでした。
　このエピソードが，JA くんの存在にスタッフが注意を払うきっかけになり
ました。その後，気をつけて見守っていると，広いプレイ空間で遊んでいる時
にも，全く同じような場面が繰り返されました。他児と一緒に走り回っていて
転倒すると，ばったりうつ伏せに倒れ，顔を床につけたまま凍りついてしまう
のです。JA くんには他児への関心があり，他児の動きに加わるかたちで一緒
に走る場面が，よく観察されました。しかし，個別的で相互的なやりとりは断
片的で，ことばも遅れている様子です。
　一般に，遊びの場面で何らかのトラブルに遭遇した子どもは，泣いたり，母
親を呼んだり，母親の膝に抱きつきに行ったりします。しかし，同じプレイ空
間に母親がおり，そのことを JA くんは知っているはずなのに，母親を求める
様子はありませんでした。他方母親は，他の母親たちと交流しながら，JA く
んの様子をいつも目で追っていました。JA くんが倒れると，気がかりな様子
でじっと見守るのですが，そばへ近寄ることも，声をかけることもありません
でした。結局，JA くんが倒れると，そばにいるおとなが抱き起こしていまし
たが，JA くんには誰かに向けて何らかの感情表現をする態度が見られません
でした。不思議な母と子だなあと思いながら様子を見守っていたのですが，し
ばらくたったある日，JA くんの母親から筆者に声がかかりました。
　母親によれば，子育て教室に参加するようになって，JA くんの様子が他児
と違うことが気がかりになってきたそうです。母親の訴えの中心はことばの遅
れでしたが，通常は泣いたり母親を求めたりする場面で，自分の方へ寄ってこ

ないことにも気づいていました。初めての子育てで，母子二人で過ごすことが多かったため，教室に参加するまでは，泣かない我慢強い子だと思っていて，心配したことはなかったそうです。

　JAくんの様子を一緒に見守りながら，母親とやりとりするなかで明らかになったのは，子どもの行動に"応答的に声をかけること"を思いつかないという表現がぴったりするような母親のあり方でした。教室の活動に参加しながらの相談でしたので，母親自身の幼少期やJAくんの乳児期について，聴き取ることはできませんでした。しかし目の前には，母子分離の課題に取り組んでいる最中の子どもたちが大勢います。子どもたちは，母親を基地としながら，遊びの世界に飛び出していったり，分離不安が刺激されて母親の膝へ情動補給に戻ったり，他児とトラブルになって泣いて戻ってきたりします。母親たちはおしゃべりをしながら，そのときそのときの子どもの興味や関心，気持ちの動き，感情の変化に応答するかたちで，子どもとかかわっています。筆者は，そうした目の前の"情緒的応答性"の具体例にJAくんの母親の注意を促し，母親からの応答的かかわりを励ましていきました。

3. サイレント・チルドレンと母子関係

　1990年頃のことですが，マスコミを通じて，泣かない赤ちゃん（サイレント・ベビー）の存在に，警告が発せられるようになりました。

　一般に乳児期の後半に入ると，母親との相互的なかかわりの力が育っていき，生理的な不快表現としての泣く行動は，他者に向けられる"訴え泣き"や，相手をしてほしがる"ぐずり泣き"などの社会的表現へと発達します。しかし，不快や苦痛を伴う体験をしていると思われる場面で，泣かない，あるいは泣くことを知らないような赤ちゃんがいることが，保育士や小児科医などから，指摘されるようになったのです。

　筆者が初めて子どもの感情や行動に応答的にかかわらない母親に出会ったのは，サイレント・チルドレンへの社会的関心が高まる時期よりかなり早い，

第 5 章　発達における "母"

1970年の 3 歳児健診の精密検査の場でした。子どもの問題はことばの遅れでしたが，漂うような動きが見られたり遊びが発展しない傾向はあるものの，関係がつきにくいわけではありませんでした。また面接の間，母親が子どもにことばをかけることがないのも印象的でした。子どもの成育歴を聞いていくと，若々しくおっとりした印象の母親が，「しゃべらない子どもに，しゃべりかけることはできません」と述べたことに衝撃を受けました。

　言語獲得期以前の赤ちゃんは，もちろん，まだしゃべることはできません。まだしゃべることができない赤ちゃんの，声の調子，視線の動き，表情，からだの動きを受け止めて，「眠くなったね」「お腹減ったね」「気持ちいいね」「うれしいね」等々，養育者は子どもの心身の状態に応答するかたちでことばかけをしていきます。しかし，そうした応答的かかわりをしてこなかった母親に育てられた JA くんは，3 歳にはことばの遅れが問題になっていたのです。

　しゃべれない赤ちゃんに話しかけることはできないと述べた母親に出会ってから，40年以上経過するなかで，赤ちゃんへの応答的かかわりができない，あるいは思いつかない母親は，増加の一途をたどっているように思われます。また，そうした母親の元で育った子どもが親になる世代交代が繰り返されて，親子関係が年々 "水臭くなっている" というのが，子育て臨床現場での一般的理解になっているのではないでしょうか。

　しかし，応答的かかわりをしない母親の多くが，何らかの重大な心理的問題を抱えているかといえば，そうとも言えません。たとえば，筆者からの助言を受け，「ああ，そうか」と思った JA くんの母親は，他の母子の様子を見習うかたちで，JA くんとのかかわりを育て始めます。できない人なのではなく，"やったらできる人" なのだと知って，筆者はむしろびっくりしました。つまり，応答的にかかわる態度を取れなかったのは，本当に "思いつかなかった" か，"知らなかった" からだったのです。そして，母親のかかわりの変化によって，JA くんはその後数カ月で，遊びの合間に母親の元（心理的基地）へ頻繁に戻るようになっていきました。表情が生まれ，母の顔を見上げて訴えるようになり，要求が通らないと泣いて拗ねるようになったのです。

養育行動とは，具体的場面での学習を通じて，世代から世代に直接伝達されていく文化なのでしょう。核家族化と少子化が進行するなかで，育児行動を見て，まねて，身につけていく文化の直接的な継承は断たれ，間接的なものになってきています。赤ちゃんを背中に負ぶって遊ぶ子どもの姿が消えたことも，時代の変化を反映しているのでしょう。事実，保育や教育に携わる仕事を目指している学生で，赤ちゃんを一度も抱いたことがない者が，圧倒的多数を占める時代がきているのです。

4. 母親の不安と子ども —— 集団に踏み出せなかった女児 JB ちゃんの例

母親が抱える不安の大きさに，母子が共に封じられているように見える例もありました。

母親と1歳4カ月の弟と一緒に，JB ちゃんが教室に参加するようになったのは，4歳1カ月時のことです。JB ちゃんは，教室内では年齢が高く，利発な印象を与える子どもでした。しかし，参加の初日から，弟を抱いている母親の服の裾を握るか，母親と身体接触を保ちながら，固く口を結んで視線を下げ，辺りに注意を向けることを拒んでいる様子が見えました。また，母親に小声で何かを言う様子は観察されましたが，第三者とことばを交わすことはありませんでした。弟は常に母親に抱かれて過ごし，周辺の床にある玩具に興味を示す様子もないなど，歩行がまだ自立していないのかと思われました。しかし，母親を追って，小走りに後追いをする場面があり，歩行は自立していたことが後でわかりました。JB ちゃんも母の後追いが顕著でしたから，母子三人は，常に一塊になって行動していました。

母親は，他の母親たちの仲間に加わりたいと願っている様子で，いつも母親集団のそばにいました。しかし，自分から声をかけていくことはできない様子で，常に貼りついたような微笑を浮かべ，JB ちゃんと同じようにうつむき加減で聞き役をしていました。母子協同の工作遊びなどでは，全く手を出さない子どもたちにしがみつかれながら，黙って一人で作品を作り続けている母の姿

第5章　発達における"母"

が印象的でした。

　子どものしがみつきに対して，母親は受け容れも拒否もしませんでした。とりわけJBちゃんに対しては，他児の遊びの世界に関心を向けるのを，神経を張り詰めて，ひたすら待っている様子が見えました。また，JBちゃんの方は，母親の強い期待を全身で感じ，感じれば感じるほど，固い甲羅に引きこもって，周囲とのかかわりを拒みながら，背中のアンテナで周りを見張っているように見えました。そうした母子にとって，子育て教室は緊張が伴う場面であったし，苦痛ですらあっただろうと推測されます。しかし，母子が教室を休むことはありませんでした。

　スタッフ側は担当を決め，担当者が寄り添うかたちで母子に話しかけ，子どもたちが遊べそうな玩具遊びに誘うなど，集団と母子の繋ぎ役を買ってでました。きょうだいは，担当のスタッフに徐々に慣れてはいきましたが，3カ月経過しても，母親へのしがみつきは続いていました。母親はさりげなく身体をずらして，離れようとすることがありましたが，子どもたちはすぐに察知し，手を伸ばして母親との身体接触を回復しました。弟は，姉より一足先の1歳6カ月時に，一度だけ母親を離れて玩具を取りに行ったことがあります。しかし，離れたことで不安に襲われた様子で，玩具を掴むと慌てて母親の元へ小走りに戻り，身体的な一体感の回復に戦々恐々となりました。

　担当スタッフの呼びかけに応じて，初めてJBちゃんが母親から離れたのは，4歳5カ月の時です。この時JBちゃんは，数メートル離れた場所のままごと道具を片手で掴みにいき，母親との身体接触を早く回復しようとして，もう片方の手を母親に差し伸べながら走って戻りました。その後，玩具と母親の間を往復する行動が増え，4歳7カ月時には，母子三人でプレイ空間に移動して，母親と身体接触を保ちながら，担当スタッフと玩具のやりとりをするようになります。この時，弟もJBちゃんと同じように，母親と身体を接した状態で床に座り，手近な玩具を母親に手渡す遊びを行っています。4歳8カ月時には，JBちゃんは母親から初めて自発的に離れ，玩具のあるプレイ空間に入って，お盆にままごとの食品をいっぱい載せて母親の元へ戻っていきました。母親が

食べるふりをすると，JB ちゃんはまたプレイ空間に食べ物を取りに戻り，うれしそうに盆に載せて戻っては母親に食べさせることを，10分ほどの間に15回も繰り返しています。それは JB ちゃんが初めて自らの意思で母親を離れた日であり，外界で見つけた玩具（こころの糧）で，母親に給仕する遊びを行った日です。

　外界へ自力で歩み出し，分離・個体化の途上にある子どもたちは，それまで母親から受けていた飲食などの給仕行動を，母親にして返す役割交替遊びを好んでします（マーラー他，1975/1981）。JB ちゃんはこの日，母親と向き合う主体的な自己が育ったことを，遊びを通して母親に告げたのです。母親にも JB ちゃんにも，それはうれしい記念すべき日でした。

　JB ちゃんが母親から離れて行動するようになると，母親はぽつぽつと筆者に思いを語るようになります。小さい頃からともだち遊びや人の輪に入ることができなかった母親は，それを自分の問題だと思い続けてきたそうです。ともだち集団は脅威であったけれど，憧れの対象でもありました。だからこそ，子どもにはともだち遊びができるようになってほしいと，切実に願っていました。初めての子である JB ちゃんは，そうした母親の期待や願望を，一身に背負っていたのです。

　子育て教室に参加する前，JB ちゃんは幼稚園に一旦入園したのですが，登園できずにやめてしまっていました。集団に入れない JB ちゃんに深く失望した母親は，子育て教室で集団参加の練習をさせようとし，JB ちゃんがともだちの輪に入れるようになる日を，固唾をのんで待っていたのです。

5. 親が子に注ぐ願いと子どもの自己形成

　JB ちゃんとその母親のように，母親が抱えていた問題が，子どもに受け継がれていくような母子関係が特殊かと言えば，そうではありません。どんな母親も，特に意識せずに，自分のなかにある子どもイメージに添って，何らかの情動を伴う思いを，子に注ぎながらかかわっています。

第5章　発達における"母"

「健康な子に育ってほしい」「やさしい子であってほしい」「行儀のいい子で
あってほしい」などの願望にそって，親は子の行動を意味づけます。それを私
たちは，しつけと呼んできました。親が望ましいと思う行動は励まされ，望ま
しくない行動は抑制されます。判断基準は親の内的規範によりますし，主観的
なものです。子どもの行動をほめたり，喜んだり，可愛いと意味づけるかと思
えば，怒ったり，悪い子だと否定するなど，その判断基準は親によってまちま
ちです。子どものどんな行動が一番嫌で，厳しく叱るかも，親によって異なる
のです。

　たとえば，哺乳や食事がうまくいかない子どもに，自分の養育行動が否定さ
れたように感じる母親が，何とか食べさせようとして，"食べる―食べない"
を巡るバトルに母子で陥ってしまうことがあります。また，しつけ的なかかわ
りの他に，「家業を継ぐ子になってほしい」とか，「親が実現できなかった夢を
かなえてほしい」など，子の将来や人格にかかわる親の願いも，子に注がれま
す。また，病気や事故で亡くなった子の後に生まれた子が，失われた子どもの
身代わりの生を期待されることがあります。身代わりの生を生きることになっ
た子は，親の目が自分を素通りして別の誰かに注がれていると感じ，親にとっ
て「自分はいない」と感じてしまうことがあるのです。更に，男児が期待され
ていた家に生まれた女児が，望まれない子として自分を体験する場合がありま
す。また，親の手を煩わさない"いい子"であることを期待されて育ち，自己
主張を知らない子に育つ場合もあります。

　極端な例ですが，母親が実現できなかった夢をかなえるために，幼児期に習
い事をスタートし，早朝から夜間まで，学校生活以外のすべての時間を，習い
事に費やしていた子がいました。両親もきょうだいも，その子のスケジュール
に合わせて生活し，地区大会，県大会，全国大会と，より大きなステージで賞
を取るようになることを目標に生活していました。しかし，小学4年生のある
日，練習からの帰宅途中で，その子は突然記憶を失ってしまいます。自分が誰
で，どこへ行こうとしていたのか，すべての記憶を失って警察に保護され，救
急搬送されました。それまでの生活記憶の一切が失われており，駆けつけた両

親が誰かわかりませんでした。退院し，学校生活に戻り，心配した両親の勧めで，相談機関に通うようになります。

　失った記憶を取り戻すために，その子は幼少期からの自分の生活を，親から聞いては，パズルの一片一片を繋ぎ合わせるように学習していきました。自分の名前の実感はなく，親に対しても親だという実感が持てないまま，まるでドラマの台本を覚え込むかのように，「私は○○だった……んだって」と，自己の歴史を再構成していったのです。筆者が，「自分を追い詰めてしまったんだね」と伝えたとき，「ママの夢をかなえたかった」と語りました。それが学習した台詞だったのか，本人のなかにある，失われることがなかった思いだったのかは，はっきりしませんでした。

　そうした極端な例から日常的なしつけの例まで，親から子へと，子どもの人生を方向づける期待や願望が注がれる例は，枚挙に暇がありません。むしろ，親の期待や願望と無縁のまま，育つということはないのが現実なのです。

6.　母親の内的表象——赤ちゃん部屋のおばけ

　親が抱く思いが，子の行動や態度にそれほど影響を及ぼすのは，なぜなのでしょう。子どもというのは，身近なおとなが表現する外界や自分の行動への意味づけに導かれて，自分の体験を意味づけていく存在だからです。

　たとえば，生後10カ月頃になると，子どもは外界を理解する手がかりとして，母親の表情や態度を参照（社会的参照）するようになります。母親の不安や恐怖の表情を見れば，子の行動は抑制され，親が安心した表情で見守っていれば，子は大丈夫なのだと外界を理解するのです。乳児期の母子交互作用を通じて，母親との絆が育つということは，外界理解，世界への態度，自己形成を方向づける，母親からのメッセージを感受するアンテナが，子どものこころのなかに建つということです。従って，母子関係が育ちにくく，他者の表情理解が難しい自閉症スペクトラム症の子どもでは，この社会的参照が育ちません。それは同時に，社会的適応の態度が育つための発達的基盤が欠けていることを意味し

第5章　発達における“母”

ます。

　1歳頃に歩行が自立すると，歩くこと自体が楽しいですし，好奇心は膨らみます。しかし，それは同時に，危険に出会った時に助けてくれる他者から，自分で身を引き離すということでもあります。段差があって転ぶこともあれば，犬に吠えられることもあり，車が突進してきて轢かれそうになることもあります。だからこそ，出かけてみては慌てて戻ってきたり，母親を連れて行こうとしたり，見つけた玩具を獲物のように母親に貢ぐなど，試行錯誤しながら，子どもは母親との距離を広げていくのです。

　この試行錯誤の過程では，外界を意味づけるアンテナとしての親の身振りや表情は，“子機”としての子どものアンテナに感受され，親が発するメッセージに添って，子の経験は意味づけられていきます。従って，子どもにとってワクワクする楽しい体験が，親の態度で奨励されることもあれば，抑制されることもあります。

　更に，3歳前後になると，親が止めてもやりたがるなど，自己主張や反発も示されるようになります。つまり子どもは，ずっと親の言いなりになっているわけではないのです。

　ところで，虐待という極端な例を挙げ，親の体験世界が子育てに介入する現象に注目したのは，アメリカの乳幼児精神医学者のフレイバーグ（Fraiberg, S.）です。フレイバーグは，精神分析の立場から子どものこころの発達を解説した，優れた育児書（1959/1978）を書いた人ですが，1970年代に，スラム街での乳児虐待への早期介入を開始しています。そこで彼女は，母親自身の無意識的な被虐待記憶やトラウマが，赤ちゃんとかかわる場面でフラッシュバックする事例に遭遇します。虐待などの不適切な養育の背景に，母親の未処理の体験があると考えたフレイバーグは，この現象を「赤ちゃん部屋のおばけ（ghosts in the nursery）」と呼びました（Fraiberg et al., 1975）。

　「おばけ」とは物騒な表現ですが，母子の二者関係の部屋に，母親の内的表象を通して，その場にいない何者かが介入する状態をそれはさします。「赤ちゃん部屋のおばけ」は，虐待などの重大な問題を抱える母子関係を理解する枠

210

組みとして，しばしば使われてきました。しかし，母親の内的表象が，実際の子育て行為に影響する現象は，虐待関係に限られるわけではありません。先に具体例を挙げたように，通常の子育て場面でも一般的に見られるものです。ただ虐待の場面では，母親が子に注ぐ情動やイメージが極端に否定的・攻撃的であり，母親がその親との関係で体験した虐待やトラウマが，まさに正体の知れないおばけとなって，赤ちゃん部屋に侵入するということなのです。

7. まとめに代えて——親の思いと子どもの人生

　ここで取り上げたように，一般的な母子関係から虐待という極端な例まで，必ずしも意識化されていない親の内的表象が，子に注がれるのが子育ての現場です。また，育つということは，そうした親の期待や願望を受けつつ，自分自身の経験を意味づける道を模索する過程であり，親の思いから自分の人生を解き放ち，"私の人生"を築いていく道でもあるということです。そうした発達の大きな課題に直面し，親と対峙し，自分であろうとして格闘することが際立つ時期が，青年期なのだろうと思われます。

　ここで取り上げた，ごく普通の育ちの過程にある子どもたちの人生は始まったばかりで，将来どのような人となりが形作られていくのかはまだ見えません。またこの時期ですら，育ちの過程はいかにも個別的で，ある発達的な力が早くから見られる子どももいれば，遅い子どももいます。護られ，励まされ，慈しまれて，機嫌よく育っている子どもたちは，人生の一番幸せな時代を過ごしているのかもしれません。また，子どもの側だけでなく，かかわる親の側もそれぞれに個別的な人となりを備え，それまでの人生で培った対人的態度を身につけ，それが子どもとのかかわりに影響を及ぼしている様子も見えました。

　それらの子どもの日常の対極には，同じ時期を，育つことの難しさを抱えていたり，育ちを阻害する環境のなかで育っている子どもたちがいることも，忘れることができません。

　深い穴のような目をした，自らのこころも外の世界も映さない，表情という

第5章　発達における"母"

ものを失った子どもの映像が，毎日のように世界各地から届きます。そうした子どもたちのそばには，希望というものを失った親たちや，親の不在という現実が，映しだされています。子どもが育つ生活世界は，共にあるおとなの生活世界と切り離すことはできません。そして，危機的状況が日常的に繰り返されているのは，遠い国だけのことではないのです。育っていくことの輝きとあわせて育っていくことの難しさを，第6章で取り上げていきたいと思います。

第6章

不適切な養育環境と子どもの育ち

生命維持にかかわる栄養，保健・衛生などの要因が，子どもの生命を脅かすほど深刻である例は，地球上のあちこちの地域に見られます。世界各地の紛争地帯での子どもとその家族の死傷，膨大な数の難民に見られる生活基盤の崩壊，異常気象による深刻な食糧不足と飢餓，安全な水の不足や不衛生，災害による生活基盤の崩壊や人命の喪失，等々です。一国の政治体制が，国民の生活基盤を脅かし，子どもの育ちを左右している現実もあります。幼児期から充分な栄養や遊びや教育の機会を剥奪され，重労働を強制されている子どもたちもいます。

　日本ユニセフ協会の報告によれば，2015年に世界中で死亡した5歳未満の子どもは推定590万人であり，主な死因は早産，肺炎，出産時の合併症，下痢，マラリア等によるものだそうです。1990年当時は年間1260万人以上が死亡していたのですから半減はしたものの，なお多数の子どもたちが日々死亡しているのです。わが国に限っても，東日本大震災をはじめとする災害で多くの人命が失われ，家族が離散し，生活基盤が脅かされたまま，困難な子育てに向き合っている家族が多数あります。また，貧困が見えないところで進行しており，子ども食堂の必要性が認識され，各地に広がっています。更に，家庭内に潜む暴力や児童虐待もまた，大きな社会問題になっています。

　子どもの育ちは広い意味での平和，家族の平安，衣食住の充足を前提としており，それらの条件が崩れる時，子どもは生命の維持それ自体が困難になり，身体面，心理面，人格面の広汎な発達領域で深刻な影響を受けるのです。

1 養育環境の安定性

1. 児童虐待の現状

　養育環境のなかでも人的要因が，子どもの育ちを大きく阻害する例があることは，児童虐待という問題を通して社会的によく知られるようになりました。虐待は，時には想像を絶するほどすさまじい様相を呈します。助けを求める術を知らない子どもの心身が，暴力や暴言によって傷つけられ，必要な養育的かかわりが与えられずに，死に至る例があるのです。

　児童虐待は，身体的虐待，ネグレクト，性的虐待，心理的虐待の四つに分けて捉えられています。厚生労働省（2017a）の統計では，児童相談所が対応した児童虐待は，2012年度が6万6701件，2013年度が7万3802件，2014年度は8万8931件，2015年度は10万3286件，2016年度は12万2575件です。通告件数が年々増加する傾向は，児童虐待への社会的関心が高まるにつれ，通報や相談が増加するためだと考えられています。

　2016年度を例にとると，身体的虐待が26.0％，ネグレクトが21.1％，性的虐待が1.3％，心理的虐待が51.5％で，心理的虐待の増加が目立っています。主たる虐待者は，実母が48.5％と圧倒的に多く，次いで実父が38.9％です。また，厚生労働省（2017b）によれば，2015年度に虐待によって死亡した児童は84人で，心中以外の虐待死が52人，心中による虐待死は32人です。虐待死の主な加害者も圧倒的に実母が多く，全体の65.5％，心中に限れば90.6％に及んでいます。

　統計結果は，実父母，とりわけ実母による虐待や虐待死が圧倒的に多いこと

第6章　不適切な養育環境と子どもの育ち

を示しています。これは，親の養育機能が何らかの理由で低下すると，養育する親が子を傷つけ死に追いやる親へと，容易に転落することを示しています。どのような社会的・経済的基盤の上に，どのような家族関係や交友関係があり，どのように育った人なのか，現在はどのような社会的，身体的，心理的問題を抱えているのかを考慮しなければ，養育する親が虐待する親へと変貌した理由は解明できません。援助を必要としている子どもの親は，援助を必要としているおとなのだということは，広く理解される必要があります。

　虐待的環境が子どもの発達過程に及ぼす影響と阻害の様相については，**3**で改めて取り上げますが，不適切な養育環境は，虐待に限られるわけではありません。そこでまずは，広い意味での不適切な養育環境とはどういうものであるか，そこにどんな発達上の問題が生じるのかを，事例を通して考えていくことにします。

　40年を超える筆者の臨床の場は，児童相談所，児童養護施設，大学附属の心理臨床機関，保育所，子育て支援教室，乳幼児健診や発達相談，教育相談，個人開業の相談室などです。それらの臨床経験を基に，具体例を挙げて検討していきますが，検討課題に支障がない範囲で，事例の事実関係には手を加えています。

2．子どもの精神衛生の基本原理

　育ちにかかわる特異的で不適切な養育環境の問題を取り上げる前に，まずは子どもの発達の土壌となる，ごく平均的な養育環境を取り上げ，物理的・社会的環境が安定している（恒常的である）ことの重要性を取り上げます。

　子どもの育ちが，養育者や周囲との感覚運動的・社会的な相互作用を通して進んでいくことは，これまで繰り返し述べてきました。養育者が実母である必要はありません。日中は保育所を利用し，父親や祖母が主たる養育者である場合もあります。血縁関係の有無にはかかわりなく，母性的養育を提供するおとながいてはじめて，子どもは生存し，育つことができるのです。

216

1 養育環境の安定性

　今から半世紀以上も昔，WHO の任命を受けたボウルビィ（1951/1967）は，家庭を失って施設や養家で集団的に育つ子どもを調査し，母性的養育が子どもの精神衛生の基本原理であることを明らかにしました。母性的養育は，授乳，排泄や睡眠の世話，衛生面や寒暖への対応などの基本的育児行動に限られるわけではありません。愛撫し，揺すり，ものを言わない子どもの情動や気分，感覚，興味や関心に応答し，相互的なかかわりへと誘い，子どもの年齢に応じた玩具を提供し，遊びの経験を励ます行為も含まれます。

　今日では，新生児の段階で，母親の匂いや声を他の母親から区別する能力があることが，実験研究で明らかになっています。赤ちゃんは母親との関係を生きるべくして，母性的養育を引き出す力を備えてこの世に誕生するのです。

　日常的体験としても，母親以外の人が抱くと，赤ちゃんがぐずり始めることはよく経験することです。同じことは，眠くなってむずかる赤ちゃんを，なれない人が寝かしつける場合にも起きます。揺すったりトントン叩いたりしてなだめるそのリズムや強さは，赤ちゃんの反応を読み，養育者自身のリズムと調整しあって定まっていくのです。ですから，なじみのない人がやると，いつもと違う刺激がかえって赤ちゃんの緊張を高め，泣かせてしまうことがあります。

　もちろん赤ちゃんは，新奇体験に抵抗するだけではありません。乳児期前半の赤ちゃんが一度見たものを覚えており，新奇の実験場面で，脚を動かせばモビールが動くというような物事の仕組みを理解し記憶する力も備えていることは明らかになっています。つまり赤ちゃんは，抱き方一つであれ恒常性を求め，環境の変化に敏感である一方，変化を受け容れ，変化に適応する力も豊かなのだと考えられます。

　振り返れば，生活の場は変化の連続です。それでいて，赤ちゃんの体験が断片化せずに，まとまった全体をなしているのは，その経験が赤ちゃん自身の身体の活動と感覚という土台に根ざしているためです。さらに一般には，生活の場は安定しており，そこには同じ家具や日用品，お気に入りの玩具があるなど，感覚運動的活動の対象の恒常性が保障されています。そうした日常生活の場と，その場を共有しながら，相互的な関係を育てていく養育的他者が一定している

217

第6章 不適切な養育環境と子どもの育ち

ことが，通常の家庭的養育の場の特徴をなしているのです。日中保育所で過ご
す乳児の場合も，自宅と保育所の間を移動する生活リズムが安定し，見慣れた
生活環境と馴染んでいる保育士の存在が，心理的安定を支えていると考えられ
ます。

　しかし，生活環境や養育者の交替が度重なって，赤ちゃんの適応力を超えて
しまう場合，その育ちに否定的に影響する場合があります。そうした発達現象
に筆者の注意をひいたのが，ある男児との出会いでした。

3. 多数の養育者とその度重なる交替──英くんの場合

　英くんは，へその緒がついたままの状態で遺棄されているのが発見され，警
察による保護の後，乳児院に緊急入所した男児です。その後も母親は発見され
ず，同じ法人内の幼児棟に移るかたちで3歳過ぎまで育ちました。この英くん
の育ちには，施設の職員体制という現実が深くかかわっていました。

　わが国の児童養護施設等の職員配置は，1948年以来，国の最低基準が，2歳
未満の乳幼児1.7人につき一人，2歳以上3歳未満の幼児2人につき一人，3
歳以上の幼児は4人につき一人，小学校に就学した少年は6人に一人になって
います。ようやく2013年4月に，2歳未満の乳幼児1.6人につき一人，少年は
5.5人に一人という，若干の増員が行われました。乳児の担当職員は看護師
（または保育士や児童指導員）で，児童養護施設には保育士や児童指導員が配置
されています。

　注意が必要なのは，この職員配置基準が，24時間常時，基準の職員が配置さ
れていることを意味しているのではないことです。2012年度までの基準で言え
ば，たとえば2歳未満の乳幼児が17人いるとすれば，職員は最低10人いること
になります。しかし，10人の職員が労働基準法を満たすかたちで交替勤務をす
ると，単純計算では3人から4人で17人の乳児を担当することになります。ま
た，2歳から3歳までの幼児は，2人につき一人の職員配置ですから，12人の
幼児を仮定すると，最低6人の職員が配置されます。しかし，たとえば三交替

勤務で単純計算すると，12人の幼児を2人の職員が看ることになるのです。そこに，養育上の人的制約が立ちはだかっています。

　国としても，家庭的な養育環境の重要性は認識しており，2012年9月には，「児童養護施設等の小規模化及び家庭養護の推進のために」のマニュアル案が，各自治体宛に送付されています。そこでは，グループホームや里親などの，小規模な家庭的養護の推進が掲げられており，児童養護施設や乳児院においても，施設の小規模化，地域分散化，養育単位の小規模化の推進が課題とされています。

　しかし，英くんが乳児院から幼児院へと移りながら過ごした当時の施設は，交替勤務によって，複数の職員が大勢の子どもを一室で看る大舎制が取られており，特定の子と特定の職員が個別の関係をもつ担当制度も取られていませんでした。職員配置は1年ごとに変わりましたから，2歳まで，2歳台，3歳台と，編成替えや職員の異動も含めて，英くんに養育的なかかわりを行った職員は，20人を超えていたと推測されます。

　3歳になっても実父母が不明のままであった英くんには，より家庭的な環境での養育が望ましいと，施設側や児童相談所は考えるようになります。こうして，将来は養子縁組をして英くんを育てたいと考えていた，子どもがいないある里親に，英くんは引き取られることになります。

　里親宅への引き取りまでに，里親と英くんの出会いが何回か計画され，英くんは里親に甘え，里親も甘えてくる英くんをかわいいと思った様子で，引き取りの意志を強くしていきました。心理判定では，姿勢運動発達に遅れはないものの，年齢に比べて言語的コミュニケーション能力の拙さが目立ち，認知発達面では平均を下回る傾向がみられました。生活習慣は自立していましたが，夜泣きがあり，うまくいかない事態ですぐに泣きました。対人面では見境のないなれなれしさが目立ち，反応性愛着障害の特徴が見られるなど，気がかりな点はありました。しかし，里親に引き取られ，個別的な関係の場に根を下ろすことができれば，英くんは変わっていけるだろうと当時は考えられていました。

　しかし，引き取りから半年ほどたった頃，里親からこれ以上英くんを育てる

のは無理だという申し立てがあり，英くんは施設に戻されることになりました。里親の訴えは，充分に食べ物を与えているのに英くんが盗み食いする，しつけに対して頑固に反抗する，里親の顔色をうかがう，ささいな嘘をつく等の問題でした。「どうしてそんなことをするの」と聞かれても，英くんは自分の気持ちを言うことができず，黙り込みました。里親は，自分たちが信頼されていないと感じて傷つき，自信を失っていました。

　里親が述べた英くんの行動傾向は，実は英くんの個別的な問題ではありません。施設から里親委託された子どもたちや，乳児院から児童養護施設へと措置替えされた子どもたちの行動傾向として，しばしば見られる特徴です。

　そもそも，感覚，感情，気持ちなどは，日常の生活場面で，子どものその時の経験に焦点化するかたちで，養育者が「美味しいね」「痛かったね」「眠たいね」「怖かったね」等の，応答的なかかわりを積み上げることで育っていくものです。誰が誰を育てているのかが定まらないような集団的な養育環境では，子どもの経験に焦点化した応答的かかわりはどうしても乏しくなります。それは自分の体験を他者と分かちあう力，すなわち間主観的なかかわりあいの力が育つ環境が，整っていないことを意味します。

　英くんの場合も，自分の気持ちを表現し，他者の気持ちを理解し，互いに通じあう力の育ちに弱さがありました。また，児童養護施設に保護された当初の子どもによく見られる傾向ですが，底知れぬ飢餓感を行動化し，食べても食べてもまだ欲しがりました。里親は驚いてしつけを始めますが，制限されたと感じた英くんは，盗み食いをするようになります。しつけが身につかない，気持ちが通じ合わない，隠れて禁止したことをするなど，思い通りにいかない子育てに，里親は英くんを育てる自信を失ってしまったのです。

4. 養育環境の度重なる変化——賢くんの場合

　家族の元で育てられてはいたけれど，生活環境も主たる養育者も転々とした例があります。

1　養育環境の安定性

　賢くんの両親は若く，結婚を望んでいたわけではない時期に母親が妊娠したため，妊娠8カ月時に入籍して結婚に至っています。しかし，望んでできた子ではなく，望んでいた結婚でもなかった両親の関係はギクシャクし，賢くんが1歳9カ月の時には協議離婚に至っています。両親と三人暮らしであった時期の，家族関係，母子関係の様相はわかっていませんが，育児放棄状態だったと推測されています。

　離婚に際して，母親は賢くんの引き取りに関心がありませんでした。親権は父親のものになりましたが，父親も育てる意思はなく，離れて暮らしていた父方祖母に賢くんを預けると，行方をくらましてしまいます。一人暮らしをしていた祖母は病弱でしたが，敷地内での畑仕事のかたわら，預かった賢くんが危なくないように，子守的かかわりをして賢くんを育てました。しかし3歳過ぎから，まるで「野生児のよう」であった賢くんの粗暴な行動に対処できなくなり，身内に窮状を訴えるようになります。

　他県にいた父方の伯母は，祖母の窮状を見かねて賢くんの引き取りを決意し，年齢の近い従兄弟たちがいる家庭に，4歳3カ月の賢くんを引き取ります。伯母宅での賢くんは，従兄弟たちとけんかがたえず，毎晩大量の夜尿があり，よく嘘をつき，粗暴な行動が目立ちました。賢くんの対応に翻弄された伯母は，父親に賢くんの引き取りを迫るようになります。こうして，伯母宅で1年間過ごした後，5歳3カ月時に，賢くんは伯母宅とは別の県で働いていた父親に，引き取られることになります。父親は同時に，家事と賢くんの面倒をみる役として祖母も引き取り，保育所を利用しながら，祖母と父と賢くんの三人での生活がスタートしました。しかしそれもつかのま，2カ月後に祖母が病気に倒れ，三人での生活はすぐに破綻してしまいます。この時期の賢くんには暴力行動が目立ち，保育所では他児を負傷させ，器物を損壊し，夜尿の始末ができていないために悪臭がし，まるでひきつけられるように絶えずトラブルの渦中にいました。賢くんには安全基地となる他者関係が育っておらず，外界を危険で敵意に満ちたものとして体験していたのでしょう。他児のなんでもない言動を自分への攻撃として受け止め，"やり返す"つもりの暴力を絶えまなく振るってい

221

第 6 章　不適切な養育環境と子どもの育ち

たのです。

　父親が児童相談所に援助を求め，一時保護所での行動観察や心理診断の後，児童養護施設に入所したのは，賢くんが 5 歳 6 カ月の時でした。心理検査の結果，知的にはごく平均的でしたが，他者への警戒心や不信感が強く，誰かれかまわずに手を挙げる攻撃性が目立っています。

　賢くんが入所した Y 児童養護施設は，当時大舎制をとっており，大まかな年齢と性別でグループ分けがなされ，大部屋で 7 〜 8 人が寝起きする生活をしていました。児童養護施設の職員配置は，3 歳以上の幼児は 4 人に一人，少年は 6 人に一人の配置ですから，職員の目が届きにくい体制のなかで，年長児による力の支配が横行していました。入所当時の賢くんは，感情の起伏の激しさや不安の高さ，頑固ですぐ拗ねる傾向，虚言の多さが目立ったようです。基本的生活習慣は身についておらず，幼児語が目立ちました。他児からは，衣服の着方や物の扱いが乱雑で，夜尿の始末ができずに異臭がするため，"だらしない"と敬遠されがちでした。おとなに対しては，初対面の出入りの業者にも，すぐに身体接触を求める一方，相手の顔色をうかがい，自分がいじめられていることを誰かれまわず訴えました。子ども集団のなかでも対人距離の取り方がまずく，ボス的年長児になれなれしく接近しては暴力を受け，同年齢集団内でも，弱いにもかかわらず自分から攻撃をしかけては，常に被害者であり続けました。まるで自ら被害的状況をひきつけるような賢くんの態度は，職員には不可解としか見えませんでした。しかし，それらの行動傾向は，賢くんの個別の問題なのではありません。不適切な養育環境で育った子どもにしばしば見られる特徴であり（山上，2001），発達経過の過程で形成されたものなのです。

5.　愛着対象がいるということ

　英くんのような多数の職員による集団養育，賢くんのような養育者や生活環境そのものが根こそぎ入れ替わる状況は，他者との関係を基盤とする発達過程を阻害し，幼児期後半になると，特異な行動上の問題として現われることが示

唆されています。しかし，交替勤務体制のなかで，多数の職員がかかわらざるを得ないにしても，その否定的影響を最小限に食い止める努力をしている施設もあります。たとえば，交替勤務のために次の出勤が三日後になる場合があるにしろ，担当者を決め，特定の子どもと特定の職員の間に，個別の関係を育てようとする取り組みです。

(1)個別担当と愛着形成

　ある乳児院で，職員と子どもの関係を，継続的に観察する機会が得られたときのことです。2歳未満の乳幼児1.7人に職員一人という配置基準に則ると，各職員の担当児童数は複数になりますが，その施設ではすべての子どもに担当者が決まっていて，担当者は可能な限り個別のかかわりを行っていました。

　筆者が2歳未満児用の乳児室に初めて観察に入った日，そこには20人近い子どもたちがいました。午睡が終わった時間帯で，カーペット上で寝そべっている子，玩具遊びをしている子，ベビーチェアに座っている子，這い這いで室内の探索をしている子，職員からおやつをもらっている子など，思い思いに過ごしていました。しかし，筆者が入室すると，乳児期後半の子どもたちは，その場の空気が一瞬にして凍りついたように動きを止め，筆者を凝視しました。そうした事態を予め予想はしており，職員の了解を得たうえでの入室でしたが，子どもたちの反応は予想を上回るほど劇的でした。しばらく凍りついて，息さえ止めたかのような凝視の後，這い這いが可能になっていた数人の子どもが，わっと叫び声をあげて担当職員のもとへ這っていき，膝に突っ伏して泣き出したのです。乳児用椅子に座っていた子どもは，泣き叫んで，身をよじって職員の方に手を差し伸べ，抱いてほしいと訴えました。それらの子どもたちは，筆者を見ないように視線を避けながらも，怖いものを見るようにちらりと覗き見し，目があうと更に激しく泣きました。

　いきなりの闖入者となった筆者は，泣く子どもたちにも世話をする職員たちにも，申し訳なくて身が縮む思いでした。しかし，集団の場で育っている乳児たちが，人見知り反応を顕著に示し，特定の他者を安全基地として求める行動

第6章　不適切な養育環境と子どもの育ち

をとったことに，大きな感動を味わったのです。それは一般の保育所の乳児室で観察を行った時の，乳児たちの反応と共通していたからです。

　後に施設の責任者から話を聞いたところ，交替勤務のために直接かかわる時間は制限されていますが，子どもは担当保育士を他の保育士と明確に区別し，不安を感じると担当者の膝に助けを求めに行くのだということでした。勤務体制の都合上，担当者が不在の場合は担当以外の職員がかかわることになりますが，担当以外の職員のかかわりを受けながらも，愛着対象となる職員との関係は揺らがないとのことでした。

⑵愛着対象が未形成の場合

　この初回の観察日に，筆者が闖入者として子どもを怖がらせ，泣かせてしまった場面で，気がかりな行動をする男児がいました。生後7カ月のこの男児は，床に座って目の前の玩具で遊んでいるところでしたが，筆者の姿が目に入ると，凍りついたように動きを止めて筆者を凝視しました。一瞬の後，他児が一斉に泣き始めると，この男児は上半身を前屈し，床に顔をつけて突っ伏すようにし，その姿勢で身体を揺すって，自己刺激にこもってしまったのです。

　それほどの恐慌状態に陥れてしまったことに，筆者は重ねて縮み上がる思いをしたのですが，1940年代にスピッツ（Spitz, 1965）が乳児院で観察した，母性的養育が剥奪された乳児の行動と，その男児の姿は重なりました。

　職員から事情を聴くと，この乳児は最近入所したばかりで，特定の職員との関係はまだ形成されていませんでした。安全基地となる愛着対象が存在しない時，不安に襲われた子どもは危機状態に陥り，身体的な自己刺激によって外界とのかかわりを遮断するほどの反応を見せるのだということを，その男児はあからさまにしたのです。

＊

　ここで取り上げることができたのは，きわめて限られた例です。しかし，見慣れた生活空間のなかで繰り返される日常生活，特定の養育者との相互関係を通じて形成される愛着関係，すなわち一般家庭での養育のように，生活環境と

養育者が一定していることが，子どもの発達にとってどれほど重要であるかが示唆されています。それらの条件が満たされない時，身体・生理面でのコントロールも放棄したかのような夜尿や満腹感のなさ，ことばや理解力などの心理面の遅れ，対人距離の不適切さや攻撃性などの人格面の問題が現れています。

　筆者が発達臨床のフィールドにしていたＹ児童養護施設に，1985年5月から1995年7月までの10年2カ月間に在籍した児童169名を対象とした実態調査（山上，2001）の結果でも，3歳未満児21名中の47％に摂食上の問題，43％にすぐに泣くなどの感情面の不安定さ，33％に夜泣き，33％に見境のないなれなれしさがうかがえました。これらの傾向は，3歳以上の幼児36名ではより顕著になり，摂食上の問題54％，過度の身体接触51％，言語面での遅れは81％に及んでいます。

　養育環境が安定しているという条件は，子どもの発達を支えるあまりにも当然の要因として，ことさらに取り上げられることはありません。しかし，一見当たり前の環境条件が充たされない時，それが子どもの発達にとっていかに重要であるかが，子どもが表す問題行動を通して，はじめて明らかになるのです。

2 思い出と自己形成

1. 自然災害を通して見えるもの

　2011年3月に発生した東日本大震災という未曾有の災害で，多くの人が住まいや働く場所を失い，かけがえのない家族や友人や知人を失い，生活の場にあった日常の品々を根こそぎ失いました。その他にも，地球温暖化の影響が疑われる自然災害が，目を覆うばかりの惨状を，日本だけではなく，世界各地にもたらしています。生活の場の背景として，すぐ身近にあった海や山や川には，災害の爪痕がまだ生々しく残っています。

　大型家具に絡み合って，かつては誰かが大切にしていた衣服や持ちモノ，日用品の数々，人形や玩具などが堆積している惨状は，人が暮らす生活の場から剥ぎ取られたモノたちは，ゴミになってしまうのだという事実を，圧倒的な激しさで私たちに告げました。誰々さん家の誰々さんのモノであったはずのモノたちが，濁流に押し出され，家の外にあったモノと家の内にあったモノ，風呂場や台所や押入れにあったモノがかき混ぜられて，やがて社会的意味を剥奪されてしまったのです。特定の家族の，相互のかかわりのなかで，日々の生活を支えていたモノたちが，目の前であっさりと無機化していく様に，人々はなす術もなく立ちすくむしかありませんでした。人が住むことがかなわない福島の現状は，モノもまたいのちをもっており，生活の場の意味を失った道具や日用品が，ひかりを失って無機化していく様を映し出しています。一時帰省がかなって玄関が開けられ，窓が開き，人が生活の営みをはじめる時，家は息を吹き返し，庭に吹く風は季節を運びはじめるように見えるのです。東日本大震災後，

津波にさらわれ，太平洋を漂い，北米の西海岸にたどり着いた漂着物が，持ち主に返還されたというニュースがしばしば報道されました。学用品や遊具が，持ち主の手元に返還される時，モノが担っている個人の歴史の一コマもまた，持ち主に戻されたのです。

　個人の記憶や歴史性を特に顕著に担っているのが，写真という記録媒体です。破れ，泥にまみれ，腐食してしまった写真を一枚一枚洗浄し，再生させる根気のいるボランティア活動が，多くの人々の手で行われたことも，よく知られています。

　写真には，結婚，子どもの誕生，お宮参り，入園式や入学式，遠足，運動会，学習発表会，卒業式，成人式，家族団らん，地域の祭り等々，人生の節目の一瞬一瞬が写し出されています。それらは，失われてしまった命の記録である場合もあれば，生活基盤のすべてを失った人が，過去を取り戻し，現実と直面する杖となっていく場合もあります。失われた命の重さゆえに，今も厳重に保管されたままの写真もあります。

　災害がもたらした瓦礫の山を目の前にして，その無残さに息を飲み，呆然と立ちすくんでいた人々は，やがて瓦礫の中から思い出の品を掘り出す作業に立ち向かっていきました。それは無機化してゴミのようになってしまったモノに，再び意味を取り戻す作業でした。すなわち，「思い出の救出」に向かう人々の姿は，〝私が私である〟という人の自己同一性や歴史性にとっての「思い出」の意義や，思い出が何によって支えられているかを，人々が実はよく知っていることを示していました。生活の場で人と共にあったモノたちは，家族の関係性や歴史性を，人と共に分かちあっており，思い出につながる「モノ」の救出を通じて，人々は人生の救出に立ち向かっていたのです。

2. 不適切な養育環境と思い出

　ひるがえって，虐待などの不適切な養育環境で育った子どもたちは，トラウマ記憶はあっても，成長過程での日常の思い出が一般に稀薄です。親が虐待す

第6章　不適切な養育環境と子どもの育ち

るに至った背景には，経済的・社会的な生活基盤の脆弱性があるわけですから，虐待する親が，子どもの成長発達過程を，喜びをもって語り，記録する態度を失っているのは自然の成り行きでしょう。このため，虐待的環境で育つ子どもたちは，自分の赤ちゃん時代や成長過程のエピソードを知らず，それを確認できる品や写真を，そもそも持っていないことが多いのです。また，虐待環境から救出される子どもたちは，ほとんどが着の身着のまま，緊急事態で保護されますし，子どもがこころの拠り所としているモノを，保護する側が考慮する余裕がないのも実情です。

　いかなる虐待下にあったにしろ，子どもの生活の場には，虐待とは異なる生活の風景もあったはずです。お気に入りの玩具やお気に入りのキャラクター絵柄のパジャマ，大好きな玩具，寝る時に顔を埋めたタオル等々です。無視され，暴力を振るわれ，心理的な暴言に曝され，性的虐待を受けているにしろ，子どものこころは，自分を守り，慰め，安心させてくれる逃げ場所やモノを必要とします。幼ければ幼いほど，見ることができ，つかんで，舐めて，扱うことができるような，具体的なモノが支えになります。また，自己意識が強まり，自他の境界が育ってくると，“自分のモノ”や，個人的な興味や関心の対象である“お気に入り”が，心理的な杖となります。布団の中に持ち込んで一緒に寝たぬいぐるみや，外出時にも手放さない絵本や人形などの，お気に入りがどの子どもにもあります。それらは，子どもが現実という広大な生活空間の中に，自分の居場所を築いていく時の拠り所となるものです。

　虐待を受けている子どもにとって，生命の安全が何よりも優先されなければならないことは，言うまでもありません。しかし同時に，いかに虐待的な環境であったにしろ，馴染んでいた環境の一切から引き抜かれるという経験は，地震や津波や土石流で，一瞬にして生活基盤を失ったおとなの体験に通じるものです。長い人生経験があるおとなと，人生の始まりの時期にある子どもとでは，蓄積されている個人史の厚みは異なります。しかし，“今，ここで”の生活環境に深く依存している子どもだからこそ，現実の足場を一挙に失うことは，おとなの体験にまさる，根こそぎの喪失体験になるのです。

2　思い出と自己形成

　虐待環境から保護されることで，子どもたちは一時的に安心感を味わうこと
はできます。しかし，人格形成に重大な悪影響が及ぶ，虐待によるトラウマ経
験の処理は残された課題であり，それに根こそぎの喪失体験が重なるのです。

　生活の場は，家族的人間関係が織り成され，その関係性を生きることで，
"私というもの"が育っていく場です。従って，いかに不適切な環境であった
にしろ，生活の場から引き抜かれることは，"私というもの"の断絶体験にな
るのです。保護され，施設で暮らすことになった子どもたちは，過去と現在を
繋ぎ，未来を切り拓いていく，自己の基本的な同一性の確立に困難を抱えるこ
とが多いのですが，虐待体験の影響だけでなく，自己形成の土壌となる生活の
場の喪失体験も関与している点に，目を配る必要があるでしょう。

　そのような育ちの場における人，モノ，記憶の重要性に，注意を促してくれ
たある男児がいました。それがY児童養護施設の職員研修の場で，支援の視点
を鍛えるために定例で行っていたケース検討の場で取り上げられた弘くんの事
例です。

3. 母親を亡くした弘くんとアルバム

　弘くんは，3歳9カ月の時に両親が離婚し，それ以後は母子二人の生活をし
ていた男児です。離婚に至るまでの家族関係の詳細は不明ですが，父親の入院
治療のために莫大な借金を抱えていたそうです。母親も幼少期から病弱で，運
動制限を受けていましたが，負債を抱えており，離婚後も働きながら弘くんを
育てていました。

　母親が働きに出る夜間は，弘くんは一人で過ごし，借金の取り立てから身を
隠すため，自宅の暗がりに息を潜めていたり，街を徘徊して，ゲームセンター
でゲームに興じたりして過ごしていたようです。詳しい事情は不明ですが，小
学1年生の1年間は未就学状態にあり，1年遅れで1年生になっていたことが，
後の児童相談所の調べでわかっています。

　10歳3カ月の時に，もともと病弱だった母親が体調を崩し，入院が必要にな

第6章　不適切な養育環境と子どもの育ち

ります。しかし，弘くんを預けることができる身内はありませんでした。この
ため母親は，弘くんを気遣って入院を断念します。しかしその4カ月後，弘く
んが1年遅れの4年生であった10歳7カ月時に，母親の容態が更に悪化します。
母親は弘くんの児童養護施設入所を見届けた後に入院し，その数日後に，弘く
んと施設職員のEさんが付き添うなかで手術を受けます。しかし，病状は深刻
で意識不明状態が続き，弘くんはスタッフに伴われて毎日面会に通いました。
主治医から母親の容態について説明を受けるなかで，弘くんは面会のたびに母
親の毛髪や爪などを持ち帰るようになります。やがて，弘くんとEさんが見守
るなかで母親は息を引き取りました。葬儀は施設関係者と学園の子どもたちで
執り行われ，弘くんは喪主として挨拶を行っています。

　生前の母親は，夜間に弘くんを一人で放置していた事情もあって，弘くんが
求めるままに金品を与えており，弘くんは月々数万円をゲームに使うなど，欲
求の抑制は困難だったようです。しかし，母の死を契機に，実は家庭がどれほ
どの困窮状態にあったかが明らかになります。

　母の遺髪や爪を大事にし，「一人で生きていく」という気負いを強く示す弘
くんの姿に，スタッフたちは無理をしているという印象を受けていました。ス
タッフは，弘くんが母親の思い出を語りやすいように，チームを組んで対応し，
母親と一緒に暮らしていた地域を訪ねていくなど，喪の作業を重ねていきます。
そのなかで，母親の死に一緒に立ち会った職員のEさんを相手に，弘くんは生
前の母親との生活の様子や，母親がいかに苦労して自分を育てたかを，繰り返
し語るようになります。弘くんの語りに登場する母親イメージは，理想化され
すぎているように見えましたが，語ることを通じて，母親の愛情を受けて育っ
た自己感もまた強化されているのだろうと，スタッフたちは受けとっていまし
た。

　母親の死後1年が経過し，弘くんが小学5年生になった頃，保護者を完全に
失った弘くんを引き取って養育したいと熱心に希望する里親が現われます。か
つて好き放題の生活をしていた弘くんにとっては，施設という集団生活の場の
規則は窮屈であり，そこから解放されたいという願望は強かったようです。ま

た他方では，里親宅で全く新たに家族生活を始めることにも，不安が強かったのでしょう。どうするかの決断を迫られた弘くんは，自室にこもって葛藤に揺れるようになります。

　ホームで行われている恒例の誕生会で，弘くんが主役の当日も，スタッフや他の園生が祝いの準備を整え，部屋のなかの弘くんに声をかけますが，弘くんは部屋から出て来ようとしませんでした。心配したスタッフがそっと様子を見に行くと，弘くんは生前の母親や自分の幼少期からの写真が貼ってあるアルバムを開いて，見ながら泣いている様子でした。その時スタッフは，将来についての岐路に立っている弘くんが，写真をたどりながら，生前の母親や自分の成長過程を反芻し，悶々としているのだと感じています。スタッフが声をかけずにその場を去って，しばらくみんなで待っていると，弘くんは自分から部屋を出て来て誕生会に参加しました。

　それから数日後，弘くんは，「僕は，この施設で育っていく」という決心をスタッフに伝え，進路を自ら選択したのです。

4．空転する自伝記憶──賢くんの場合

　弘くんとはきわめて対照的だったのが，1で「養育環境の度重なる変化──賢くんの場合」として紹介した男児です。

　賢くんの成育歴を簡単に振り返ると，賢くんは望まない妊娠による望まない結婚によって誕生し，1歳9カ月時には両親が離婚しています。離婚後，父親は病弱な一人暮らしの祖母宅に賢くんを置き去りにして行方をくらまし，祖母は子守的かかわりをして育てました。しかし，賢くんが3歳を過ぎる頃には，まるで「野生児のよう」であった彼の粗暴な言動に対処できなくなります。見かねた伯母宅に引き取られたのが，4歳3カ月の時でした。伯母宅でも従兄弟たちとけんかが絶えず，毎晩大量の夜尿があり，嘘をつき，粗暴な行動が目立つからと，伯母は父親に引き取りを迫ります。このため1年後の5歳3カ月時に，父親が子守役の祖母も一緒に引き取って，三人暮らしが始まります。しか

第6章　不適切な養育環境と子どもの育ち

しその生活も祖母が病気に倒れて中断し，児童相談所での一時保護を経て，5歳6カ月時に児童養護施設に入所しました。入所当時の賢くんは，感情の起伏が激しく，頑固ですぐ拗ね，虚言が目立つという記録があり，年長児による力の支配が横行していた当時の施設にあって，まるでひきつけられるように絶えずトラブルの渦中にいることを，スタッフは不思議に感じていました。

　幼少期から学童期にかけて，どの養育者とも親密な関係を経験せず，安全基地となる他者関係をもたずに育った賢くんの言動として，常に問題になっていたのが暴力でした。安全基地がないということは，世界は危険で敵意に満ちたものとして体験されるということです。賢くんは他者のなんでもない言動を自分への攻撃として認知し，"野生児のよう"に牙をむき，"やり返す"つもりで暴力を振るい，結果的には常に暴力の渦中に身を置くことになったのです。幼少期から中学生まで続いた大量の夜尿も，言動のみならず生理的な次元で，賢くんがコントロール機能を失っていたことを告げています。

　❶で取り上げたのは，賢くんが育った養育環境の不安定さと，そうした成育歴のなかで培われた行動傾向でした。それでは賢くん自身は，自分の育ちを，どのように受け止めていたのでしょう。実は，先の弘くんが，母親の死後に喪の作業に取り組み，自己の歴史性を反芻し，将来の進路を選択する課題と取り組んでいた時期に，弘くんとはきわめて対照的なかたちで自分の過去を反芻していたのが，当時16歳間近だった賢くんでした。

　賢くんは知的には平均的な力を備えていましたが，学習意欲がなく，学業不振が著しいために，中学卒業を契機に就職しました。しかし，作業現場に見習いとして入ったものの，就職後3週間で解雇され，当時は次の進路を模索して施設に戻っていました。解雇の理由は，「しゃべってばかりいて，仕事をサボる」というものでした。その私語の内容が，自分史だったのです。賢くんは働くということがどういうことか，まるでわかっていないようでした。働いている同僚のそばに立っては，抑揚のない口調で，幼少期から自分がいかに暴力やいじめを受けて育ち，頭が扁平になるなどの肉体的ハンディキャップを負ったかを，しゃべり続けたようです。

232

確かに，賢くんの成育歴で目立っているのは暴力の問題です。しかし，幼少期は，暴力を受けたというより，賢くんの粗暴な攻撃行動に，周囲が翻弄されていたという方が当たっているようにみえます。また施設入所後は，対人距離の取り方がまずく，まるでわざわざ年長児の暴力を引き出すかのように振る舞って，被害者であり続けていたように見えていました。

解雇されて施設に戻り，施設内で無為に過ごしていた賢くんは，まさに，"壊れたテープレコーダー"のように，ステレオタイプな自分史を相手かまわずに語り続けていました。施設スタッフにとっては，賢くんの中学時代から，耳にタコができるほど何度も聞かされてきた物語です。しかし，その同じ物語を，まるで初めての相手に語るように，同じスタッフに繰り返しました。相手の今の状況や反応には無頓着でした。全く初対面の実習生にも，まるで挨拶代わりのように，いきなり被害的な自分史が一方的に語られたのです。その深刻な内容に，初めての人は戸惑ったのですが，同じ話が同じ調子で同じ相手に繰り返されていくにつれ，最初は同情的であった人も，共感的に聞くことができなくなり，やがては聞き飽きられていきました。そして職場でも，そこが職場であることが忘れられ，同じことが繰り返されていたのです。

賢くんの場合，自分の過去を誰かに向けて語ってはいるものの，その誰かが誰であるかという"他者性"には，関心が向けられていません。相手は誰でもよく，何の反応も期待されておらず，形だけの聞き手として利用されるだけだったのです。二者関係のなかで受け止められ共有されてこそ，語りは語りになります。しかし，賢くんの相手は形だけの他者の影にすぎなかったのですから，語りは自慰的な一人語りに終わり，空転するばかりだったのです。

5．自己の歴史性と他者との関係

弘くんの場合，施設入所までの10年あまりは，経済的にも，家族の状況も，決して恵まれたものとはいえません。幼児期の両親の離婚，病弱な身体を押しての母親の夜間労働，借金の取り立てなど，厳しい状況にありました。弘くん

第6章　不適切な養育環境と子どもの育ち

自身も，未就学の一年があり，街を徘徊し，ゲームに興じて過ごしていた様子ですから，見方によってはネグレクトと判断される養育環境下にあったといえます。しかし，母親の予想外の深刻な病状によって，弘くんは施設という全く新しい生活環境に身を置くことになり，母の急死によって天涯孤独の身になりました。このため弘くんは，母子で過ごした生活の痕跡を，形見として引き継ぐことになります。金銭的な価値はないにしろ，弘くんには思い出の品があり，遺髪のような母親の形見があり，振り返られる"思い出"がありました。思い出のなかの母親は，弘くんの喪失感を補うかのように，美化されがちでしたが，しかし，弘くんのために入院を延期し，施設入所を見届けてから入院するなど，弘くんを気遣い，大切に思う気持ちが，弘くんのこころに届いていました。また，アルバムのエピソードからうかがえるように，弘くんには成長の記録があったのです。

　これに対して賢くんは，施設に入所する5歳6カ月までの間は，母親，祖母，伯母，父親などの家族によって育てられました。しかし，母親も父親も賢くんの養育に関心がなく，養育を押しつけられた祖母や，みかねて引き取った伯母との関係でも，愛着関係の形成には至らないまま，"厄介者"になってしまったようです。それぞれの生活の場は数県に跨っており，養育者の交替ごとに，人だけでなくモノや環境が完全に入れ替わり，根こそぎの喪失体験が反復されています。また，一時保護所というその名のとおり一時的な生活の場を経て，施設入所した後の賢くんは，プライベート空間が保障されない大舎制の集団指導体制下で生活しており，スタッフとの間で新たに愛着関係を形成することは，更に困難な状況に置かれていました。

　賢くんに限らず，個別の護りがないそうした生活体制では，子どもたちはやり場のない怒りや不信感を募らせ，攻撃傾向を強めがちです。特に学童期の中頃以降，暴力や挑発，反社会的行動などが，目立つようになりがちですが，その暴力が職員への反抗としてだけでなく，幼い子や弱い子に向けられ，施設内で暴力による他児支配が蔓延する事態がしばしば生じます。賢くんの場合も，施設生活の現実は，幼児期からの被害的な自己意識を強化することになり，ト

ラブル体験を自ら引き寄せては，"虐げられている私"という確信の火に，油を注ぎ続けることになったのだと考えられます。

　賢くんが自分を被害者として周囲に訴える言動は，幼児期には始まっていますが，その被害念慮をいつ頃から，いじめられて育った自分史として反芻するようになったのかは，定かではありません。スタッフが気づいた中学生の頃にはすでに，"壊れたテープレコーダー"のようだと表現されるような，常同的な自分史を誰彼かまわず語るようになっていました。自己の同一性や歴史性の課題と向き合う思春期に入って，賢くんは自分の来歴を物語化していったのではないかと考えられます。施設内ではよく知られていた賢くんの自分語りでしたが，職場を解雇されるに至ってはじめて，その語りの空虚さと常同性の深刻さにスタッフは愕然としたのです。

6.　自己の歴史性と共有される記憶

　賢くんと弘くんのきわめて対照的な過去との向きあい方は，現在・過去・未来を生きる自己同一性と歴史性を備えた存在として成長するためには，自己の育ちにまつわる記憶や思い出の品を，身近な他者と共有することが必要であると告げています。この他者は弘くんの母親のような，子どもにとっての重要な愛着対象であり，思い出の品とは成長を記録するアルバムのようなものです。そのような他者によって，自分の存在が喜びをもって受け容れられ，愛してくれた他者への信頼感と，愛されて育ったという自己感が育つことが，子どもの自己形成の基盤になっていくことが弘くんの事例から示唆されています。そして思い出の品は，幼かった自分が他者の思いを受けて育ち，今は大きくなっているという自己感を支えるのです。

　親に愛されて育ったという子の信頼感が，どのように育つのかに定式はありません。毎日繰り返される，細々とした親の日常的かかわりや，抱き方や叱り方，怒り方すら，自分が愛されていることを子に伝えるのです。

　弘くんが母親との生活を振り返り，繰り返しＥさんに語ることを通じて，こ

第6章　不適切な養育環境と子どもの育ち

ころに抱え直していたのは，日常のささいな出来事にこめられていた母親の愛情でした。思い出され，繋がりが確認され，喪の作業を重ねて，喪失の衝撃は乗り越えられていきました。母親という愛着対象は内化され，母の死を共に見取ったＥさんが，新たな大切な他者になっていったのです。

　これに対して賢くんの場合，自分がどこで生まれ，どのように育ち，どんな経験をして大きくなったのかを伝えてくれ，分かちあえる他者は不在でした。そして，身体的にも心理的にも抱きしめてくれる他者が不在な状態は，施設入所後も続きました。更に賢くんは，施設入所までの養育環境の度重なる断絶を繋ぎ，思い出の杖にし得るモノを，何も所有していませんでした。生活の場を転々とする際に，前の生活の痕跡は失われ，そこにいた自己も見失われ，自己は断片化してしまったと思われます。初対面の出入りの業者にさえ，手当たり次第に抱いてほしがり続けながら，賢くんは世界に対する不信感と怒りを肥大させ，疎外感や被害感を積み上げ，粗暴な臨床像を強めていったのです。

　第5章❶「母という他者」で，ネグレクト状態で育ち，3歳4カ月で施設に保護された妙ちゃんの例を紹介しました。入所後に片言がめばえた妙ちゃんは，見かけない女性を見かけると，近寄って行って顔を見上げ，「オカアアン（お母さん）？」（貴女は私のお母さんか？）と声をかけ，誰彼かまわずついて行こうとするようになります。母親の記憶がない妙ちゃんでしたが，"お母さん"という存在に惹きつけられ，恋しがったのです。

　妙ちゃんと同じように賢くんも，養育的なかかわりを提供し，子どもの自己が形成される発達的土壌となる愛着対象を，探し求めていたのだといえます。しかし，愛着対象は不在であり続け，他者は形骸化していたのですから，目の前の他者をこころをもった他者としてかかわることはできませんでした。また，空っぽの他者を自己形成の土台にすることも，当然できなかったのです。従って，賢くんが反芻した空虚な自分史の独り語りが，他者への語りをなぞっただけの，自慰的な空回りに陥ったのは当然の成り行きでした。更に，自分を大切にされている存在としては体験できなかった賢くんは，自分で自分を粗末に扱い，服の着方や持ち物の扱いが目立って乱雑で，夜尿の後始末ができずに悪臭

236

がしました。それを，"だらしない"と他児に揶揄されると，自分への攻撃や
いじめとして認知して反撃を続けたのです。

　賢くんや妙ちゃんの幼児期に見られた見境のない他者への接近を，反応性愛
着障害と呼ぶことがあります。しかし，診断名をつけるだけでは，何の理解に
もつながりません。子どもは一人で育っていくことはできないのです。自己が
自己として成り立つためには，養育的な母性的他者との信頼関係が形成され，
こころをもった存在として気持ちの交流が成り立つという，間主観的関係が成
立しなければなりません。他者との基本的な関係が成立していない時，他者や
自己は空洞化し，人と人の関係の場におけるモノの意味，社会的な習慣や価値
観もまた育つことができず，自己の同一性や歴史性の発達が妨げられます。そ
のことを，賢くんの育ちは訴えているのです。

③ 崩れた家庭機能と虐待

1. 虐待を生む環境

　子どもへの虐待は，身体的虐待，心理的虐待，性的虐待，ネグレクトに分類されていますが，現実にはそれらが重複している例も多く，明確な線引きが難しいのが現実です。

　虐待する親は，統計的に実母が多いことは，❶ですでに述べました。育児が母親の責任であるかのように受け止められている現実が，母親を追い詰める要因の一つとなっています。更に，母子家庭になった場合の母親の雇用条件，職場環境，経済的基盤，保育所等の育児支援の脆弱性を考慮すると，働きながら子育てに追われる母親の肩にのしかかる日々の疲労，精神的ストレス，孤立感，希望のもてなさは，母親が挫けてしまうのも無理がないと思えるほど深刻です。そうした家庭への支援が緊急であることを社会は知っているはずですが，保育所の数や夜間保育，病弱児保育，放課後の学童保育などは，絶対数がいつも足りないのが現状です。子育てをめぐる厳しい現実が，虐待が起こる社会的背景としてあり，女性の就労条件の改善や，虐待防止対策と子育て支援対策を一体化した支援の輪を広げる必要があることに，注意を向ける必要があります。

　通常の育児環境のなかで，子育ての不安やストレスを抱える母親たちに対しては，第5章❷で紹介したように，地域で広く行われるようになった子育て支援の場が支えになります。また育児ストレスが高じて，母親の抑うつ感や焦燥感が強まり，子どもへの虐待が生じてしまう場合についても，多様な形で提供されている育児支援や相談機関の利用が有効でしょう。

他方，児童福祉臨床に携わった経験から言えば，養育者が抱えている幾世代にもわたる家族の病理が，虐待の発生機序に深く絡んでいるような例があります。たとえば養育者自身に被虐待の経験がある場合や，何世代にもわたって繰り返されている若年結婚や若年出産による生活基盤の脆弱性がある場合，親に育児の経験や知恵がないだけでなく育児を支える近親者や関係者がいない場合など，家庭内に深刻な葛藤状態が潜んでいるような例です。更に，犯罪，アルコール依存や薬物依存，ギャンブル，多額の借金，精神疾患，日常的な不特定の異性との交友関係，家庭内暴力等々の問題が山積したなかで，子どもへの虐待が起きていることも稀ではありません。また，近親者も問題を抱えていて，曾祖母の代から祖父母の代へ，また祖父母の代から親の代へと，家庭内の葛藤や問題が世代を通じて繰り返されていることも特徴です。更に，親の側に軽い知的障害があり，通常の就労や生活を一人でこなすのは困難であることを，本人も周囲も理解していないまま，心身のストレスが子どもを虐待する方向で発散されている例もあります。

そうした，通常の家庭の営みを支える機能が崩れている，いわゆる機能不全家庭で起こる虐待は，支援の課題も方法も，育児ストレスが高じて起こる虐待とは区別して考える必要があります。すなわち，それらの家庭は，援助機関と繋がることが難しく，子どもがきわめて危険な状態に陥って初めて発見されることが多いのです。また，支援が開始された後も，養育者の生活態度や虐待的養育の改善が，きわめて難しいという特徴があります。ここでは，育児を支える家族関係が，基盤において崩れてしまっている家庭で起きる虐待に焦点をあて，いくつかの特徴的な例を紹介します。

2. 機能不全家庭の実際

機能不全家庭の存在と支援の困難さは，福祉領域ではよく知られている現実の一つです。親の世代から子の世代へと，福祉的支援が世代ごとに繰り返されている家庭では，まず根底において，経済的基盤や教育的基盤の脆弱さが，家

第6章　不適切な養育環境と子どもの育ち

庭機能の維持を妨げる壁として立ちふさがっている傾向があります。家族の成員それぞれが，保健や福祉や医療の援助を必要としているけれど，打開の道を開くことができず，世代から世代へと問題が引き継がれているのです。きわめて困難な条件が重なっているそうした家庭の実態は，子どもが育つということが，どれほど家庭環境に深く依存しているかを，改めて問いかけています。

　ただし，親の養育態度や生活態度がいかに問題であるかを指摘することが，ここでの目的なのではありません。支援に繋がりにくい家庭の現実のなかで，虐待が起きてしまっている事実を見据えることが課題です。更には，重複する問題を抱えた家族が"私の家族"であるような，そうした家族関係に生まれ落ちた子どもが，その家族関係を人格形成の土台にして育っていく現実に，目を注ぐことも課題の一つです。

　事例の紹介にあたっては，家庭の特定化を防ぐための配慮をしたうえで，まずは多様だけれども個別的でもある家族の姿を取り上げてみます。

⑴婚姻関係が三世代にわたり不安定な家庭のネグレクト

　KA くんはきょうだい五人一緒に施設に保護されている小学校１年生の男児です。ほぼ１歳から２歳ずつ離れたきょうだいは，上は中学生から下は KA くんまで，全員の父親が異なります。それぞれのきょうだいの父親と母親が正式に婚姻関係にあったのか，離婚という手続きを経て，新たな異性との間で次子の妊娠や出産に至ったのかは不明です。きょうだい五人のそれぞれの父親の所在は不明ですし，援助が期待できるような父方親族の所在も不明です。

　第五子である KA くんを出産した後，母親は新たな異性と内縁関係になり，第六子を妊娠します。この第六子の出産を契機に，いつものようにきょうだいは児童相談所の一時保護所に預けられますが，母親はそのまま連絡を絶ってしまい，以後所在は不明となります。

　母親はそれまで職を転々と変えてきましたが，基本は夜間の接客業務で，妊娠したら出産はするが，育児はしないというネグレクト状態が続き，上の子たちが下のきょうだいの世話をしていたようです。上の子どもたちの幼少期に，

どのような子育てが行われていたのかは不明です。次子の出産のたびに，きょうだいは揃って児童相談所の一時保護所に預けられてきました。母親の両親（KA くんの祖父母）は若年結婚で KA くんの母親たちきょうだいを出産しましたが，早くに離婚しています。KA くんの母親のきょうだいたちは，祖母に一旦引き取られましたが，育児困難を理由に施設に預けられます。祖父母の離婚後に祖父は蒸発して行方不明となり，祖母とのみ連絡はつきますが，祖母自身の異性関係が不安定で，常に同棲関係にある男性がおり，KA くんの母親が頼れる存在ではありません。また，この母方の祖母の両親（KA くんにとっての母方の曾祖父母）も離婚しており，曾祖父は死亡，曾祖母は行方不明になっていて，異性関係が不安定な KA くんの祖母もまた，ネグレクト状態で育ったと考えられています。母親自身のきょうだい間の交流はありません。

(2)反社会的行為があった両親と孤立した育児環境

　KB ちゃんの母親は，中学生の頃に母親を亡くし，家事一切が肩にのしかかっていたことを苦に，17歳で家出をしています。母親と母親の父親（KB ちゃんの祖父）やきょうだいとの家出前の関係は不明ですし，家出後の交流はありません。母親は20歳で KB ちゃんの父親と結婚し，26歳で KB ちゃんを出産していますが，KB ちゃんが生後 4 カ月の時に離婚しています。父親には離婚前から傷害事件での逮捕歴があり，離婚後も窃盗事件で再逮捕されていますが，KB ちゃんとの関係は離婚を契機に切れています。母子家庭となった後の母親は，経済的にも精神的にも不安定であり，不特定多数の男性との交友関係がありました。母親には軽い知的障害があり，社会的な適応スキルの獲得に困難があったようです。KB ちゃんが 4 歳の頃に，母親が窃盗容疑で逮捕され，執行猶予の判決が出るまでの期間，KB ちゃんは里親に一時委託されています。離婚前後の，家庭生活の実態は不明です。

　虐待が判明したのは KB ちゃんが 5 歳の時です。半分以上の欠席と，食事制限によると推測される体重減少を憂慮していた保育所が，全身の外傷を発見して小児科に通報し，病院からの通告によって児童相談所が保護を開始していま

第6章　不適切な養育環境と子どもの育ち

す。

　小児科では，脱水症状，顔面の打撲傷の他に，全身に及ぶ皮下出血，タバコの火によると思われる火傷の跡が発見されています。KB ちゃんが保護された後，母親は虐待の事実を認めていますが，KB ちゃん自身は母親からの虐待に触れることは，当時もその後も一切ありません。母親は不安が高じると，些細なことで KB ちゃんに手をあげていた様子です。KB ちゃんが保護された後，母親は急速に精神的安定を失い，窃盗と覚醒剤の使用で逮捕され，刑務所に収監されます。

　施設に保護された KB ちゃんは，母親について一切触れないものの，侵入的な音や人の気配に極端な警戒心を示しました。発達検査では，軽度の知的障害があることが明らかになっています。筆者が担当して施設内で行ったプレイセラピーでは，母親の異性関係を再現していると推測される，夜間に子どもを放置して異性と出歩き，性的関係をもつ場面を，人形を使って再現することに強くとらわれるプレイが展開しました。

⑶人格障害が疑われる父親による母子への暴力支配

　KC ちゃんは小学5年生で，三人きょうだいです。父親による，母親への激しい家庭内暴力と，子どもたちそれぞれへの暴力から避難するため，母子で家を離れ，所在を隠して生活しています。しかし，以前にも父親の執拗な追跡にあって連れ戻され，かえって激しい暴力を受けた経験が繰り返されていたため，常に緊張しており，警戒を緩めることができない生活を送っています。

　父親は高学歴で，専門領域で仕事をしていますが，人格面の偏りが激しく，職場での人間関係が難しいために，転職を繰り返し，そのたびに一家揃っての転居や子どもたちの転校を繰り返してきました。父親自身が育った家庭も高学歴家庭ですが，直接的な交流はなく，家族関係の実態はよくわかっていません。母親は父親の元同僚でしたが，結婚を機に退職しています。父親の暴力を恐れて，母方家族が介入することはできないでいます。

　母親と子どもたちは，生活の細部にわたって父親の監視下に置かれ，父親に

支配される状態に陥ります。少しでも父親の思い通りにならないと，母子共に激しい暴力に曝されてきました。母親への暴力が最も激しく，子どもたちへの暴力も，ベルトの金具側で打ち据えるというような激しいものでした。

(4)非定型精神病とアルコール依存の母親によるネグレクト

　KDくんの母親がどのような育ちをした人なのかはわかっていません。最初の結婚で子どもを二人もうけましたが，アルコール依存が高じて，子どもを父親の元に残した状態で離縁されています。母親には頼れる近親者がおらず，一時的に知人を頼り，単身で遠方に移住します。その地で知り合った男性と内縁関係になり，KDくんたちきょうだい二人を出産します。しかし，内縁の夫との関係は不安定で，経済的にも精神的にも厳しい生活のなか，母親のアルコール依存と精神症状が強まっていきます。地域の福祉機関や医療機関の連携で，母親は措置入院を繰り返しますが，その過程で内縁関係は切れてしまいます。

　母親が精神的に落ち着いている時には，KDくんたちに穏やかな愛情を注ぐこともあったようです。しかし，母親には生活スキルがなく，子どもを保育所に預けていましたが送迎ができず，衣食住の生活全般でネグレクト状態が続いていました。更に，KDくんたちが生まれた時から母親は精神的に不調であり，急変する精神症状によって，KDくんたちが怯えて凍りつくような心理的虐待が日常的に繰り返されていました。母親の言動は子どもの理解を超えており，母親は常に不安や緊張の源泉となる存在だったようです。母親が入院するたびに，KDくんたちは児童相談所の一時保護所や，児童養護施設への一時保護委託で保護されていました。しかし，KDくんが4歳，下の子が3歳の時に，母親の状態がより深刻になったために，きょうだいは一時保護所を経て施設入所に至ります。

　子どもを気遣う気持ちがある母親は，退院している時期に，発作的に施設に面会に訪れることがありました。しかし，母親の来訪を知ると，きょうだい二人とも凍りついて母親のそばに寄りつこうとしませんでした。母親の方も，うまく気持ちを伝えられないままに，子どもの目の前で突然倒れたり，意味不明

第6章　不適切な養育環境と子どもの育ち

のことをわめいたりして，かえって子どもたちを怯えさせてしまうことが繰り返されています。

(5)問題を抱えた父親の溺愛

　KEくんの母親は最初の結婚で一児（KFくん）をもうけましたが，夫婦関係が折り合わず，子どもを連れて離婚しています。母親自身が育った家庭の人間関係や親族などの情報は全くわかっていません。その後，KEくんの父親と出会って再婚しますが，父親は50代後半で，母親とは20歳以上の年齢差がありました。KEくんが生まれ，父違いの兄KFくんと家族四人の生活となります。父親は，調子がいいときには熱心に働きましたが，精神的に調子を崩すと働けなくなってアルコール依存に陥り，経済的にも困窮状態に陥りました。これに加えて父親によるKFくんへの虐待が激化し，KEくんが生後4カ月の頃に，母親は子ども二人を連れて家出し，福祉機関に助けを求めて保護されます。父親はKFくんを虐待する一方ではKEくんを溺愛し，KEくんとの分離には激しく抵抗しました。KEくんとの分離に耐えられず，自暴自棄に陥って，激昂して自分を切りつけ，薬を大量に飲んで救急搬送されるなど，精神科への入退院が繰り返されるようになっていきます。父親の家族関係や成育歴の詳細はわかっていません。不遇な少年時代を過ごしたことや，逮捕歴があることが断片的にわかっていて，母親同様父親にも，身近で頼れる人間関係はありません。

　関係機関が介入して，生活の立て直しが何度も試みられましたが，事態は改善しませんでした。母子は，一旦家に戻っても母親がまた家出を繰り返し，そのたびにきょうだいは施設に一時保護委託されました。生活に困窮しており，家事や育児のスキルもなかった母親は，キャッシュカードで買い物をしては借金をふやしていたようです。その母親も，借金の取り立てから身を隠すようにして，KEくんが3歳の時に失踪し，以後も音信不通のままです。残された父子について，育児スキルも生活スキルもない父親が二人のきょうだいを育てることの無理を考慮して，施設入所に向けて関係機関が説得を重ねます。しかし，父親はKEくんを手放すことに激しく抵抗し，説得に応じてきょうだい揃って

の施設入所が実現したのは，数カ月が経過してからです。施設入所後も，父親はKEくんだけを連れ出し，なかなか施設に戻さないなど，KEくんに執着する態度が目立っています。

3. 子どもにとっての虐待する親

　ごく限られた事例ではありますが，特徴的なのは，虐待する両親が家族的な人間関係から切り離され，孤立していることです。また，基本的な生活スキルの獲得や育児文化の伝承ルートから切り離されていて，"大切にされたことがないから大切にする仕方がわからない"様子が見えます。虐待の実態には，目をそむけたくなるような陰惨で過酷な内容も含まれ，家庭としての生活形態が崩れてしまった様相は，きわめて個別的かつ多様です。暴力によって，あるいは食事が与えられないために，あるいは病気への手当てがされないために，実際に死に至る子どもたちもいるのです。食べることも，寝ることも，暑さや寒さから身を守ることも，生活のすべてを親に依存しなければ，存在することができないのが子どもという存在です。どこにも逃れる場がなく，身を守る術がない子どもたちが，無防備に曝されている虐待の日常が，子どもの心身の発達を著しく妨げていることは，第四の発達障害（杉山，2007）として注目されるようになっています。

　生まれ落ちる家族や親を選ぶことができず，虐待する親以外に親を知らないのが被虐待の子どもの心理的現実です。自分の生活を客観的に見る視点をもっていないからでしょうか，虐待されて育つ子どもは，往々にして自分が虐待を受けているという認識がないままに育ちます。

　とりわけ，親によってなんらかの危害が直接的に加えられる暴力や性的虐待に比べて，否認や至らなさを責められる心理的虐待や，必要な養育的かかわりが与えられないネグレクトの場合，虐待の事態を親による加害状況として，子どもが認識するのは難しいと思われます。

　心理的虐待の場合は，「要らない子」「だめな子」として徹底的に否認される

第6章　不適切な養育環境と子どもの育ち

現実が，子どもの側に「だめな自分」や，「私が悪い子だから」という認知を
形成しがちです。また，食事，体調不良への配慮や，清潔・衣服への気配りな
どの欠如に加え，訴えや要求への応答が欠如するネグレクトは，最初から"な
い"状態，すなわち"欠如状態"に特徴があるので，身近にいる親とその欠如
状態を，子どもが結びつけて理解するのは難しいと思われます。

　先に例をあげた KA くんの場合，それぞれの親が違うきょうだい五人は，
KA くんにとってはごく当たり前のきょうだいですし，上の子が下の子の世話
をするという現実も，食べるものがない日常も，ごく普通の日常なのです。父
親がいない，そして母親もいなくなったという不在状態の認識はありますが，
育つために必要な，養育的なケアの欠如状態を問題視することは，ケアを受け
たことがない KA くんたちにとって難しかったと思われます。KA くんたちき
ょうだいにとって，よくわからない，いつもいない，自分たちの生活と繋がら
ないのが親イメージなのです。

　また，虐待の事実を，誰かに語るということが抑制される場合もあります。
たとえば KB ちゃんは，母親の異性関係や自分に向けられた暴力を，まるで語
ってはならない秘密であるかのように，また母親を守ろうとするかのように，
聞かれても一切口を開きませんでした。語らなかったのは，軽度の知的障害が
あった KB ちゃんには，母子の関係や生活実態はあまりに日常的であると同時
に複雑すぎて，説明するのが難しかったからだとも言えます。また，時たま母
親が KB ちゃんに向ける愛情表現が，KB ちゃんのなかに"やさしい母親"像
を育てた様子も見えます。虐待するかと思えば可愛がるような，両極端で矛盾
する養育を受けて育った KB ちゃんは，施設に保護されてからも母親を慕い，
母親からの連絡を待ち続けました。子どもにとって唯一の肉親となる虐待する
親と虐待を受けて育つ子どもの関係は，単純に一方が加害者で他方が被害者で
あると，線引きして終わる関係ではないことが示唆されています。

　小学生であった KC ちゃんの場合は，母親やきょうだい全員が父親の暴力の
支配下にあり，何度も逃げようとするなかで，父親の行為を家庭内暴力，ある
いは虐待として，明確に意識していました。そこには同じ暴力の被害者であり，

246

子どもを守ろうと気遣っていた母親の存在が，父親を対象化する力として働いていたと考えられます。しかし，父親による，長期で日常的な暴力による支配は，子どもたちのこころを深く脅かしていました。KCちゃんは，不正や暴力への激しい怒りを抱えながらも，バウムテストで自分が「根っこの部分から朽ちている」という絶望的な自己イメージを表現しました。

　さらにKDくんの場合は，誕生から保護されるまでの4年間，母親の不安定な精神症状に曝されて育ち，それが生活そのものであったため，誕生以降の生活全体を対象化して意味づけることは，手に余ることだったようです。きょうだい共に，生活基盤が安定せず，母親の精神状態に深く脅かされ，混乱が深かったためでしょうか，発達全体が遅れている様子がみえ，児童相談所に一時保護された当時は，軽度の知的障害があると判定されています。知的障害は将来も残るだろうと予測されていましたが，施設での生活が安定するにつれ問題は解消していきます。

　KEくんの場合は，実の父親の溺愛を受けて育ちましたが，齢がいってからできた実子のKEくんへの態度は，愛情というより執着の意味合いが強いものでした。父親自身が不安定になると，うろたえて施設に駆け込み，KEくんを連れて帰ろうとするなど，KEくんを依存対象としている様子がみえました。KEくん側から見れば，父親はKEくんの言いなりになる人でしたから，KEくんの要求は次第にエスカレートしていきます。父親は「ノー」と言えずにその場しのぎの約束をしては，KEくんの期待を裏切り続けます。やがてKEくんは，"欲しいものをくれない"父親をののしるようになり，父親は悲嘆にくれてオロオロするばかりで，父子の力関係は逆転していったのです。

　他方，KEくんの兄KFくんの場合は，実父と母の離婚による家庭の崩壊，母親の再婚，義父からの暴力，度重なる施設への一時保護委託，母親の蒸発，施設入所，義父による望まれない子としての扱いなど，養育的なかかわりが届かない実態が長期にわたって続きました。義父の暴力からKFくんを守ろうとした母親も結局蒸発し，施設に保護された後も，義父からまるでいない子であるかのように扱われていました。施設入所当時は，影の薄い存在だったKFく

第6章　不適切な養育環境と子どもの育ち

んですが，学童期に入ると様相を変え，職員が対応に苦慮する攻撃性を示すようになります。その根底にあったのは，長期にわたって無視され，粗末に扱われてきた経験に由来する，他者一般への"不信感"と"怒り"であったと考えられます。

4. 虐待から保護された子どもの育ちの課題

　重大な問題を抱えた家庭の現実から保護された子どもたちは，児童相談所での一時保護を経て，里親，児童養護施設，情緒障害児短期治療施設などに保護され，そこで新たな人間関係や新たな生活を体験することになります。長く虐待環境下で育った子どもは，虐待の心理的弊害を抱えており，虐待環境から保護された後に，反応性の心理的問題を表すことが珍しくありません。このため，子どもが受けた虐待に配慮した，個別の心理的支援を含めた養育が必要になります。

　児童養護施設を例にすると，保護された子どもへのかかわりは，施設職員の肩にかかってくるのですが，すでに❶で触れたように，その職員配置の基準はきわめて脆弱なものです。また，情緒障害児短期治療施設であれば，子ども10人に心理職一人の配置など，施設収容後の心理的ケアの体制が取られていますが，情緒障害児短期治療施設は常に定員を超える状態にあり，入りきれない子どもたちは児童養護施設に保護されているのが現実です。児童養護施設には虐待加算はあるものの，職員や心理職，家族支援を担当するファミリー・ケースワーカーなどの配置は，きわめて不充分です。そうした厳しい現実のなかで，保護される以前に子どもたちが体験した，加害的な養育環境の影響と，そのなかで育った傷ついた自己感や他者感に向き合うことになるのが施設職員なのです。

　育つということも，育ち直すということも，人との関係を抜きにはなりたちません。生活の場である施設では，基本的な衣食住と安全な生活環境の提供だけでなく，育つための土壌となる人間関係の提供が重要な課題となります。し

かし，子どもにとって依存対象である親から受けた虐待経験と，虐待的関係を通じて培われた他者モデルは，施設で出会った他者との関係が親密になるほど，その新たな対象に投影されます。親との間で形成された虐待─被虐待の関係モデルは，新たに登場した他者との関係に布置され，新たな対象との間で，信頼と不信，接近と回避，愛着と攻撃や怒りなどの矛盾した態度が活性化することになります。その現実は，杉山（2007）が「被虐待児の対人関係はゼロからではなく，マイナスからの出発である」と指摘している通りです。しかも単純なマイナスではありません。複雑な外傷体験が絡むマイナスなのです。そこから出発して，どのように育ちの過程を支え，プラスに転換できるかが施設職員の課題になるのです。

　施設入所までに子どもが経験した被虐待体験と，その親子関係を基盤に形成された自己感や他者感が，生活の場である施設でどのように表現され，新たな他者関係がどのような育ち直しの場になっていくのか，それがいかに困難な支援であるかは，次の4で取り上げることにします。

4 保護された子どもの新たな生活の場

1. 虐待からの保護と新たな生活の場への移行

　虐待から保護されるということは，子どもにとって，虐待した親やそれまでの生活の場から離されることを意味します。保護されて新たな場所での生活が始まるということは，子どもにとってどのような体験になるのでしょうか。

　保護のためには仕方がないことですが，虐待を受けていた場であるとはいえ，馴染みの生活の場から，子どもたちは全く新たな生活の場に移ることになります。しかも，乳児である場合を除き，次の生活の場へ移る前に，まずは児童相談所の一時保護所でしばらく過ごし，その間に，その後の生活の場を探すことになるのが一般的です。

　虐待状況から緊急に保護された場合，子どもたちは，ほとんど身一つで一時保護所に保護されてきます。後から学用品や着替えが届けられはするものの，親が保護に抵抗している場合などは，着替えも一時保護所で保管されている衣類に頼ることがあります。つまり家から保護されると同時に，子どもたちは，保護的な場ではあるにしても，むき出しの未知の場に放り込まれるということです。また一時保護所には，虐待された子どもたちだけでなく，抱えている問題も様々な，18歳以下の他の子どもたちも保護されています。

　一時保護所で過ごす期間は，通常数週間から2カ月ぐらいまでですが，受け入れ先が決まらないなどの事情で，実際にはそれを超えることも珍しくありません。子どもの側の体験としては，自分がどうなるのかわからない宙吊り状態の時間が続いた後，次の長期的な生活の場へと移っていくことになります。次

の生活の場は，一時保護中の社会診断，心理診断，医学診断，行動観察の結果を総合して判断されますが，家族の意向や受け入れ側の事情が絡んで，なかなか決まらないことがあります。子どもたちが受け入れられていくのは，主として，乳児院，児童養護施設，情緒障害児短期治療施設，里親等になります。子どもに障害が認められた場合は，障害児施設への入所が決まる場合もあります。

　ここでは主として児童養護施設を例として取り上げますが，児童養護施設の職員配置の最低基準は，１で触れたように，家庭環境の変化や虐待などの社会的問題の増加に配慮するかたちで，僅かながら増員されて現在に至っています。最近では，2013年４月に，児童と職員の人数比が，乳児1.6人に対して職員一人，２歳児２人に対して職員一人，３歳以上は４人に対して職員一人，小学生以上は児童5.5人に対して職員一人に改正されました。しかし，この職員配置は，入所児童の人数に対して決められた基準であり，24時間体制で実現するものではないことは先にも触れました。三交代勤務等を考慮すると，一人の職員が担当する児童数は，時間帯によっては基準の３倍になることがあるのです。そうした人的配置の実態が重要なのは，子どもの育ちは養育的他者との関係の質に深く影響を受けるからです。複雑な家族関係や虐待を経験してきた子どもたちにとって，そこが安全で落ち着くことができ，個性を伸ばすことができる育ちの場であることが重要です。そのためにも児童養護施設は，虐待的環境のなかでは見出せなかった，安全で安心できる，自己形成の土壌となる個別の人間関係を提供する場であることが望まれるのです。

2. 小規模な家庭的養育の場の重要性

　2017年12月に発表された厚生労働省の統計資料「社会的養護の現状について」によれば，保護者がいない児童や被虐待児などの社会的養護の対象児童は，2016年10月１日現在で，約４万5000人に及びます。そのうち約65％の２万9000人の子どもが，乳児院と児童養護施設で生活をしています。

　国は社会的養護の成果や問題点を検討することで，子どもの生活の場として

第6章　不適切な養育環境と子どもの育ち

は，大人数の子どもが集団生活をする大型の養護施設より，小規模の家庭的養育の場が必要であることを，認識するようになっています。このため，施設の小規模化や里親委託の推進が長年の課題になっており，近年になって大きな変動が起きています。すなわち，2008年3月の段階で児童養護施設の7割が，児童定員が20人以上の大舎制であったのに対し，2012年3月の段階では5割になるなど，施設の小規模化が進んでおり，児童数が13〜19人の中舎制や，12人以下の小舎制への移行が推進されています。また，小規模ケアの形態も，定員6〜8名の分園型の小規模グループケア，本体施設の支援のもと地域の民間住宅などを活用して家庭的養育を行う定員6名のグループホーム（地域小規模児童養護施設），養育者の住居で養育を行う定員5〜6名のファミリーホーム（小規模住居型児童養育事業），などの形態が増加する傾向にあります。

　将来的には，児童養護施設はすべて小規模グループケア化することが国の目標になっていますが，まだ絶対数は限られているのが現状です。このため，家庭的養育の場として重要になるのが，児童1〜4名を夫婦または単身者が養育する，里親家庭への委託です。里親の概念は諸外国ごとに異なるため，単純な比較はできないと言われていますが，2014年3月現在の厚生労働省の資料「社会的養護について」によれば，2010年前後の状況として，欧米主要国では概ね半数以上が里親委託である（オーストラリア93.5%，アメリカ77.0%，イギリス71.7%，カナダ63.6%等）のに対して，日本は12.0%にすぎず，日本は施設依存度が高いのが特徴です。今後，里親委託児童が増えることが望まれていますが，虐待環境で育ち，虐待による発達阻害やPTSD（心的外傷後ストレス障害）を抱えている子どもの里親委託については，専門的な養育技術の向上が求められるため，研修などの支援事業も増えています。

3. 環境の変化と子どもたちの不安と緊張①——物理的環境の側面

　家庭的な養育の場を目指して，子どもの受け入れ体制は変わりつつありますが，まだ大多数の子どもたちが，比較的規模の大きい児童養護施設へ移行して

いるのが現状です。まずは，新しい生活の場に保護されることを，子どもがどのように体験するのかについて考えてみます。

　保護された場所には虐待した親はいません。しかし，成長し，ここまで大きくなったという，自己の歴史性を支える生活環境もまたなくなったのです。幼児期の後期に，性別や名前などの基本的な自己感や自己同一性が育ちますが，その同一性の育ちを支えているのが，家族などの社会的関係であり，具体的な生活環境です。

　虐待が行われていた場所ではありますが，保護される前の「私の家」という生活空間には，自分が育ってきた痕跡や，自分の家だと感じさせる馴染みの玩具や生活用具が蓄積されています。自分の所有物を表す表現として，しばしば「唾をつける」という表現が使われますが，生活の場は「私」という存在の唾がついている場であり，生活の匂いがしみついた空間や具体的なモノの世界が，子どものこころの現在を支えている場なのです。

　より年少であればあるほど，子どもの心理的世界は感覚運動的な物理的対象世界との交渉を特徴としています。幼い子どもにとって外界は，舐め，抱き，掴んで確かめることができるものです。そして，それらの交渉活動が，子どもの「私というもの」の世界の成り立ちを支えてもいるのです。

　もしも虐待する社会的対象からの切り離しと同時に，生活の場や自分のテリトリーを形成していたモノたちからの切り離しが行われる場合，子どもは育ちの土壌から根こそぎ引き抜かれる体験をすることになります。虐待的環境からの保護と生活の場の移行を，子どもが安全な場所への移行として体験できるように，どのように実現するかは保護する側の課題になるのです。

4. 環境の変化と子どもたちの不安と緊張② —— 対人関係の側面

　保護された子どもにとっての新たな生活の場となる施設は，自然環境や地域条件も，建物の構造も，そこで生活を共にする人間関係も全く新しいものになります。保育所や幼稚園，学校に通っていた子どもは，その集団の場も変わる

第6章 不適切な養育環境と子どもの育ち

ことになりますし，そこには，更に新たな人間関係の場が待ち受けています。
つまり，保護によって生活空間から取り出された子どもたちは，養育的な人間
関係が変わるだけでなく，通常の子どもの生活世界にかかわってくる地域的人
間関係や友人関係も変わるということです。馴染みのない場所に身を置けば，
不安や緊張のために身構えるのは当然のことです。筆者がかかわったY児童養
護施設での，入所当時の子どもの様子を数例紹介すると次のようでした。

　LAくんの場合　母親によって祖母宅に置き去りにされた3歳のLAくんは，
一時保護所を経て児童養護施設に入所したばかりの当時，まるで野生動物のよ
うに油断なく辺りを窺い，目つきは鋭く，糸切り歯が牙のように光って見えま
した。

　LBくんの場合　ネグレクトのために，きょうだいと一緒に保護された3歳の
LBくんは，年長のきょうだいにしがみつき，馴染みのない他者には警戒して
近寄ろうとしませんでした。LBくんの例に限らず，きょうだい一緒に保護さ
れた子どもたちは，お互いに身を寄せ合って，お互いをかばうように行動する
傾向が見られます。

　LCちゃんの場合　母親の妄想にさらされて育った4歳の女児LCちゃんは，
本人も母親と似た精神症状があるのではないかと疑われるような，混乱した行
動をとることがありましたが，1歳年下の弟LDくんの存在を絶えず気にし，
世話をやこうとする態度をとりました。

　LEちゃんの場合　母親から暴力を受けて保護された，軽い知的遅れのある4
歳の女児LEちゃんは，表現が乏しいぼんやりした態度が目立ち，環境の変化
に呆然としている様子でした。

　虐待によって子どもが抱えることになった傷つきや，外界一般に対する警戒
心や怖れは深刻であり，「保護的環境に移ったのだから，もう安心していいの
だ」とは，子どもはすぐには信じられないのです。

　そうした子どもの側の警戒心や不安・緊張という心理的要因に，職員配置と
いう要因も重なります。すなわち，主たる養育者が一定している小規模グルー
プケアの場合を除き，複数の職員による交替勤務制のために，子どもにかかわ

254

る機会が昼であったり夜であったり，3日後になることさえある児童養護施設では，特定の職員と特定の子どもが個別の関係を築いていくことは難しいのです。交替勤務であっても，個別担当制をとる施設がある一方，複数の職員が複数の子どもをみる集団指導体制をとり，担当は特に決めていない施設もあります。より個別的で家庭的な関係の育ちが重要だと理解されているにもかかわらず，あえて集団指導体制がとられるのには理由があります。虐待によるトラウマ症状が深刻な場合，虐待する親イメージが担当スタッフに投影されることがあるためです。

5. 母親という願望の対象

　虐待を理由に児童相談所が子どもを保護し，施設入所を決定した場合，子どものトラウマ体験を刺激することを憂慮し，虐待した親と保護された子どもが面会する機会は，しばらくの間は認められないことが多いようです。それによって子どもは安心する反面，親の存在を強く意識し，親に会いたがり，親の面会を心待ちにする場合さえあります。

　LF くんの場合　LF くんは，3歳で母親の蒸発を理由に児童養護施設に保護されました。母子二人世帯であった3歳まで，母親が風俗店で仕事をする夜間は，雇い主が面倒を見ていたとのことです。母親が LF くんを残して突然姿をくらましたために，LF くんは保護されたのですが，母親の家族関係，頼ることができる身内の存在はわかっていません。施設で生活するようになって数年経過してから，LF くんの所在を探り当てた母親から，時折手紙がくるようになります。それは事情があって一緒に生活はできないという内容で，母親の所在は書かれてありません。施設の他児が家族と面会したり，外泊したりする姿を見て育つなかで，LF くんは親と会えない理由を一人抱え，煩悶し続けるようになっていきます。

　LG ちゃんの場合　母親に遺棄され音信が途絶えている LG ちゃんは，所在がわからない母親からの音信を待ち続け，「母親は重病で，会いに来たくても来

第6章　不適切な養育環境と子どもの育ち

られないのだ」というファンタジーを作り出し，周囲に語り続けました。

LH くんの場合　生活スキルがない母親とネグレクト状態で暮らしていた小学生の LH くんは，施設に保護されてから，まるで母親の保護者であるかのように，母親が「きちんと食事をしているか」を，心配し続けました。

LI くんの場合　小学３年生の LI くんの母親は，前触れもなく面会にやってきては LI くんを連れ出し，外食し，施設では禁止されているものを買い与え，次の面会の約束をしては帰っていくのですが，約束はいつも破られてしまいます。それでも LI くんは，母親を特別な存在として慕い，次の面会を楽しみに待ち続けていました。

LJ くんの場合　ネグレクトと経済的な困窮で保護された５歳の LJ くんを，母親は面会時に連れ出しては，LJ くんの頭を金髪に染め，頭頂部をたてがみのように立てるなど，奇抜なヘアスタイルにして連れ帰ってきます。LJ くんには施設や幼稚園での５歳児としての生活があることが，母親の視野には入っていません。第三者的には，母親が LJ くんを人形扱いしていると思われるのですが，LJ くんは母親に「かっこよくしてもらった」と思っているようです。

　以上のように母親は子どもにとって，「私というもの」の始まりにかかわる原初の他者だからこそ何者にもかえがたい存在なのでしょう。たとえ否定的な体験が重なっていたとしても，その現実を否認し，補うかたちで，美化されたイメージに子どもはしがみつきがちです。また親の方も，まるで罪滅ぼしのように，面会時に子どもに好き放題させることで，日頃の不在の埋め合わせをしがちです。そのために，外出や長期帰省の度ごとに，施設で築いた生活習慣や生活態度が水泡に帰す事態が繰り返されるのです。

　親の面会がない子どもの場合は，実現しない面会を心待ちにし，面会に来られない理由を探ります。そして，"親が会いに来ないのは重い病気などの何か重大な理由があるからで，親は自分に会いたがっていて，いつか必ず迎えに来る"という，不思議なほど共通するファンタジーを抱きます。このファンタジーを，子どもたちは生きていくためのこころの杖にするのです。接触が少ないほど親イメージは美化されがちですが，かといって接触を重ねることで期待が

256

裏切られても親をかばいます。それは、"自分を見捨てない親"を内的に保持するための、子どもの防衛反応だろうと考えられます。

実際には、子どもの夢や願望は、なかなか実現しません。そのいらだち、怒り、やりきれなさを抱え、なす術もなく、見通しのない現実に翻弄されているのです。虐待する親であっても、子どもにとっては長年にわたる依存対象であり、かけがえのない存在である点は揺らがない傾向が見られます。虐待する親を怖れ、憎み、嫌悪の感情を向けることがあるにしても、親は自分を愛してくれているに違いないという願望を捨てることができず、家に帰りたがることがあるのも、子どもの心理的現実なのです。

家庭引き取り後に虐待が再発し、子どもの命が失われる事件がしばしば起きていますが、そのたびに、引き取りを決定した児童相談所の責任が問われています。しかし、子ども自身が家に帰りたがり、親も引き取りを希望する場合、起こりうる虐待の可能性をいかに見極めるのかは、きわめて難しい問題なのだということにも注意を払う必要があるのです。

6. 虐待体験を投影される施設職員

児童養護施設の場合を例にとると、入所してきた子どもとかかわる職員が体験するのは、まずは信頼関係を築くことがどれほど難しいかということです。保護された子どもは、小学生ぐらいになると、しばしば「おとなが勝手に連れてきた」のだと、おとな全体に反発します。そばにいない親に怒りを向けるわけにはいかない時、子どもの怒りはいきおい身近な親代理としての職員に向けられます。怒りの対象がずれているという理解は、子どもにはありません。親という存在を傷つけることなく、子どもは親代理の立場にある職員に怒りを向けて攻撃します。しかし、そうした怒りの発散は、いわば弱いものいじめ的な衝動的発散に終わり、他者と向き合い、やりとりを通じて感情を収めていく、自我の強さを育てる経験にはなりません。このため、一歩施設を出て社会的な現実に身を置くと、感情的事態をどう扱っていいのかわからずに立ち往生し、

第6章　不適切な養育環境と子どもの育ち

不適応状態に陥る傾向も目立つのです。

　どうしてそのような攻撃が起こるのでしょうか。子どもは愛着対象と生活を共にするなかで、早期の愛着経験を内在化し、愛着対象と自己に関する行動のプランニング、すなわち対人関係のモデルとして一貫して機能する、個人的な内的作業モデルを形成します。たとえば、拒否的な養育を受け、泣いても適切に応じてもらえないか、むしろ遠ざかるような養育を受けると、子どもは愛着対象からの応答可能性に確信がもてなくなり、愛着の表現を抑え込む回避型の内的作業モデルを形成することになります。この内的作業モデルは、とりわけ親子関係と類似の養育的かかわりに情愛が絡むような関係の場で活性化しがちです。すなわち、児童養護施設の職員は、しばしば子どもからいわれのない敵意や不信などの感情を向けられて戸惑うのですが、子どもに対して養育的なかかわりを志す職員だからこそ、子どものなかに形成された他者についての内的作業モデルが作動するのです。

　その攻撃は激しく、子どもと信頼関係を築きたいと考えている職員の揚げ足をとり、くさし、ばかにさえします。職員の多くは、子どもからのそうした攻撃を、「試されている」と体験します。そして、この試しを乗り越えて、信頼関係を築こうと努力することになります。しかし、子どもは試し行為の矛先を、なかなか緩めることがありません。これでもか、これでもかと、次々に攻撃を仕掛けてきます。新たな人間関係に根を下ろす前に、親との間で形成できなかった基本的な信頼感の揺らぎが、目の前に登場した養育的な他者へ投影されることになるのです。子どもによっては、親に暴力を振るわれ、存在をくさされ、裏切られ、見捨てられた体験が重なっているのですから、目の前に登場した他者に向けられるのは、まずは、「あなたは誰か？」「信頼していいのか？」という問いです。職員の側も、「この人も自分を傷つけるのではないか？」「この人もいずれは自分を見捨てるのではないか」という目で、子どもが自分を見ていることは理解してはいます。しかし、そう理解しながらも、子どもたちが束になって向けてくる攻撃にさらされ続け、深く傷つき、燃え尽きるようにして、多数の職員が数年で辞めていくのも、児童養護施設現場の厳しい現状です。そ

して子どもたちも，辞めていく職員に対して「またか！」と，持ちこたえられなかったことを責め，「どうせ，俺らは……」と見捨てられ体験を重ね，被害感を強めていくのです。

そのような，職員が消耗し，燃え尽きて退職に至るほどの厳しい現実が，児童養護施設のありふれた現実なのですが，この現実を見据えずには，子どもたちの育ち直しの場が，どのような課題を背負っているかが見えてきません。育てるということは，日々，こころも労力も費やして営まれていくものです。育ちの場は関係の場であり，子どもを迎え入れた施設の場で，養育的な他者として，子どもにかかわろうとする職員が，入所前のこじれにこじれた親子関係の鋳型（内的作業モデル）から発せられる問いにさらされ，それをどう関係のなかで受け止め，新たな関係を育てることができるのか，その困難と課題の重さに注意を払う必要があります。

7. 集団生活への移行に伴う困難

保護された子どもたちにとって，施設という新たな生活環境への適応が容易でないのは，施設が集団生活の場であるということも関係します。集団生活の場には，家庭的な生活の場とは異なるルールがたくさんあり，一人ひとりが個人的な願望や欲求を抑制しなければなりません。好きな時に好きなものを好きなだけ食べることはできません。好きなテレビ番組も他児と譲りあって観なければなりません。18歳までの子どもたちが共同生活をするわけですから，年長児との関係もストレスになりがちです。

かかわりをもつことが暴力を振るうことであるような家庭で育った子どもが，暴力をコミュニケーションスキルとして他者にかかわり，力で他児を支配するようになることがよくあります。また，家で暴力を受けていた子どもが，施設でも他児から暴力を受けることになることもあります。更には，性的虐待を受けた子どもが，施設の中で他児に性的ないたずらをする加害者になってしまう事態も起きます。性的虐待を受けた子どものトラウマ反応や他児への性的行為

第6章　不適切な養育環境と子どもの育ち

は，今日，児童養護施設の重大な問題になっています。

　2016年10月の厚生労働省の統計では，児童養護施設に入所している子どもの59.5％が，虐待を経験して入所しており，さらには入所児童の28.5％に知的障害や広汎性発達障害（自閉症スペクトラム症）など，なんらかの障害があるとされています。その他にも，保護者の死亡や病気，離婚などの理由で入所している子どもたちもいるのです。異なる育ちの課題や心理的欲求を抱えた子どもたちが共に生活するなかで，ぶつかりあいせめぎあう関係にどう向き合っていくか，児童養護施設という場が，どれほど個別的で困難な課題に向き合った育ちの場であるかが見えてきます。

　清くんの場合　きゃしゃでほっそりした体格の，小学生の男児清くんは，ほとんど意思表示をしない，他児の攻撃にさらされやすい子でした。母親は清くんの上にも父親の違う何人かの子どもを出産していますが，他県の施設に保護されていて子ども同士の交流はなく，清くん自身も生後まもなく乳児院に預けられたため，きょうだいの存在を知りません。就学を機に乳児院から児童養護施設に移ってきましたが，それまでの間に母親の所在は不明になっています。

　集団指導体制をとっていた当時の施設では，守り手となる職員との関係は手薄であり，清くんは特定の他者との個別的な関係を経験できずに成長しました。施設内に自分の居場所を見出せないでいる様子を心配した職員の勧めで，施設内での個別のプレイセラピーを，筆者が担当することになったのが小学3年生のときです。

　清くんは黙ってひたすら箱庭に取り組み，そのテーマはいつも，弱肉強食の動物の世界で，強い獣が弱い羊や幼獣を取り囲んで攻撃し，いたぶるというものでした。飽きることなく，数年にわたってこのテーマを延々と表現し続けたのですが，無防備に暴力にさらされていた幼く弱い命は，徐々に仕切りや柵で守られるようになっていきます。一週間に一回のこの面接で，まるで真剣勝負をするかのような張り詰めた態度で弱肉強食の世界を表現しながら，清くんはこころの世界にも，気持ちの整理をする引き出しを育てていきました。おとなしく無口なままですが，深く考える主体的なこころの芯が育った様子が見え，

中学生になる頃には，自分と家族の歴史を知ろうとするようになっていきます。

＊

　職員の仕事は，まずは安心できる環境の提供とあわせて，生活を共にしながら，生活の基本，集団生活の基本を育てる支援を始めることになります。それらの支援と並行して，他者と個別の信頼関係を築いた経験がない子どもたちと，気持ちを通いあわせていくこころの仕事を，積み上げていくのが施設職員の仕事なのです。それがどれほど困難で，手を尽くし，こころを尽くした仕事であるかは，想像を絶するほどです。しかし，その困難な状況の中で，子どもたちのこころを受け止め，育ち直しの過程を見守り，励ます職員たちの仕事が営まれているのも児童養護施設という育ちの場の現実です。

　ここで紹介した児童養護施設が抱える厳しい現実を直視したうえで，5では，そうした育ち直しの過程をたどった子どもの例を紹介していきます。

5 育ち直すということ

1. 入所後の問題の発達的変化

　虐待的環境から保護された子どもたちが，新たな生活の場ですぐに安心してこころを開き，育ちの過程を歩みはじめるかといえば，現実はそう簡単でないことは，前節でも触れたとおりです。

　❶のおわりに，Ｙ児童養護施設に1985年５月から10年２カ月の間に在籍した児童169名を対象とする実態調査（山上，2001）の結果をごく一部分紹介しました。調査結果には，子どもたちが施設入所後も困難な育ちの過程を歩み続けている姿が反映されていました。改めて概要を紹介すると，調査はこの施設が大舎制から小舎制へと移行して10年余り経過した時期に，大舎制時代に培われた問題を振り返り，支援の課題を明らかにするために実施したものです。調査にあたっては，幼児期前期，幼児期後期，学童期低学年，学童期中学年，学童期高学年，中学生期，義務教育修了後の七つの年齢区分ごとに個人票を作り，担当職員が該当する時期に観察した行動を，個別にチェックしました。たとえば幼児期後期から中学生年齢まで在籍している子どもであれば，児童一人につき５枚の調査票をチェックすることになります。調査結果のうち，年齢区分ごとに高率に認められた特徴は，以下のようでした。

　幼児期前期　幼児期前期に在籍した21例では，過食や拒食などの摂食の問題や夜泣きなどが５割近くあり，心理的飢餓感や混乱が，生理的次元の問題として表れる傾向が見られました。対人関係面では，対人不安傾向が強い（３割強）一方，すぐ泣く傾向（４割強）が目立っています。

5 育ち直すということ

幼児期後期　幼児期後期に在籍した36例では，食べ物への執着，夜尿，失禁，夜泣きなどの生理的問題，過度の身体接触欲求が，いずれも５割前後に見られ，なれなれしさ，拗ねる，顔色をうかがう，指しゃぶりなどの問題と重複して見られました。また，暴力，虚言，弄火，盗みなどの問題が習癖化しはじめる兆候が見られ，ことばの遅れを含めた発達上の問題は，８割強に見られました。

学童期低学年　低学年年齢に在籍した53例では約５割に夜尿があり，３割強の子どもに食べ物への執着が，２割強の子どもに寝ぼけ行動が見られました。心理的には，依存と拒否の両価的態度が強まり，自己中心的な防衛的態度と攻撃的行動が強まる傾向が見られ，盗みや万引きの問題をもつ例が３割強，虚言や弱い者いじめが２割強と，不適応行動がより顕在化します。

学童期中学年　中学年年齢の59例では，食べ物への執着や夜尿が低学年より高い比率で持続する一方，関係面では，幼児期的な身体接触への強い欲求が６割を超え，自分の気持ちを表現できない傾向や自己中心的態度が５割近くに認められました。情緒面では気分のむらが目立つ子どもが５割を超え，盗みや万引きなどの不適応行動が４割強，暴力行為が２割近くに認められるなど，衝動的で粗暴な態度や攻撃行動が目立つようになっていきます。またこの時期には，学習面の問題が深刻化し，学業不振や学習意欲の欠如が４割を超えています。

学童期高学年　高学年年齢の66例では，夜尿や寝ぼけは減少しますが，食べ物への執着が４割，身体接触が５割近くと，引き続き目立っています。情緒面では，気分のむらが５割強，怒りっぽさが４割強，不安の高さが３割に目立つほか，対人面では職員を試す態度と他児への支配的態度が，共に５割近くに及び，自己中心的態度は６割強へと増加しています。また，学業不振が５割近くに及び，学習意欲を失った子どもが万引きや盗み，弱い者いじめ，暴力的態度を強める傾向が見られ，喫煙，無断外出，性的問題などの新たな不適応行動が表われています。

中学生期　中学生年齢に在籍した77例では，食べ物への執着が5.5割に見られ，情緒面の気分のむらが6.6割，怒りっぽさが５割近くに目立つ一方，将来への不安の訴えが３割強に見られるようになります。学習面では学業不振が５

263

割強に見られるだけでなく，学習意欲を失った子どもが，校則違反，授業妨害，怠学傾向など，学習場面から逸脱していく傾向が目立ちます。自己中心的態度は6割，常識の欠如が5割に見られる一方，幼児的な身体接触の欲求が，なお4.5割に目立っています。更に，幼児期的発達課題を引きずりながら思春期に入った子どもたちは，不登校，神経症，精神病などの心理的不適応と，窃盗，シンナー依存，暴力事件などの反社会的行動化の方向へ，問題の表れを二極化する傾向が見られました。

　義務教育修了後　義務教育修了後の65例のうち，6割が進学し，残りの4割が就職を選択しています。しかし，進学者の3割が途中退学し，在籍はしているが学業不振，不登校，神経症状態などの理由で学業上の不適応に至った者が3割を超えました。また，就職した例においては，解雇，安易な退職，出社拒否などに陥った例が5割を超え，安定した就労は困難でした。それらの結果は，進学や就職のいずれの場合も，不適応が顕著である実態を浮き彫りにしました。

2.　調査結果と支援の課題

　調査は施設職員が捉えた子どもの姿を反映したものですが，結果は予想をはるかに越えて深刻でした。調査結果から職員が受け取ったのは，子どもたちが抱えている問題が，生理的次元から心理的次元，社会的次元にまで広がる多層構造をなしており，その中核に養育を担う親や施設職員との関係性の問題があるという認識でした。幼児期的な問題は学童期に入っても持続するだけでなく，拒絶や反抗などの攻撃的な態度が強まり，小学校中学年頃から攻撃性や破壊性はより強まって，行為障害の様相を示すようになり，高学年になると外的適応を放棄したかのような自己中心的，自己防衛的な態度を強めて，行為障害が慢性化する傾向が見られました。中学生になると，それらの傾向は思春期的特性も絡んでより重篤化し，防衛機制の揺らぎと破綻が危機的様相を示す例が見られるようになります。更に義務教育修了後は，進学と就職のいずれの進路においても不適応に陥る傾向が高く，義務教育修了後も彼らが支援を必要としてい

る現実を示唆しました。

賢くんの振り返り　1と2で，生活環境も主たる養育者も転々とするなかで育ち，5歳6カ月で児童養護施設に入所し，中卒で就職したものの3週間で解雇され，施設に戻ってきた賢くんの例を紹介しました。賢くんも実は調査対象に含まれており，賢くんの幼児期後期から中学生までの5期の調査結果は，先に紹介した各期の特徴と重なっています。すなわち入所当時から，不安の高さ，感情の起伏の激しさ，頑固ですぐ拗ねる傾向，虚言の多さなどが目立ち，毎晩夜尿があり，基本的生活習慣は身についておらず，ことばの遅れが目立ちました。対おとな関係では，初対面の他者にもすぐに身体接触を求める一方，相手の顔色をうかがい，自分がいじめられていることを誰彼かまわず訴えました。子ども関係ではボス的年長児になれなれしく接近しては暴力を受け，同年齢集団内では弱いにもかかわらず自分から攻撃をしかけてはやられるなど，対人距離の取り方のまずさが目立ちました。夜尿は高学年まで続き，異臭のために他児から敬遠されがちであることをいじめとして体験していました。中学生頃からは生活面でも学習面でも疎外感が強まり，"いじめられて育った"という否定的自己像が，ステレオタイプに反芻されるようになり，職場での場所をわきまえない自分語りが解雇理由になっています。

　そして振り返れば，入所前の育ちの課題が改善されず，入所後の問題が重積している，賢くんと類似の困難事例が他にも多数あったのです。

　賢くんが中学を卒業したのは，入所していた施設が大舎制から小舎制へと移行した年であり，賢くんの施設生活のほとんどは，個別的支援が実現できなかった大舎制の影響下にありました。もちろん大舎制の時代にも，心身を投げ打つようにして，困難な問題を抱える子どもたちと向き合っていた職員は多数いました。しかし調査結果は，入所前の不適切な養育環境下での育ちの障害が，施設生活のなかで改善されていないという現実を職員に突きつけ，抜本的な見直しを迫ったのです。すでに小舎制へ移行して改革が始まっていましたが，子どもの育ちにとって何が重要な支援であるかを検討するなかで，支援の課題として重視されたのが，①"生活ということ"の見直し，②個別的な関係性の重

第6章　不適切な養育環境と子どもの育ち

視，③発達課題に応じたかかわりの工夫，でした。

3. 生活の場を育ち直しの場として

(1) "生活ということ"の見直し

　施設という場所は生活の場なのですが，与えられる衣食住の条件下で，受身的にならざるをえないところに大舎制の問題があります。大舎制当時，食事は見えないところで作られたものが運ばれてきて，大食堂で食べていました。作られる過程を見たことがないから，目玉焼きが卵を割って焼いたものであることを知らない子どもがいました。

　しかし小舎制になって，食事を台所という見える場所で作り，買い物も家ごとに行い，メニューには子どものリクエストも加え，小舎ごとに家計のやりくりをし，時には豪勢に焼肉をし，外食の機会も作るなど，食事の改革は子どもたちに大きな感動をもたらしました。同様に，洗濯や掃除も家ごとに行われるようになり，子ども自身にも責任が生じるようになりました。こうして，幼稚園や学校に行って戻ってくる場所として，小舎制の生活棟は子どもたちにとっての"家"になったのです。

(2)個別的な関係性の重視

　小舎制になったことで，家ごとに6～8人の子どもが家担当職員やサポート職員と一緒に生活するようになります。子どもにとっては他者の姿が見えやすくなり，職員は個別的な応答的かかわりに留意しました。家事を手伝う子どもの姿も見られるようになり，その仕草が担当職員にそっくりだと言われる状況も生まれました。職員との関係が深まるなかで，生活を通した生活スキルの獲得が進む様子も見られました。知的な学習によってではなく，生活を共にする職員とのかかわりのなかで，しつけは成り立つのだと考えられていました。また，大舎制当時はきょうだいであるかどうかにかかわらず年齢や性別で生活棟が分けられていましたが，小舎制では基本的にきょうだいは分離しない方針が

とられ，きょうだい関係の育ちが重視されるようになりました。

⑶発達課題に応じたかかわりの工夫

　受け入れた施設でのスタッフと子どもの関係は，ゼロから出発するのではなく，親との間で形成されたマイナスの関係基盤にまで戻って，関係性の修復に取り組まなければなりません。子どもがどのような年齢でどのような質の養育を受けたかによって，子どもが抱えることになる問題は個別的ですし，支援もまた個別的な理解に基づいた個別的取り組みでなければなりません。

　このため，困難事例を持ち寄り，特定の児童についての事例検討会が，Ｙ児童養護施設全体から現場職員が参加するかたちで実施されました。検討資料は，児童相談所から移管された家族関係や成育歴等の情報だけでなく，施設入所から現在までの，職員や他児との関係，家族関係，行動特徴，幼稚園や学校での適応状況などの多岐にわたりました。検討資料の準備には時間を要しますが，"困った子"と思われていた子どもの育ちの過程を改めて振り返り，現在の行動の意味を問うなかで，担当職員のみならず検討会に参加する他の生活棟の職員たちも，自分たちが忘れていたり，知らなかった子どもの過去と向き合い，「なぜそうした行動をとらざるをえなかったか」という，子どもの行動の意味を抱え直す機会になりました。検討を通じて援助方針を探り，困難な問題を抱える子どもには，必要に応じてフリーの職員を担当として配置し，独自の支援チームを組むこともありました。また，個別支援の一環として，施設内での個別の心理面接につなぐ道も用意されました。

　以上のような方針に沿った支援が行われるなかで，子どもたちは見違えるような育ち直しの過程を歩みはじめます。個人情報を一部修正して紹介すると，以下のような例がありました。

第6章　不適切な養育環境と子どもの育ち

4.　育ち直すということ

⑴両親に呼びかけるようになった翔くんの場合

　翔くんは六人きょうだいの末っ子です。負債を抱え，就労が不安定な両親の下で，就学年齢のきょうだいが登校せずに下の子の世話をする家庭で育ちました。翔くんが1歳過ぎの頃に，ネグレクトを理由にきょうだいは保護されましたが，翔くんだけが年齢上乳児院に保護され，2歳を過ぎてから他のきょうだいがいる小舎制の施設に移っています。ことばは未発達で，きょうだいとの関係もまだ育っておらず，警戒心が強い翔くんに配慮して，入所後まもなく個別のプレイセラピーが開始され，生活棟では，担当職員Fさんによる応答的なかかわりが提供されていきます。筆者が担当した個別プレイでは，"見えているものが見えなくなっても，また見えるようになる"という，電車がトンネルを出入りする「イナイイナイバア遊び」に熱中しました。親との関係でも乳児院でも，養育者による恒常的で応答的な関係の経験がなかった翔くんには，"いる人が一時的にいなくなっても，またいるようになる"ことの確認は，切実な心理的欲求だったのです。

　入所後3カ月で爆発的なことばの獲得期を迎えた翔くんは，2歳5カ月に帰省した際に，父親に「オトウシャン」と呼びかけます。翔くんの呼びかけにこころを動かされた父親は，以後翔くんを可愛がるようになります。その後母親を「オカアシャン」と呼ぶようになり，翔くんにとって両親は，目の前にいなくてもこころのなかで呼び起こされる内的対象となり，親子関係や家族関係が明確に意識化され，2歳10カ月時には，自分を「翔シャン」と呼ぶ自己感が明確になります。プレイ場面では，帰省時に父親の車でドライブしたことが再現されるようになり，3歳を超えると，お父さんの「大ッキイ車」のことをしきりに語り，思い出しては，「オトウシャン，シュキ（お父さん，好き）」「オカアシャン，シュキ（お母さん，好き）」と言うようになります。その後，子どもの存在が視野に入るようになった両親は，数年かけて生活基盤を整え，きょうだいを引き取って家族の再生を実現します。

5 育ち直すということ

(2)愛されている自分を確認する遊びを繰り返した直くんの場合

　直くんは四人きょうだいの第三子です。父親は工員でしたが，母親は夕方から深夜にかけて飲食店を経営し，直くんが2歳半の時に，多額の借金を残して失踪してしまいます。母親は育児に関心がありませんでしたが，父親は帰宅後に食事などの最低限の家事を行っていて，子どもたちも父親にはなついていました。

　直くんが2歳10カ月の時に，3歳以下の子ども三人がまず乳幼児施設に保護されます。その後，第一子が就学を迎える機会に児童養護施設に保護され，直くんたち下の三人も合流するかたちでY児童養護施設に移ります。児童養護施設入所後は，父親が面会を密に行い，子どもたちも父親の存在に支えられている様子を示しました。

　受け入れ先のY児童養護施設は，幼児から高校生までが共同で暮らす小舎制で，きょうだい四人は揃って同じ生活棟に入りました。しかし，動作が緩慢で，不安が強かった直くんは，環境の変化に怯えました。「大きい子が恐い」と泣き，不安を埋めるかのように大量に食べ，夜尿があり，おとなに気に入られようとして気を遣い，一旦つまずくと意気消沈して気持ちの建て直しがなかなかできませんでした。人見知りがなく，誰にでもついて行き，特定の他者との愛着関係は未発達でした。

　時間をかけて直くんと向き合い，励まし，個別のかかわりを工夫したのが，家担当の職員Gさんでした。弟に手を取られるGさんに気を遣って甘えることができなかった直くんですが，5歳頃には身体接触で甘え，ことばでGさんと気持ちのやりとりができるようになっていきます。しかし，動作が緩慢で何かにつけて他児に遅れる自分を，"頼りないもの"として感じ，戸惑っている様子が小学1年生ぐらいから目立つようになります。ノートの書き方がわからず一人で考えこんでいたり，登校準備に手間取ってついには泣き出し，泣いた自分が恥ずかしくて学校へ行けなくなったりしました。2年生の頃には，姉から聞いたことを自分の記憶のように取り込み，それを反芻することで，母と自分の関係，自分の家族の歴史を物語として紡ぎだし，内化させている様子が見え

第6章　不適切な養育環境と子どもの育ち

ました。4年生になると，Gさんに「僕のこと嫌い？」「僕，あかん？」「僕，
いらへん？」などと繰り返し問いかけ，Gさんがたまりかねて「うん」と返事
すると，「オヨヨ」と泣くまねをし，Gさんが「嘘，大好きよ」と言うと直く
んが笑う，というやりとりを，ゲームのように毎日繰り返しました。幼児期的
な母子のやりとり遊びですが，直くんの場合は4年生になってから，愛情を注
いでくれるGさんと愛されている自分を確認する遊びとして繰り返し，自分の
存在基盤を強固にしている様子が見えました。

(3)母親の影響から自由になった KD くんの場合

　経済的にも精神的にも厳しい母子家庭で，母親のアルコール依存と精神症状
に怯えて育った KD くんの入所当初の様子は，❸で紹介しました。4歳で施
設に入所し，母親と距離が生まれた KD くんは，入所後2年が経過した頃に，
入所前の母親との生活の様子を語るようになります。それは担当職員のHさん
と，安定した愛着関係が育った時期であり，施設から通った幼稚園で自分の居
場所を見出しはじめた時期でした。

　入所直後にはじまった施設内での筆者との個別のプレイ場面では，KD くん
は一貫して，地震が起きて家や家族が"ぐちゃぐちゃになる"というテーマを
繰り返していました。しかし，プレイが2年を経過したある日の面接で，地震
のテーマで遊びながら，ふっと，「お母さんの家では，毎日地震やった」と語
ります。それは比喩ではなく，KD くんが母親と一緒に暮らしていた頃，母親
を心理的な土台としていた KD くんは，母親の精神的なぐらつきを地震その
ものとして体験していたことを表現したことばでした。そして，「ここ（施設）
では，地震が起きない」とも述べました。母親をどのように理解するかが課題
となっていた時期だったため，筆者から「母親はこころの病気である」こと，
「病気を治すために，お医者さんや，近所の助けてくれる人（福祉・保健・医療
の関係者）が，力をあわせて守ってくれている」現実を伝えます。この説明が
ストンとこころに入った様子の KD くんは，この後，母親という震源に巻き
込まれ，心理的に"ぐちゃぐちゃになる"状態を卒業し，小学校中学年頃には，

270

学習面の遅れを脱け出していきました。

⑷おじさんに引き取られた貴くんの場合

　貴くんの母親は，異性関係が不安定だった母子家庭で育ち，自身も思春期以降は異性関係に揺れました。若年で貴くんを出産した後，夫の家族や知人宅を半年単位で転々としました。貴くんが３歳過ぎの頃に母子で祖母宅に戻りましたが，しばらくして，母親は貴くんを残して姿を消します。祖母自身も生活が不安定だったため，貴くんは３歳６カ月時に児童養護施設に入所することになりました。

　小舎制の施設に入所した後の貴くんは，野生動物のように外界に警戒心を向け，身体を強ばらせ，目つきは険しく，担当職員には距離をとりました。このため個別の関係の場が必要だと考えられて，貴くんが４歳１カ月のときにプレイセラピーがはじまりました。担当の筆者が自己紹介をする前に，貴くんの方から「名前誰？」と問いかけ，鋭く相手を検閲する態度をとりました。プレイでは，パトカー，消防車，救急車が登場し，火事になった家から家族が救出されるが，赤ちゃんの救出がいつも遅れるというテーマが一貫して続きました。次第に口実を作っては筆者の膝に座るようになり，プレイ内容も，「悪いお母さんが子どもをほったらかしにする」という，経験を投影したテーマへ移行していきます。

　祖母宅への帰省は行われていましたが，貴くんは固まっていて，祖母とは口をききませんでした。また，貴くんの帰省中に実家に立ち寄った母親に偶然出会うことがありましたが，祖母は母親を「お姉ちゃん」と呼ばせ，貴くんも母親の前では固まっていました。そうした帰省中の体験を，貴くんは施設では一切語りませんでした。

　貴くんの身内には職人として働いている独身のおじがいましたが，祖母や貴くんの母親の生活ぶりに心を痛めていたおじは，貴くんの就学を機に，いずれ貴くんを引き取りたいと語るようになります。小学２年生時には，関係者が一堂に会して，引き取りに向けての検討を重ね，筆者も貴くんを理解してもらう

第6章　不適切な養育環境と子どもの育ち

ために，おじや祖母と話し合う機会をもっています。

　貴くんにはおじから直接引き取りの意思が伝えられ，自分で自分のことがで
きるようになる3年生頃には一緒に暮らせるようになるだろうという見通しや，
将来的にはおじの仕事を覚えて，一緒に働くことができるだろうという見通し
が伝えられます。しかし，おじには祖母や母親への怒りがあり，引き取り後は
会わせないと考えていることを貴くんは知っていました。ある日貴くんは職員
に，「お母さんに会えるように神さんにお願いしている」と語っています。貴
くんが会いたがっている“お母さん”は，現実の母親というより，貴くんのこ
ころのなかの象徴的母として，切れてはならない存在だったのだと推測されま
す。また，貴くんはある日のプレイで，引き取りの話題に触れた時，「でも，
頭が狂ってたら，ずっと学園やで」とふっと語ります。それは貴くんが，自分
が“おかしい”から施設に入れられたのだと思っていたことを示すものでした。
このとき筆者は，貴くんが悪いのではないことを伝えています。しかし，おじ
による引き取りへの期待と，「いい子」じゃないから引き取ってもらえないと
いう否定的信念の間で，貴くんは深く葛藤していました。それを知ったおじは，
祖母や母親への態度を軟化させていきます。そして，帰省の度に貴くん用の部
屋，勉強机，ベッドなどを整え，近所の子どもと遊ぶ機会を作り，転校先の小
学校も見に行くなど，二人の生活が現実になることを貴くんに示していきます。
おじに“可愛がられる”体験を重ねた貴くんは，次第にからだや表情が緩み，
他者に“気を許す”ことができるようになります。プレイ場面ではおじ宅への
帰省時の体験を語るようになり，過去の面接を振り返り，残りの面接回数を数
えつつ，新しい生活をイメージ化してこころに抱える作業をしました。こうし
て小学3年生になる時点で，貴くんはおじに引き取られていったのです。

＊

　以上のように，紹介できたのはわずか4例ですが，自分の存在を引き受けて
くれる他者との出会いを通じて，不適切な養育環境下で育ち，子どもの力では
消化しきれない現実に翻弄され，断片化していた自己が，再生に向けて育ち直
しの過程を歩む姿をたどることができました。

翔くんの場合は，職員Ｆさんとの関係を基盤にことばを獲得し，末っ子の翔くんが両親に呼びかけるようになったことで，親子関係，ひいては家族関係が再生されていきました。直くんの場合は，子どもたちを気遣う父親の存在が基盤にあり，生活の場で職員Ｇさんとの愛着関係に支えられるかたちで，直くんの自己意識はゆっくりと育っていきました。KD くんの場合は，入所によって母親の精神症状の影響から自由になり，新たに職員Ｈさんとの信頼関係を築き，プレイの場で内的課題と向き合うことで，自己の育ち直しを実現していきました。更に貴くんの場合は，おじさんが登場し，自分の存在を引き受けてくれることを信頼できるようになったことで，他者に気を許すことができ，未来を信じるようになっていきました。

育ち直しの姿は他にも様々あるのですが，紹介した例が示すように，自分を引き受けてくれる他者と出会うことで，子どもたちは育ち直しの過程を歩みだすことができるのだと思われます。また，小舎制の担当者と生活を共にするなかでの育ち直しとあわせて，子どもが抱えている混乱，不安，トラウマに焦点化した心理的な支援の場が必要であることも示唆されています。虐待された子どもの多くが，トラウマ性の行動障害を抱えていると認識されるようになっている現在，外傷性の障害（PTSD）を視野に入れた心理的支援は不可欠になっていると考えられます。

第 7 章

育ちと関係の多様性

第5章と第6章では養育的な二者関係に焦点を絞り，この二者関係の質が子どもの人格形成に深く影響する様を考察してきました。しかし，育ちにかかわる人間関係は，当然のことながら，親子関係に限られるものではありません。家族のなかにもきょうだい関係や祖父母との関係があり，それらは親子関係とは異なる広がりと深さをもち，親子関係とは異なる葛藤の源泉ともなります。

　人の育ちにかかわる人間関係は多様で，歴史上の人物や文学作品中の人物など，直接出会うとは限らない関係も含まれますし，最近ではインターネットを介して，不特定多数の見知らぬ者同士が交流する機会が増えています。子育ては文化であり地域，時代，民族によって変わりますから，子どもが生まれ落ちる文化が推移していくにつれて，子育ての文化もまた変わっていくのです。

　しかし変わらないものもあります。たとえば，親からの分離独立の過程を歩む子どもにとって，家族的な人間関係が心理的基地であり，情動補給の場である現実はゆるぎません。それでいて子どもたちは，人格形成の基地となる家族的人間関係から巣立って，外界に踏み出そうとします。家の外に魅力的で楽しい世界が開けているからこそ，子どもは家を出て探索に出かけるのです。そうした魅力的な外界とは，山や川や海などの自然，電車やバスや新幹線が走るのが見える場所，大型遊具を備えた公園等々，挙げたらきりがありません。そのような魅力的な外界のなかでも，子どもの興味や関心を強くひきつけてやまないのが，ともだちです。

1 幼児期のともだち関係
——親子関係からともだちへ

1. 近所のともだち

　ごく幼い頃から，子どもはともだちに出会い，ともだちに導かれ，親やおとなとの関係とは質的に異なる，豊かな経験世界に開かれていきます。そういえば最近，子どもがともだちの家に遊びに行って呼びかける声を，めっきり聞かなくなりました。幼児期を保育所や幼稚園で過ごす子どもが増え，日常を近所の子どもたちと過ごす機会が減って，休日の過ごし方も変わってきているからなのでしょうか。

　それでは，子どもにとって子どもとはどのような存在なのでしょう。ずいぶん以前のことですが，当時住んでいた家の隣に，3歳のあきちゃんという女の子が引っ越してきました。たまたま道で出会って声をかけても，お母さんの後ろに身を隠して，出てこようとしないような人見知りの強い子でした。あきちゃん家から一軒隣の角を曲がった先には，三人姉妹がいる家族が住んでいました。一番下の4歳のともちゃんが，あきちゃんの存在に気づき，猛アタックを始めます。毎日毎日，「あきちゃん，遊ぼうよ」と繰り返し呼びかける声が，窓越しに聞こえてくるようになります。ともちゃんが呼びかけても，あきちゃんは家の中で，うんともすんとも返事をしませんでした。あきちゃんのお母さんが玄関に出て，「今日は遊べないけど，また来てね」と頼んでいました。そんな日々が続くうちに，ともちゃんの声はだんだん大きくなり，背伸びして玄関のチャイムをひっきりなしに鳴らす姿が目立つようになり，「あきちゃん，遊ぼうよ」と言う声も，張り上げるように大きくなっていきました。

第7章　育ちと関係の多様性

　ある日，ふと覗くと，あきちゃんが2階の窓越しに，下で呼びかけるともちゃんの姿を，おっかなびっくり覗いていました。押しの強いともちゃんが恐いけれども，呼び声に惹かれるものもあったようです。ともちゃんもあきちゃんの気配に気づいて，「遊ぼうよ」と呼びかけていました。その日はあきちゃんがカーテンの陰に隠れてしまって，交渉は成立しませんでした。

　その後どんな風にともちゃんの交渉が成功したのかは不明です。次に見かけた時には，二人は玄関脇でままごとをしていました。ともちゃんがお母さんになって，赤ちゃんになったあきちゃんの世話をしています。かいがいしく赤ちゃんの世話を焼きながら，ともちゃんは架空のお父さんと会話をしています。聞こえてくる会話には，まるでお茶の間を覗き見る心地がする，細やかな家族の日常が再現されていました。

　実はあきちゃんとともちゃん家の間には，男の子ばかり三人きょうだいの家がありました。気がつくと，ともちゃんと同じ年ぐらいのその家の子が，二人のままごとに加わって，お父さん役を演じるようになっていました。そして，その男の子のともだちらしい，見慣れない男児もままごとに加わるようになっていたのです。

　こうしてあきちゃんはともちゃんに導かれて，地域の子どもたちの輪に入っていきました。たったひとりでともちゃん家の方へ，遊びに行く姿が見られるようになり，やがて反対の方角に歩いて行って，よその門の中を覗いている姿も見られるようになります。

　ほんの少しずつ少しずつ，子どもはこうやって世界を開拓していくのだなあと思えるあきちゃんの姿でした。

2. 幼い日のともだち関係

　幼い日のともだち関係を考える時，いつも甦ってくる私自身の子ども時代の情景があります。戦後の貧しい時代，誕生から7歳までを，私は東北の田んぼに囲まれた小さな集落で育ちました。村の外れに小学校がありましたが，当時

は保育所とか幼稚園はありませんでした。甦ってくるのは，村に入ってくる道が交差する辻にあった，古井戸にたむろする子どもたちの姿です。使われなくなった古井戸には蓋がされ，その蓋の上に座って足をぶらぶらさせながら，子どもたちはなんとなく何かを待っている風にたむろして過ごしていました。赤ん坊がいる家の子は，赤ん坊を背中にくくりつけられており，敷物の上に妹や弟を座らせて，子守をしながら遊んでいる子もいました。

　当時の子どもにとってのハレの日は祭りの日であり，盆や正月や法事や結婚式がある日であり，いつもと違うことがある日でした。村のどこかで棟上げがある日は，垂木の上から餅がまかれ，子どももおとなも餅を拾おうと右往左往しました。長持ちを担ぐ一行と馬に乗った花嫁が集落に入ると，花嫁は馬を下り，集落を抜けるまで歩きました。子どもたちは行列の前に走っていって，縄で「とおせんぼ」をします。すると行列の先導役が小銭をばらまき，子どもたちがわれ先に小銭を拾う間に，行列は前に進むのでした。小銭を拾い終わると先へと走り，また綱でとおせんぼをして行列を待ちました。花嫁行列が通る日は，村の子どもにとってかきいれどきだったのです。

　村は田んぼに囲まれた浮島のような集落でしたから，田んぼのなかを通って入ってくる幾本かの道は，村落を通過するとまた田んぼのなかの道を通って隣の集落へと続いていきます。見慣れない誰かがやってくると，子どもたちはその誰かの周りにたむろして，その誰かが集落を出て行くまで，一軒一軒付き従って回りました。それは富山の薬売りだったり，干物を商う行商人だったり，戦後の混乱期に多かった物乞いだったり，門付けの旅芸人だったりしました。

　私が５歳になった頃，隣家の２年生くらいだった女の子の家で不幸がありました。冬山で木を伐りだす仕事をしていたその子の父親が，倒れた木の下敷きになって亡くなったのです。斜面から突き出た木の切り株が曲がっていて，下にいたその父親は斜面を転がる木の動きを測り間違ったのだろうと，おとなはうわさしていました。

　葬儀からしばらくして，辻にたむろしていた子どもたち６〜７人で，亡くなった父親の衣類がしまってある物置を，探検することになりました。その家の

第7章　育ちと関係の多様性

子が案内して，家の裏手にある薄暗い物置に子どもたちは侵入しました。生活雑貨が積まれた物置の奥，木箱の上に，窓から漏れる筋状の光に浮き上がっている白い布の塊がありました。父親の遺体を包んだ布だそうです。血の染みが残っている気がして，私は後ろの方で固まっていました。いつもは目立たない無口なその子が，父親の死という特別な栄光を背に，皆の注目を浴びてなにやら誇らしげに立っている姿が，強く印象に残っています。大きな秘密を共有したかのように，子どもたちはしんとしてその場を去りました。

　あれから65年以上経過しましたが，この記憶をこれまで誰にも話したことがありません。7歳でその地を去って，その後住むことがなかった土地につながる思い出は，経験を共有した他者がいない土地では，甦りようがなかったとも思えます。そうした語られることのなかった経験も含めて，子ども時代の記憶の数々は，私というものの土台に溶け込んで，人となりを形成しているのだろうと感じます。

3．保育所のともだち

　母親と子どもが公園で他の母親や子どもと出会い，関係を築いていく「公園デビュー」にまつわる親の不安や葛藤は，あまり聞かれなくなりました。第5章 ❷ ～ ❹ で取り上げた子育て支援の取り組みは，当時としてはまだ珍しい試みでしたが，その後 NPO 法人や公的機関の支援によって，身近な場所で母子共々，ともだちを得やすくなっているようです。しかし身近な場所でのともだち関係は，保育所や幼稚園への入園によって終わりを迎え，家庭から集団へと，子どもの生活世界は大きく変わります。

　ここでは保育所という集団の場を例に考えますが，入所後しばらくは，親との分離に抵抗し，激しく泣いて不安を訴える子は珍しくありません。迎えが来るまで泣き続ける子どももいます。泣きつかれて寝入り，迎えにきた母親と再会して，安堵と怒りを一気に爆発させる子どももいます。そうかと思えば親の心配をよそに，ごく数日であっさり親から離れて，保育所を楽しみにする子も

280

います。個人差はありますが，それでも子どもにとって集団生活のスタートは，人生の一大イベントであるのは間違いありません。

　入所によって一気に開けたともだちの世界は，新しい体験世界を拓きますし，育ちの栄養となる経験が，どんなに豊かにつまった場であるかは，ことばに尽くせぬほどです。育ちの栄養となる経験とは，楽しいとか，うれしいとか，仲良しなどの，肯定的側面だけを意味するのではありません。保育所という集団の場では，日々けんかや争いが起き，感情の行き違いで拗ねたり，怒ったり，恨んだり，めげたりする事件が起き，子どもたちはうれしいだけではない体験を重ねます。おとなは見守り助けてはくれますが，いつも味方をしてくれるとはかぎりません。最後は子ども自身で，解決していかなくてはならないのです。

　ところで多くの自治体では，一定期間，障害のある子どもを保育所に受け入れる施策をとっています。療育機関を経て保育所に入所する場合，保育所と療育機関の並行通園の場合など，形態はいろいろあります。こうした試みが日本中に広がるきっかけになったのが滋賀県大津市の取り組みでした。大津市は1973年に「保育元年」を宣言し，市内で生まれ育つ，障害のある子どもたちを保育所に積極的に受け入れるようになります。この制度は大津市から滋賀県に，更には全国へと広がり，就学までの一時期を，障害のある子もない子も，育ちの場と時間を共有することが，当たり前になっていきました。障害のある子どもの受け入れについては，子どもの状態に応じて，子ども1～2人につき1名の加配の保育士がクラスに配置されます。また，受け入れ先の保育所には，自治体から保育指導の専門職が定期的に派遣されています。

4. 子どもにとっての子ども──みんなと一緒に育つ

　子どもが子どもに出会う場としての保育所は，統制されない刺激に満ちた場所でもあります。とりわけ苦手なことが多い障害のある子どもたちが，保育所で自分の居場所とともだちを見つけ，関係を育て，自らも育っていく姿には，子どもにとって子どもはどんな存在なのかを考えさせてくれるヒントがいっぱ

第7章　育ちと関係の多様性

いつまっていると筆者は考えます。そこでここでは，保育所の巡回訪問指導で出会った子どもの例を紹介しながら，子どもが子どもに出会って育っていく姿を，たどっていこうと思います。

(1)ダウン症のMAくんと世話焼きのTちゃん

　ダウン症のMAくんは乳児期に心臓手術を受け，療育施設に定期的に通って言語療法や作業療法を受けつつ成長し，専門機関での指導を継続しながら2歳半ばで保育所に入所した男児です。軽度の知的障害があり，保育所への入所当初は，ごく限られた発語があり，歩行は自立していますが不安定なため，散歩の折はバギーが必要でした。

　入所当初のMAくんは，不安そうにしながらも，一対一でついている加配保育士を頼りにして，保育所の生活リズムにゆっくり馴染んでいきます。この時期，小柄で歩行も不安定なMAくんは年齢より幼く見えた様子で，まわりの子どもたちはMAくんを年下扱いし，「MAちゃん，かわいい」と世話を焼きたがりました。MAくんは人懐こく，2カ月もすると保育所に慣れ，いつもかかわってくる女児Tちゃんに笑いかけ，Tちゃんの後ろを追い，Tちゃんのすることをまね，身振りで意志表示をするようになっています。Tちゃんを杖やモデルにして保育所に自分の居場所を築いたMAくんですが，半年が経過する頃には，Tちゃん以外の子どもとの関係が広がり，他児の行動を模倣して取り入れ，行動範囲が広がります。発達年齢が同じぐらいの1歳児クラスに入りこんで，自分がしてもらったように，1歳児の鼻を拭いてやるなどの世話を焼くようにもなります。またこの時期には，ともだちと玩具の取り合いをしたり，わざと隠したりする意地悪もするようになり，表情豊かにいきいきと動く様子が見られるようになっています。

　こうして過ごした4年近い保育所生活では，理解はできるけれど発語がうまくいかないために，気持ちが崩れることもありました。卒園を控えた時期には，"みんなと同じようにしたい"気持ちが，クラスで流行っているこま回しやケンダマに挑戦させました。竹馬などバランスをとる遊びは苦手ですし，難しい

ことに直面すると，ふてくされる，逃げ腰になる，無視するなどの抵抗も見せながら，他児と四つに組んでやりとりする姿を見せるようになっています。

(2)重い脳障害があった MB ちゃんと 5 歳児の仲間たち

　MB ちゃんは重い脳障害をもって生まれ，重度の姿勢運動障害と知的障害がある女児です。誕生後は医療機関での脳の外科手術，体調を崩しての入院，療育機関への通所などに生活の大半が占められていました。家族はそんな MB ちゃんに，同年齢の子どもたちとかかわる経験をさせたいと考え，5 歳時に保育所への入所を決心します。当時の MB ちゃんは，自力での移動や姿勢保持は難しく，移動用のバギーと本人専用の座椅子を使用していますが，右手がやや動かしやすい様子がありました。簡単な言語理解はあり，イエスやノーの意思表示が可能ですし，療育場面では他児の存在や玩具に関心を示すことがあったようです。療育場面に比べて集団が大きく刺激も多い保育所が，本人の心身のストレスにならないかが，周囲の心配した点でした。そこで療育機関への通所と並行して保育所入所が実現し，保育には看護師が付き添って，本人の体調や様子を見守ることになりました。

　MB ちゃんは，入所当初は母子分離に抵抗して泣きましたが，1 カ月が経過する頃には登所を楽しみにするようになり，2 カ月が経過する頃には保育の流れを理解し，表情や身振りで意思表示し，何か言おうとするように口を動かすようになります。他児の発言を聞いて笑い，近寄られると相手に手を伸ばして触れようとする態度も見せました。更に，入所後半年が過ぎる頃には，身体面での不安は払拭されて，保育所で給食を食べるようになります。この時期には，周りでともだちがやっていることを見ようとして，自力で首を上げることが増えました。またともだちがやっていることを自分もやろうとして，不自由な手を動かして粘土に触れるなど，外界へのかかわりに積極的になりました。意思表示が明確になり，何か言いたそうに口を動かし，声を出すようにもなります。こうして入所後 1 年が経った頃には，一日中保育所で過ごす日が増え，結果的にともだちと過ごす時間も増えました。MB ちゃん自身がともだちのなかに入

第7章　育ちと関係の多様性

ることを好み，ともだちに対して，不明瞭ながら，「イヤ」とか「(オシ) マ
イ」のようなことばや表情，声のトーンで自分の気持ちを伝えるようになりま
す。首の座りが安定してきて首を上げていることが増えています。

　看護師や担任が見守るなか，5歳児たちはMBちゃんを遊びの仲間に入れ，
絵本を読み聞かせ，簡単なゲームやカルタにも誘いました。カルタは自分では
取れなくても，ともだちが取る様子を見ていて，「ハイッ」と声を出し，手を
叩いて喜ぶ姿を見せています。ともだちに囲まれて，よく食べ，体重が増え，
健康になったMBちゃんは，全介助だった食事場面で，自力でスプーンを口
へ運ぶようにもなります。ともだちといることが楽しくてうれしいMBちゃ
んと，MBちゃんがクラスにいることが当たり前で，一緒に遊ぶことも当たり
前のクラスの子どもたちでした。

(3)気がかりな発達の様子が見えたMCくん

　MCくんは母親の就労に伴って，1歳過ぎに保育所に入所した男児です。入
所後の1歳半健診でことばの遅れが指摘されましたが，その後片言が増えたか
らと，親はその後の相談には行っていません。保育所には慣れにくく，場所が
変わると泣き，一人で走り回って保育所外へ飛び出すため，保育士が個別にか
かわる必要がありました。2歳児クラスでは，他児とかかわることなく一人で
動き回る傾向が目立ち，2歳半頃には他児が視野に入ると，衝動的に他児を叩
いたり蹴ったりするようになります。また，ことばが耳から入るとすべて自動
的にオウム返しし，ともだちが「まねしないで」と抗議すると，そのことばも
そのままオウム返しをしていました。保育所はMCくんには個別支援が必要
だと考えていましたが，家族はことばがあるMCくんに発達上の問題がある
ことが理解しづらかったようです。発達検査の数値は正常範囲にありましたが，
障害のある子のための保育制度を利用することに両親が同意し，3歳児クラス
から加配の保育士がつくことになります。

　一対一で付き添うようになった保育士は，それまで一人で思いのまま動き回
っていたMCくんに，状況理解を促す働きかけや，気持ちにあわせた個別の

応答的かかわり，保育士の仲立ちでともだちと遊びを共有する経験を積むように働きかけていきます。すると，生活の流れを理解し，身の回りを自分で処理し，ともだちと簡単なやりとりをし，一緒に遊ぼうとする姿勢が育ちはじめます。

　半年が経過する頃には，ともだちの存在に注意が向きはじめ，集団から逸脱して騒ぐ数人の子どもに魅力を感じた様子で，ついて回ってまねしては，一緒にトラブルをさんざん起こしました。しかし，それがMCくんの対人関係を鍛えたようです。やんちゃ仲間に負けたくなくて張り合い，意地をはり，攻撃されて泣き，保育士に叱られ，人をよく見るようになり，自分の気持ちや相手の気持ちに気づくようになります。そしていつのまにか，動き回っていたMCくんが，座っていられるようになっています。4歳児クラスでは，気が散りやすいところや自分の思いを一方的に主張する傾向はありますが，行事にも意欲的に参加するようになりました。5歳児クラスになると，ともだちのなかに入りこむ積極的な態度を見せるようになります。知識量が豊富で，偉そうにするところはありますが，自分の思い込みの間違いを指摘されると，激しく泣いて傷つきを見せる面もあります。こうしてMCくんの場合，ともだち関係にもまれたことが人の気持ちに気づく契機になりました。ともだちとの会話がふくらみ，イメージを共有し，竹馬に必死に挑戦し，できるようになり，達成感を味わい，自信を得て，卒園していったのです。

(4)持っている力を精一杯発揮して楽しんだMDちゃん

　MDちゃんは4カ月健診で首が据わっていないことが見つかってから，育児相談から療育機関へとつながり，2歳半で歩行が自立しはじめ，療育施設を卒業して3歳で保育所に入所してきた女児です。医学的な異常所見は見つかっていません。保育所への入所時には，玩具を口に入れる感覚遊び，簡単な身振り動作，マンマなどの発語，簡単な言語指示理解など，乳児期終わり頃の力を身につけています。乳児期から全身，とりわけ下肢の低緊張が目立ち，体重を支えるための補装具をつけて入園しました。1年をかけて園の生活の流れが見え

てきて，次の行動を自分から行い，日常生活動作が自立し，笑ったり泣いたりする感情表現が増えました。ともだちの輪に近づいて，誘われると手をつないで歩くようになります。ともだちの行動をまねて取り入れ，指さしなどの身振りにことばを添えて，自分の意図や要求を伝えるようになったのは，4歳の中頃です。他児と同じようにはできませんが，ゲーム遊びの輪の中にいることで，その場に参加していることを楽しんでいます。5歳になると，保育士が個別に声かけをすると，生活動作は四苦八苦しながらも自力で解決し，ともだちの励ましを受けてがんばる姿が見え，できるとうれしそうにしています。筋力もついてきて，やる気満々に挑戦し，登り棒をよじ登ることやスケーターに片足をかけて走るなど，身体の動きがしっかりします。この時期，周りのともだちが，MDちゃんのできることとできないことを意識して，かかわりを工夫する姿が見られるようになります。5歳児はおとな顔負けの気配りができるのです。入所後，できることがゆっくり増加し，いきいきし，自信もつけてきたMDちゃんですが，生活年齢が高くなることで，1歳半ばの発達年齢は，発達指数としては重度の遅滞レベルに下がります。6歳を迎える頃には，1歳半を超える時期の力が生活の中で充実し，MDちゃんは持っている力を精一杯発揮して，「（ダ）メッ」や「アカン」と意思表示をはっきり出すようになり，園生活を満喫して地域の特別支援学級に入学していきました。

5. ともだちの力

ともだち遊びのために家の門を出ていく子どもの姿が表すように，ともだちの世界は子どものこころを惹きつけてやみません。ともだち関係には，あこがれたり，悔しかったり，誇らしかったり，みじめになったり，恨めしかったりする体験が伴います。みんなができることを自分もできるようになりたいと，かけっこや，コマ回しや，泥団子作りに挑戦する一方，できない自分に気持ちがくじけ，泣いてしまうこともあります。遊びの世界の豊かさや関係の多様性は，多子家庭のきょうだい関係にも似ています。自分より上の子も下の子もお

り，けんか相手にも，いたわりいたわられる相手にも不足しません。小さい子と大きい子が対等にわたりあって，日々異なるドラマが展開していくのです。

　また，障害のある子どもの保育所生活が示すように，保育所には細やかなかかわりを提供するともだちが常に登場します。子どもはおとなとは異なる細やかさと辛抱強さで園の生活ルールを伝え，遊びに誘い，本人の気持ちに沿ったかかわりを行います。少子化の波の中で，きょうだい関係が限られている今日，保育所に入って様々な子どもたちとかかわるなかで，子どもが大きく成長したという感想は，保護者からよく保育所に寄せられます。そうしたともだちの存在が，支援を必要としている子どもが大きな集団の中に居場所を築き，新しい経験世界を開拓していく励ましになります。しかし障害のある子や幼い子も，受身になって世話を受けるだけではありません。ありのままの自分でいることが受け入れられる時，子どもはMDちゃんのように自信に満ち，持っている力を精一杯発揮して，周りと渡り合って育っていくのです。

② 学童期のともだち関係と発達の節目

1. 記憶の質的変化

　本節では学童期の中頃にある特徴的な発達の節目について検討しますが，まずは私自身の具体的体験を実例としてあげてみます。

　前節でも触れたように，私は幼少期を東北の農村で過ごし，近所のともだちたちとたむろして過ごしていました。農村では子どもは立派な労働力でしたから，いつも遊んでいたわけではありません。田植えが始まれば就学前の子どもも苗を運び，田を回って弁当やお茶を配り，子守を任されるなど，それぞれに役割を担っていました。家には農耕馬がおり，豚小屋があり，雌鶏のそばで餌をついばむひよこの姿がありました。子猫が生まれると，貰い手がない子猫は紙箱に載せられ，悲しい鳴き声をあげながら文字通り川に流されていく非情も，生活の一コマでした。田植えに始まり刈り入れや脱穀で終わる農作業，味噌作りや漬物作りの冬支度，軒先まで雪に埋もれた屋内での縄仕事など，四季の移ろいを背景とする子どもたちの仕事と遊びは，農家の生活と共にありました。そのように，幼児期の生活世界の記憶は，とても鮮明に甦るのです。

　しかし，小学校に入学してまもなく，私の家族はその地を去り，北海道という見知らぬ土地と馴染みのない人間関係に投げ込まれます。そこで過ごした小学校低学年の 3 年間は，厳寒の雪の風景や馬そりの鈴の音，夕焼けに染まる大雪山の勇姿，雪解けのぬかるみ，鈴蘭が咲き乱れる初夏の高原など，自然の風景ばかりが記憶に残っています。家族生活の断片的な記憶はありますが，対人世界の記憶は概してあいまいです。学校生活，近隣での友人関係など，誰とど

のように過ごしていたのか，その頃自分はどんなことを思っていたのかなどが，霧の中の出来事のようにぼやけています。近くの山へ，きょうだいや近所の友人と，山葡萄を採りに行ったかすかな記憶はありますが，ともだちの名前は誰も覚えていません。そして，小学３年生を終えた春休みに，父親の転勤にともなって，私の家族はことばも習慣も異なる関東地方のひなびた町へ，更に引越しすることになります。通学は，徒歩で30分かかりました。

　小学４年生以降の記憶は，転校生としてスタートした新学期の初日から，霧が晴れたように鮮明になります。初日に，クラス一やんちゃだった山中くんにからかわれて泣いてしまい，弁当を持参していなくて，担任の山村先生にパンを買ってもらいました。関東台地の麦畑，霞ヶ浦の帆掛け舟漁などの自然を背景に，小学４年生から６年生までの３年間は，様々なともだち関係を体験しました。明子ちゃんというおとなしい女の子と仲良しになり，近所や学校のともだちと集団で遊び，けんかもしました。学校生活は活気にあふれており，集団で登校し，授業が始まるまでは，校庭の場所を取り合って，陣取り，馬跳び，縄跳びなどで遊び，放課後は同好会的な活動に参加し，下校後は近所のともだちと遊びほうけていました。担任の先生は身近な存在でしたし，先生に憧れ，クラスメートが集まって，先生の家に押しかけて行きました。当時の３年間の担任の先生の名前や顔を鮮明に覚えているだけでなく，校長先生の名前，クラスのともだちの名前もたくさん覚えています。

2. 体験世界の境界

　私にとって，小学校低学年の３年間と以後の高学年の３年間は，まるで異世界として線引きできるほど鮮明に，その心象風景は異なります。前３年間が霧の中だとすれば，後の３年間は幕が切って落とされたように光がさし，周りの人々の姿が鮮明になり，近所の仲間関係や学校の先生やクラスメートとの関係などが，豊かに広がりました。それとともに，私が感じ，思い，考えたことなど，「私というもの」の体験の中身もまた鮮明になりました。そうした小学校

第7章 育ちと関係の多様性

低学年から高学年への変わり目に，体験世界を二分する境界のようなものが存在していたことを，私は長年不思議に思っていました。

　確かにこの時期にあった引越しや転校は，生活世界を一変させましたし，それが意識の変化にかかわっていた可能性はあります。しかし，小学1年時の東北から北海道への引越しは，日の当たる場所から霧の中に入ったような体験でしたから，環境の変化が対人意識を鮮明にするとは限らなかったのです。私の体験はきわめて個人的なものですが，個人的な体験として片付けるわけにはいかない，発達上の問題であるらしいと考えるようになったのは，私が臨床現場で子どもにかかわるようになってからです。

　まず気づいたのは，学童期の中頃を境に，相談機関に寄せられる問題の質が変化することでした。たとえば不登校を例にとると，幼児期にも保育所や幼稚園への入園を機に，家族的な人間関係から集団への移行に躓く子どもたちがいます。幼児期の不登園は，親からの分離不安がその背景にある場合が多いのですが，就学後も幼児期的課題を引きずって，断続的な不登校が続く低学年の児童は珍しくありません。しかし，中学年にさしかかる時期に，断続欠席をしていた子どもが，慢性的な不登校に陥る傾向が目立つようになります。また他方では，それまで全く問題がなかった子どもが，新たに不登校に陥るなど，問題の現れに節目が存在するようにみえました。

　子どもの問題行動の質的変化は，不登校の問題に限りません。第6章5で不適切な養育環境で育ち，施設で生活する子どもたちの問題の現れが，年齢によって変化するという調査結果を紹介しました。養育者との愛着形成の発達阻害に由来する幼児期的な問題は，学童期に入っても持続しますが，それらとあわせて徐々に拒絶や反抗などの攻撃的態度が強まり，中学年頃には攻撃性や破壊性にかかわる行為障害の様相を鮮明に示す子どもが増えたのです。

　第6章3で，両親の離婚による家庭崩壊，母親の再婚，義父からの暴力，度重なる施設への一時保護委託，母親の蒸発，施設入所などが重なり，実子である弟のKEくんは溺愛されたが，義父から望まれない子として扱われて育ったKFくんの例を紹介しました。幼少期には目立たない，反応の乏しい臨床像を

示していた KF くんです。しかし，小学校中学年頃になると様子が一変し，職員が対応に苦慮するような反抗的で粗暴な態度が目立ち，いわゆる反抗挑戦性障害の様相を示すようになったのです。

特定の他者との信頼関係を基盤とする，肯定的な自己感の獲得という幼児期的な課題が未達成である場合，課題は学童期に引き継がれ，それらに学童期の発達課題がからんで，新たな質の問題として表面化するようです。子どもが自己や他者をどのように理解し，他者との関係性をどう生きるかということが，発達の変わり目にさしかかると，大きな揺らぎにあうためではないかと考えられます。

3. 9・10歳の発達の壁とギャングエイジ

臨床経験を重ねていくうちに，学童期中頃に，ともだち関係や人格形成上の質的変化期があるという考えは，私の個人的印象ではないのだと考えるようになっていきます。

認知面でも，ピアジェの発達区分では，7歳頃から11歳頃は具体的操作期とされ，学童期中頃になると，自分の視点や経験を中心に物事を捉える傾向を脱け出して，自分の観点と他者の観点を協調させ，相対的な観点を見つけ出せるようになります。そうした自己中心性からの脱却期は，自分を客観視し，自分とは異なる価値観があることを理解するなど，価値体系の基礎が作られる時期であり，認知発達上の変化が自他関係の変化に及ぶ時期でもあるのです。

更に，学童期中頃の発達的変化は，「9歳の発達の壁」として語られることがあります。「9歳の壁」は，1964年に聴覚障害の教育現場から，荻原浅五郎氏が最初に指摘したと言われています。厳密に9歳を指しているわけではなく，学童期の中頃を指しているので，「9・10歳の壁」とか，「10歳の壁」と言われることもあります。荻原氏の指摘は，聴覚障害がある子どもの場合，具体的な課題から抽象的思考能力を必要とする課題への移行に，学習上の壁があることを指摘したものです。この壁にぶつかる子どもは，実は聴覚障害に限りません。

第7章　育ちと関係の多様性

不適切な養育環境で育った子ども，発達障害の子どもにとっても，超えるのが
難しい壁なのです。

　この時期の変わり目を，ともだち関係の点から注目すると，学童期の中頃は
「ギャングエイジ」とも呼ばれています。ギャングエイジは，子どもが親や教
師との関係より，仲間関係（ギャング）により比重をかけるようになる時代の
幕開けを示すものです。低学年時代には，おとな（親や担任）を基地に，その
保護下で子ども相互の交流が成り立つ傾向がありますが，中学年になる頃から，
困った時におとなに頼る傾向は減少します。「困ったことがあれば，いつでも
相談しにおいで」と言われても，頼ることを敬遠するようになるのです。

　ギャングエイジは，一般には同性の仲良しグループが形成される時期だと言
われています。子どもだけで自立した集団を組織し，子どもだけで行動するこ
とがふえ，集団内の秘密の遵守が重視され，異性との距離は広がり，異性を意
識するようになります。異性への意識が強まる分，異性との距離の取り方が難
しくなり，特定の男子と女子が仲良くすると，うわさされたり，からかいの対
象になったりします。

　また，この時期の認知面の発達と深くかかわって，ギャングエイジの子ども
たちは，それぞれの興味・関心の広がりによって，多様な仲間関係を結び，仲
間相互の切磋琢磨を通じて，自己の客観化や他者の理解や共感の力を身につけ
ていきます。こうして，子どもたちはおとな（親や教師）の目の届かないとこ
ろで，自主的な交流を展開するようになり，遊びの世界も，葛藤関係も，ここ
ろの中に抱く思いも，おとなには見えにくくなるのです。

　今日，いのちが失われるほどの悲惨ないじめが報道されるたびに，どうして
おとなが気づけなかったのかと関係者がしばしば非難されます。しかし，おと
なから距離を置き，おとなの目が届かない所で行動する傾向が強まりはじめる
のがギャングエイジです。子ども集団の場に自分の居場所を見いだすことが子
どもたち一人ひとりの課題になり，おとなに対して秘密をもつようになり，秘
密は自分というものの独自性や固有性を保持する手立てとなっていくのです。

　興味や関心の世界はより個別化し，天文学，歴史，鉱物，植物等の博識ゆえ

に，仲間から「博士」の尊称で呼ばれる子どもが登場します。また，運動能力に優れていて，サッカー，野球，スケートなどの運動競技に夢中になる子もいれば，釣りに夢中になる子も登場します。楽器の演奏やバレエやダンスなどの舞踊，表現活動に熱中する子も出てきます。

　また，同性集団内の凝集性が高まる時期には，グループ内での葛藤や他グループとの排他的関係が生じやすくなります。特定の仲間集団に入れるか入れないかが，子どもたちにとっては心理的には死活問題といえるほどの重要性を帯びるようになります。葛藤や緊張は伴うのですが，おとなの保護つきの参加は許されないのがこの時期の仲間集団です。

4．ギャングエイジの遊びの世界

　振り返れば，私自身の小学4年生から6年生までの3年間は，ギャングエイジの特徴が色濃く体験された時代だったと思います。

　すでに述べたように，ギャングエイジは一般的には同性の5～6人程度の親密なともだち集団で，いつも同じメンバーが集まって行動すると言われています。私の経験したギャングエイジの女児集団は，ゴム跳び，おはじき，お手玉，お絵かきなどに夢中になっており，私はこの時期に本格的な人形作りを習うようになり，人形作りが趣味の女児集団に属していました。

　他方，地方の町のこじんまりした地域性もかかわっていたと思われますが，同性集団だけでなく，男女それぞれ数人が混じった集団もあって，一緒に活発に遊びまわっていました。当時の私は相当おてんばだったようですが，児童文学の世界では，男女入り混じった集団で，秘密基地を作り，助けあって冒険をする話も結構目につきますから，男女混合の集団はあながち例外ではないのかもしれません。たとえば，関東台地の赤土の崖は柔らかく，棒切れで簡単に掘ることができましたから，おとなには内緒で防空壕だった穴倉の入り口部分を広げ，男女混じった集団で基地を作りました。崖の中腹にある穴倉に向けて，自分たちで切り拓いた細い道を登っていくと，眼下に畑や川の風景が開けてい

第7章　育ちと関係の多様性

ました。その穴倉におやつや雑誌を持ち込み，柔らかい赤土の壁面に棒で溝を
掘り，ビー玉を転がして遊びました。崖の上には集落の守り神である神社があ
り，社の森で探検ごっこもしました。社の森のうっそうと繁る椎の大木には，
白蛇が住んでいるといううわさがあって不気味でした。

　ともだち遊びは，近所の集まりだけではありませんでした。同じクラスの子
どもたち数人で道に詳しい男の子に先導されて，山百合を探しに遠出しました。
強い芳香を頼りに藪の中を探り，大きな花をつけた山百合を見つけては，それ
ぞれが花束を抱えて帰りました。また，鉱石に詳しい男の子につれられて，数
人で水晶掘りにでかけたこともありました。リーダーの子は，自分で収集した
見事な水晶のコレクションをもっていて，“男の子の世界”を垣間見たかのよ
うな，憧れを感じました。麦笛を作るために穂を抜いてお百姓さんに怒られ，
青い蓮の実を採って食べる悪戯もしました。男児たちが泥だらけになって田ん
ぼでザリガニをつかみ，おとなに手伝ってもらって，女児も混じってブリキの
バケツで茹でました。真っ赤に茹であがったザリガニを，私たちはむしゃぶり
ついて食べました。田んぼが農薬に汚染されていなかった当時，農業水路に手
を入れると，バケツ一杯のシジミがあっというまに獲れた時代です。

　クラスには，いろんな仲間がいました。蛇をつかんで振り回す武勇を披露す
る女の子がいるかと思えば，クラス一の暴れん坊は「おとなになったら父親の
職を継ぐ」とけなげであり，マンガを描くのが上手でみんなにうらやましがら
れていた女の子もいました。更に，いつか野球選手になるのが夢の人気者の男
の子がいて，男児集団は野球とか魚釣りなどの興味で固まっていたようです。
しっかり者でクラスのリーダーだった姉御肌の女児，いつも拗ねて先生を困ら
せていた男児，腕力が強くて男の子を従えていた女ガキ大将もいました。女の
子の集団はけんかが多かったという印象があり，対立する別グループと下校途
中の村道で対峙し，両陣営のガキ大将を中心ににらみ合っていた光景が，今も
鮮明に浮かびます。

　今振り返れば，小学4年生から6年生の子どもというのは，まだまだ幼かっ
たはずです。しかし，子どもたちそれぞれの個性がくっきりしていて，自分の

世界ができはじめており，当時の私には一人ひとりが一人前にみえていました。

5．いじめの問題

　学童期の中頃はおとなとの距離が広がるだけに，子ども集団内の関係性がおとなからは見えにくくなり，見えないところでいじめが進行する場合があります。

　自分の学童期にいじめの問題がどうであったかを振り返ると，やはり子ども同士の軋轢は，厳しい例もささいな例も，たくさんあったと言えます。私自身がいじめられて泣くこともありましたし，いじめたこともありました。相手は男児の場合も，女児の場合もありました。腕力の強い男児は恐かったですし，暴力を振るわれて泣かされたこともあります。しかし，やんちゃで暴力をふるう男児よりも，女ガキ大将の方がもっと恐い対象でした。男児が男児集団のなかで，どんな葛藤を経験していたかは，よくみえませんでした。女子集団を牛耳っていた女児は体格が大きく，大きな屋敷に住んでいて，家が裕福だったことも，なんとなくその子の存在を大きく感じさせていました。その子の言うことには口を出せない，言うことをきかないと仲間から締め出されるという怖れがありました。

　持てる者と持てない者との差は，子どもの世界にも厳然としてありました。紙芝居を見る小銭がないので遠巻きにして離れたところで盗み見する子がいました。子ども向けの雑誌を買える子は，読み終えた雑誌を回し読みする順番を采配し，その子に気に入られないと貸してもらえませんでした。当時まだ珍しかった子ども用の自転車を買ってもらった子は，ほこらしそうに乗り回してみせ，自転車は近所の子にとっては垂涎の的でした。その子に頼み込んで，近所の子数人が順番に乗る練習をさせてもらいましたが，練習中に転ぶたびに，自転車に「傷がつく」と厭味を言われ，その子の機嫌をそこねて，貸してもらえない意地悪をされることもありました。ささいな気遣いや軋轢ではありますが，そうした子ども同士のいじめやいじめられは，日常だったと思います。

第7章　育ちと関係の多様性

　自分がともだち集団から仲間はずれにされ，みんなが持っているものを持っていないことは，恥ずかしく，切なく，恨めしいことでした。近くに寄っていくと話を急にやめ，話しかけても無視されることは，自分の存在を否定される体験でした。それでいて，同じことを自分もともだちに行い，傷つけたことがあったと思います。集団で立ち向かう冒険，秘密の共有，競いあいなど，ワクワクドキドキの遊びの場は，喜びと悲しさや悔しさやつらさが入り混じる体験の場でもあったのが，子どもの世界の現実でした。

　陰湿化していると言われている現代のいじめと，私たちの世代が経験したいじめがどう違うのかは簡単には判断できません。私たちの時代にも，いじめることもいじめられることもありました。しかし，ともだち関係の場が多様だったために，地域の仲間集団でいじめられてもクラス集団は楽しかったり，特定の男児に怯えていても仲のいい女子集団に庇ってもらったり，興味や関心を共にする別集団で過ごす楽しい時間がありました。ある集団で起きている争いや軋轢が及ばない別の集団があったことが，いじめに伴うこころの揺れを修復する場になっていたように思います。それが，多様な仲間関係を通して関係を相対化し，自己を客観視する力が育つということだったのだと思います。

　しかし現代のように，子どもたちの関係の場が限局され，しかもその集団の閉塞性が強い時，軋轢が集団内で肥大し，破壊力が内部の特定メンバーをターゲットにして発散されるなら，危機的状況が生まれると考えられます。多様な関係の場に身を置き，多様な関係性のなかで自分の可能性を模索することができないのが現代の子どもたちです。そこに，現代のいじめが，出口のない破壊性を帯びることになる原因があるのではないかと思えるのです。

　最近では，ギャングエイジの集団活動の重要性に注目し，おとなが企画して秘密基地やツリーハウスを作る野外活動がはやっているようです。子どもの遊びの世界が狭まっているなかで，子どもたちが自力でギャングエイジを謳歌することが困難になり，おとなからのきっかけや場の提供が必要になっているのかもしれません。

6. 前思春期と「自我体験」

　学童期の中頃に育ちの過程における変わり目があるという理解は，様々な角度から注目されていますが，学童期の中頃は思春期の入り口として，前思春期と呼ばれることもあります。

　思春期には身体的な成熟によって，女子が初潮を迎え，男児は声変わりや夢精などの第二次性徴がはっきりしますし，「私は誰か」「どこから来たのか」「どこに行くのか」などの，自己の同一性の確立をめぐる課題と向き合う時期です。その思春期の前触れの時期である前思春期では，急激な身長の伸びがみられ，女児では胸がふくらみ，早い場合は初潮を迎える子もいます。また，身体的な成熟とともに，“私というもの”の体験も大きな質的変わり目を迎えます。

　たとえば私は，小学校高学年頃から，どう表現していいのかわからないような，自分についての特殊な体験をするようになります。それは突然襲ってくる，不思議で自己が裏返るような体験であり，「私って何？」，「私って誰？」という思いに急襲されるような，自己の実体が気化して抽象的な自己感だけになってしまうかのような体験でした。この体験にはある種の浮遊感や，鳥瞰図的に自分を見下ろすような感覚が伴いました。いつ，どんな状況で起きたのかの詳細な記憶はありません。

　私自身はそれを“変な体験”として受け止めており，自分が時々“変な体験”をするとはわかっていました。しかし，どう表現したらいいのかに困惑しており，誰かに語ることはありませんでした。類似の体験をしている人が他にもおり，取り立てて特異な体験だったわけではないらしいと知ったのは，30代も後半の頃でした。それが，「私はなぜ私なのか？」とか，「自分が自分であることの不思議な体験」と言われている，「自我体験」と呼ばれているものです。

　たとえば高石（2004）は，「自我体験」を発達的観点から検討し，自我体験を「子どもが〈私〉と出会う体験」として位置づけ，「児童期から前思春期にかけての心理的発達の一般的なプロセスで生じる，世界観と自己観の質的変容

第7章　育ちと関係の多様性

体験を指している」と述べています。

　高石は自我体験を，七つの下位体験（孤独性，独自性，自我意識，自律性，変化の意識，空想嗜好，自然体験）に分けて定義し，質問紙調査を行っています。高石によれば，自我体験の体験年齢は幅広いのですが，10歳頃に体験したという回答結果が最も多かったとのことです。また，子どもの〈私〉との出会いは，自然体験と密接に結びついており，雄大な自然や沈む夕日の美しい景色に圧倒されて，〈私〉という存在の小ささ，有限性に気づかされるのだと述べています。更に，「自然が，目に見える空や星を突き抜けて無限の宇宙にいたることを初めて直観的に掴みとるとき，子どもは自己観・世界観の決定的な変容を体験する」のだと述べ，それらの自然体験の内容は死やたましいの問題と表裏一体であることが多いとも述べています。また，この時期がピアジェの発達論でいう，「具体的操作期」の後半にあたり，時間と空間の内的準拠枠が完成していく時期であり，「視点を自由にこころの中で移動させ，自分から離れたところに想像上の視点を置いて，そこから世界や自分を見つめることができるようになる」のだと考察しています。そして，「この年代の子どもたちは誰しも，その始まりも終りもない二本の座標軸のどこかに位置する〈私〉を，遥かな視点から新たに発見するのではなかろうか」と，自我体験の特徴を示唆的に述べています。

　私自身の“変な体験”に「自我体験」という正式な名前があったと知ったことは，新鮮な驚きでした。そして，学童期の中頃という年齢が，ともだち関係が変化すると同時に“自分というもの”の変化期でもあったことを，その“変な体験”は告げていたのです。

　振り返れば私の場合，小学校低学年から高学年への移行は，まるで突然霧が晴れるような，あるいは幕が切って落とされるような，鮮明な変化として経験されました。自分でも不思議に思っていた低学年と高学年の間の境界は，認知面や人格発達面で，発達の節目として注目されている変化期でした。私の場合は，引越しや転校という生活世界の変化が，ちょうど発達的な節目に重なったことが，ギャングエイジであり前思春期であったこの時期の体験世界を，通常

より劇的なものにしたのだろうと思われます。多面的な変化期に突入していた私は，関係性が劇的に変わるなかで，鮮明にある種の自我のめざめを体験したのだと今は理解しています。

3 前思春期と内的世界

1. 空想の世界を生きる力

2では，学童期の中頃には発達上の変わり目があり，認知発達上だけでなく，ともだち関係，自我体験等に，特徴的な傾向がみられることを述べました。そこで報告したのは，筆者自身の経験を軸にしたものですが，ともだちと一緒に過ごした，ワクワクドキドキする冒険や探検，秘密の共有，傷ついたり傷つけたりしあった経験は，振り返れば，かけがえのない"子ども時代"そのものでした。人がそれぞれの子ども時代を振り返れば，そこに個人的経験を超えた，普遍的な特徴が潜んでいるはずです。またこの時期は，家族的人間関係や友人関係，あるいは学校や地域の人間関係のなかで，他者の視点と協調させて自分の視点が鍛えられ，自分を他者の目を通して見る力が育つなど，物事をとらえる力が深まる時期です。しかし，そうした発達は両刃の剣の側面をもち，他者の言動を深く理解する力が備わる一方，他児との関係の軋轢で傷つき，悩むことも増えることになります。

　そうした前思春期の発達的特徴を，象徴的に物語として展開しているのが，多くの児童文学作品です。優れた児童文学作品は，おとなが読めば自らのギャングエイジが甦り，内なる子どもが息を吹き返すことになります。子どもが読めば，登場人物になりきることで，自分が育った生活世界の経験や価値観を超えた，多くの別の人生を生きることができます。ともだちと出会う喜び，仲間関係での争いや悩み，奇想天外な出来事，破天荒な生き方，あたたかく豊かな人間性への信頼を励ます一方で，人間の残虐性，暴力や悪意に翻弄される悲惨

な人生も，我が人生として生きることになるのが読書です。前思春期の具体的なともだち関係を扱った作品は多数存在していますが，ここでは，あまり注目されることのない，前思春期における，内的な世界の深まりという特徴を取り上げようと思います。

　前思春期の子どもは，具体的な経験世界や現実の多様な人間関係に片足を置いている一方で，ファンタジーや空想の広大な世界が開き，そこにもう一方の足を踏み入れるようになります。すなわち，現実のともだち関係を通してだけでなく，空想の世界を生きる力を手に入れ，不思議な体験世界に紛れ込んで，そこで冒険や生死をかけた挑戦をし，成長を遂げて戻ってくるというような，独特の体験様式が目立つようになるのです。

　そのことに気づかされたのは，児童相談所に所属していた当時，小学3年生だったN子さんと出会ったことがきっかけでした。

2. 空想のともだちと危機

　N子さんは第一子で，妹とは1歳半離れていました。幼少期から母親に甘えることがない子どもで，ともだちがおらず，動作が緩慢だったそうです。小学1，2年生時の担任は厳しい人で，動作がのろいN子さんを厳しく叱り，N子さんは深刻に悩んでいた様子でした。3年生になって担任が変わって喜んでいたのですが，給食場面で前の席の他児が嘔吐するのを目撃して以来，嘔吐物が頭から離れないと訴えて登校を拒否するようになります。そうした状況を見かねて，母親が児童相談所に相談したことが，筆者とN子さんの出会いのきっかけでした。

　数カ月自宅で過ごした後，一旦は自発的に登校するようになりますが，本人には学校生活はただ苦しいだけの場所だったようです。学校内で高い場所から跳び下りようとするなど，自殺企図やリストカットが目立つようになります。制止されると，「私は普通の子どもではない。いるとみんなの邪魔になるから死にたい」「殺してくれ」と母親に迫りました。家族は登校を強制せず，家で

第7章　育ちと関係の多様性

過ごすことを受け容れました。

　そうしたN子さんとの面接は，順調に進んだわけではありません。不登校や嘔吐物の強迫観念に苦しみ，死にたいと訴えていた時期は，相談のための来室は困難でした。このため筆者が訪問面接を試みていましたが，筆者の姿を見るとN子さんは激怒し，険しい表情で「帰れ！」と叫んで，水道のホースを構えて撃退しようとすることがありました。家には居場所がないからと数度にわたって家出を試み，筆者が後ろからついて行くかたちで山道を歩くなかで，途中で衰弱して挫折する事態も起きました。3年生の後半には極度に衰弱し，自室で寝て過ごすようになります。家庭訪問すると，「王さんと女王さんが待っている故郷の国に戻る。そこに二人が迎えに来ているのが見えるやろ？」と窓辺を指さし，「故郷に帰るために，苦しい試練を経なければならない」と言うのでした。異世界に自分の帰るべき故郷があるという訴えは，竹取物語のようであり，この世は自分の本来の居場所ではないという，疎外感の表明でもありました。

　家庭訪問を繰り返すなかで，N子さんの筆者への抵抗は次第に軽減し，やがて本人の部屋で話をして過ごすことができるようになります。そして，N子さんには幼児期から空想のともだちがいたことが語られていきます。

　空想のともだちは，S子さんという名前でした。S子さんはN子さんと同い年で，性格や好みがはっきり定まっており，空想上の学校に通い，時間割に従って，教室で勉強していました。家にはお父さんとお母さんと，お兄ちゃんと妹がいて，お兄ちゃんは5年3組にいて，その担任はI先生という名前でした。生活世界ではともだちがいないN子さんでしたが，空想世界のともだち関係は豊かで，友人一人ひとりの名前や性格，それぞれの家族構成や家族関係，住んでいる家や近隣との関係，地図上の位置などが定まっていました。

　やがてN子さんは，自分の部屋の押入れを開いて，押入れのなかに，特定の人形たちが担っている空想上の人々が生活する街並みが広がっている様子を見せてくれるようになります。ここがS子さんの家で，隣にはJさんが住んでいて，小学校はこの通りをこう行ったところにあるのだと，N子さんは語りまし

302

た。この押入れのなかの世界はいかにもリアルで，N子さんが創造した住人の
それぞれは，押入れ内の現実空間に居場所を占めていました。空想のともだち
のS子さんと，S子さんが生活している空想世界の住人たちは，N子さんの現
実世界の人間関係と同様，家族があり，生活し，育っている存在だったのです。
こうして，幼児期から学童期にかけて，N子さんは現実世界では目立たないお
となしい子として，想像上の世界では闊達な人間関係を楽しむ子として，二つ
の世界にまたがって生きてきたことがわかったのです。

　空想のともだちを持つということは，発達過程でしばしば見られる現象であ
り，ことさら珍しいことでも，直接危機につながる病的現象でもありません。
しかし，S子さんをめぐるいきいきとした空想世界の広がりに，当時の筆者は
仰天し，深い衝撃を受けました。子どもが空想上のともだちを持っている例は
珍しくないとしても，N子さんのように長い年月をかけて独自の広がりを形成
した世界を抱えている子どもに会ったのは，この時が初めてだったからです。

3．空想のともだちを持つということ――「ぼくと〈ジョージ〉」の例

　前思春期の子どもが体験するこころの世界や危機への理解や共感を，この時
期の子どもたちに対して，強いメッセージとして送り続けている児童文学の作
家群がいます。そうした作者の一人がE・L・カニグズバーグ（Konigsburg, E.
L.）です。カニグズバーグの作品には，前思春期の子どもが，この時期の発達
上の揺らぎや危機に直面して，内面的に大きく成長する姿を扱った，いずれも
優れた作品が揃っています。たとえば，小さい頃から空想のともだちを持ち，
その相手との深い絆を生きることを通して，危機的な事態に陥りながらも，成
長の節目を越えていった少年の物語が，『ぼくと〈ジョージ〉』（カニグズバーグ，
1989）です。

　「ぼくのからだのなかにいる小さいやつ」，それがジョージで，ジョージの存
在を知っているのは，ぼくであるベンと弟だけでした。弟が生まれる前に，ベ
ンは母親にジョージのことやジョージの言ったことを話したことがありました

第7章 育ちと関係の多様性

が，母親は「独創的な子どもは，たいてい空想上の遊び相手を持つものなの
よ」と考えて，そのことを忘れてしまいます。ベンの父親は弟が小さい頃に家
を出ており，今は別の街で母親とは全くタイプの違う，いかにもきちんとした
マリリンと再婚しており，ベンと弟は嫌だと思いながらも，長期休暇の折には
父親の家に滞在することになっていました。

ベンは生まれつき不器用で無口な子で，クラスのともだちみんなから，"静
かなインドの坊さん"か何かのように思われていました。家庭でもベンはいつ
も控えめだったため，母親はベンをつい忘れてしまうのでした。そうした無口
なベンとベンのなかにいる口の悪いジョージは，いつも同時に存在し，いつも
連絡しあい，会話しあって成長したのです。

ともだちがいないベンには，こころのなかにともだちへの強い憧れがありま
した。だからこそ，小学4年生の頃に，みんなの憧れの的だった上級生のウィ
リアムに声をかけられていい気持ちになり，6年生になるとウィリアムに一目
おかれようと張り切るようになります。しかし，そのことがジョージには気に
いらず，二人の関係は険悪になっていきます。やがて学校の実験器具が次々と
紛失する事件が起き，有機化学の実験に夢中だったベンが，学校の先生に疑わ
れます。猛烈に憤慨したジョージは，事件の裏側にウィリアムがいることに気
づけと，連日ベンを責めたてるようになり，父親宅にいたある日，ウィリアム
をめぐってベンとジョージは夜中に大声でけんかします。ベンが一人二役でし
ゃべっているのを発見したマリリンは，ベンは病気だと考え，精神科の受診を
母親に勧めます。

こうして精神科医の前に連れて行かれたベンは，医師にジョージの存在を話
し，ジョージに登場して事情を説明してくれと頼むのですが，ジョージはだん
まりをきめこんで出てきません。母親は，"ジョージ"とはベンが小学校に入
る前に持っていた空想上のともだちだったことを思い出して医師に連絡します。
医師は最初，ベンは二重人格だと考えたのですが，弟がジョージの存在につい
て一番初めから医師に話したことで事態が明らかになり，ベンに勇気がなくて
言えないことを言う手段が，ジョージなのだと理解したのです。感じること，

304

思うことを全部こころにしまいこみ，ベンはジョージを作り，不安な時，怒った時，恨めしい時，ジョージがベンのかわりに感情を口に出していたのです。

ある日，ウィリアムのことが気になって休暇中の学校に寄ったベンは，ウィリアムが実験室で，盗んだ実験器具を使って幻覚剤のLSDを作り，女ともだちに服用させている現場に踏み込みます。家に帰って使用されていた薬品を調べたベンは，自分が何をしなければならないかがはっきりわかります。夜中に弟を起こし，運転したことがあるが足が届かない弟を膝にのせ，運転法を知らないベンが弟の指示でアクセルとブレーキを操作して，二人で車を運転して学校に向かいます。運転に悪戦苦闘する二人を見かねたように，この時ジョージが戻ってきて会話に加わります。ウィリアムが使っていたロッカーの中身を車に積み込んで帰宅する途中，不審な車は警察官に発見され，積み込んだLSDも押収され，事情聴取の過程ですべての事態が明るみに出されることになったのです。

人格発達の節目は人格の危機にもなりえます。ベンの例のような，一見精神の病と誤解されるような現象は，決して異常なのではないとカニグズバーグは考えます。誰でもこころのなかに，表面とは異なる人格の側面があり，その内部の声に耳を傾け，発達の節目で起こる混乱に立ち向かうことで，自分独自の価値観を手に入れることができるのだと考えるのです。ベンの場合は，混乱期を越えていく過程で，自分の内部の声を担っていたジョージの声に耳を傾け，その存在を内化させ，内面を大切にする人間として，危機を乗り越えていきました。

4. 内向的な子どもの見えにくい豊かさ

ユング（Jung, C. G.）は，人の意識的態度には大別して外向性と内向性があると提唱し，通常人は両方の態度を備えているが，どちらか一方がより前面に出ると考えています。心理的エネルギーが外的な出来事や他者に向かう傾向が強いと外向的性格，外界よりも内的な興味や関心に向かう傾向が強いと内向的

第7章 育ちと関係の多様性

性格ということになります。二つの態度は，いいとか悪いとかの価値基準とは
関係ありません。しかし，現代社会はしばしば「外向性社会」と評されるよう
に，外的事象や対人状況にすぐさま反応し行動することが高く評価されがちで，
社会生活のなかで外向的態度がより強化される傾向にあります。このため，ベ
ンのように内部に豊かな感性を持ち，それを実際のともだち関係のなかで発揮
するのが難しい内向的性格の子は，現実適応につまずきやすく，理解されにく
い傾向があります。N子さんもギャングエイジのともだち関係を，現実生活で
いわば外向的に楽しむ子ではありませんでした。N子さんの豊かさは，空想の
ともだち関係を内的に生きるところにあったのです。

　前思春期は，認識面，対人関係，自己感などの領域で，発達上の大きな質的
変化が起こる節目の時期です。現実と空想世界の双方が広がりと深まりを見せ
る時期だからこそ，外的現実と内的世界という二つの世界を統合的に生きるこ
とが難しくなり，ベンやN子さんは危機的状況に陥ったのではないかと考えら
れます。

　おとなは概して，子どもらしいということを，元気で闊達でともだちが多い
こととか，はきはきと自分の意見を表現することなどの，言わば目に見える外
向的活動性に求めがちです。おとなの子ども観がステレオタイプ化し，それら
を物差しにして子どもを測り，「ダメな子」「できない子」「愚図な子」とレッ
テルを貼ってしまうと，その子どもが秘めている内的な豊かさや強さは見過ご
されてしまいます。また，そうしたおとなの固定的な価値観が，子どもの世界
にも影響を及ぼし，内向的な子どもが集団から排斥され，深く傷ついてしまう
ことにもなりがちです。

　前思春期のともだち関係は，様々な個性を持った子どもたちが，互いの関係
のなかで切磋琢磨し，異なる価値観に触れ，それまでの身近な他者との関係を
通じて培った価値観から脱却して視野を広げるところに特徴があると理解され
てきました。しかし，ギャングエイジが崩壊していると指摘されている今日で
は，異なる価値観に触れて視野を広げるのではなく，異なる価値観を排斥し，
その存在を揶揄し，攻撃を加える傾向が目立つようになっています。個性的な

子ども，独自の価値観を持つ子ども，異質な文化で育った子どもが排斥され，いじめの対象になってしまいがちです。そして，多くの内向的で内面的な豊かさや強さを抱えた子どもが，現実生活に自分の居場所がないという疎外感に悩み，「私は要らない存在だ」と感じ，苦しんでいる現実が憂慮されます。

5. 異世界との交流と人格の変容

　先に紹介したN子さんの場合，小学4年生になると登校を再開し，給食の時間や集団場面で強い緊張を表しながらも，仲のいい同性のともだちができ，外へ遊びにでかけるようになり，来室しての相談が可能になります。そして，面接が一年を経過し，関係が落ち着いてきた4年生の夏頃から，N子さんは面接の場で絵本制作に取り組むようになります。N子さんは，ストーリーの下書きを持参しては，画用紙に清書し，余白に自分で挿絵を描き，時間をかけて色を塗りました。出来上がったものに固い表紙をつけ，布でカバーをつけて製本すると，世界に一冊しかない美しいオリジナルの絵本が完成したのです。

　N子さんの創作絵本は，ある少女が穴に転がり落ちて，地下にある猫の世界にたどり着くというエピソードで始まります。少女は猫たちから不審者として警戒されるのですが，そこで変身の研究をしている猫の博士に出会います。少女は博士からもらった薬を飲んで猫に変身し，しばらくは猫の世界を楽しみます。やがて人間界に戻ろうとするのですが，戻る道がみつかりません。そこで博士に弟子入りし，実験器具に囲まれた研究室で，変身の研究を続けることになります。やがて実験は成功し，人間に戻る薬を発明した少女は，猫の世界に別れを告げて現実に戻ってくるのでした。

　この絵本には，現実から地下の異界への転落，猫の国での新奇な経験や冒険，人間から猫，猫から人間への変容などのテーマが含まれています。内的世界と外的世界の統合の課題に揺れ，学校内に居場所を失い，強迫症状に苦しみ，自分はいない方がいいと自己否定に苛まれたN子さんの心理的危機は，異界への転落とそこからの脱出という絵本のテーマに重なるものでした。N子さんは絵

第7章　育ちと関係の多様性

本制作に取り組むことで，自らの発達的危機に立ち向かい，異界にのまれてしまう危険と紙一重のところで格闘し，自ら変容を遂げ，危機を超えていったのだと思われます。それはベンが，危機的状況に陥る事態をくぐる過程で，空想のともだちを内化させ，危機を脱していったのと類似の過程と考えられます。

　N子さんにとって，危機をもたらした内的課題を絵本化したことは，大きな達成感を味わう体験になりました。完成した絵本を学校にもって行き，ともだちから賞賛されたN子さんは，新たな作品作りに取り組みながら，この時以来，将来は「お話を作る人になる」と目標を定めます。安定して学校生活に戻るにはその後も時間がかかりましたが，高校生になる頃には危機を超え，児童文学を愛し，誰よりも学校の図書室を利用する生徒へと成長していったのです。

6.　内的世界とファンタジー

　N子さんの創作過程を見守っていた筆者は，トンネルや穴をくぐって異世界に入り込むというストーリー展開から，最初に思い出したのは，うさぎが穴に落ちたルイス・キャロル（Carroll, L.）の『不思議の国のアリス』（キャロル，2000）でした。次いで思い出したのが，きょうだいが次々と衣装ダンスの中の外套をかき分けて進むうちにたどり着いたC・S・ルイス（Lewis, C. S.）の『ナルニア国物語』（ルイス，1980）の四人きょうだいの冒険物語です。また，古い屋敷を訪れて夏休みを過ごす7歳から11歳の子どもたちが，その屋敷にかつて住んでいた数百年前の時代の子どもたちと出会い，深い絆を育てる，ルーシー・M・ボストン（Boston, L. M.）作の『グリーン・ノウ物語』（ボストン，2008）でした。ありふれた現実の日常の空間にある古い時計が13時を打つ時，こちらの世界と向こうの世界を繋ぐ裏庭の扉が開き，異なる世界の住人ハティという少女と出会う少年トムの話，フィリッパ・ピアス（Pearce, P.）の『トムは真夜中の庭で』（ピアス，1983）という作品もあります。また，前半が「ネバーエンディングストーリー」として映画化されたM・エンデ（Ende, M.）の『はてしない物語』（エンデ，2006）は，体育嫌いでいじめられっこの少年が，

大好きな本の世界に入り込み，ファンタジーの国の危機を救うという物語です。

このように，前思春期の子どもが登場するお話には，現実と異世界の境界を越えて，二つの世界を行き来するテーマがしばしば登場します。たとえば「ナルニア国物語」のなかでは，子どもたちが次々に，いわば転がり落ちるかたちでナルニア国の危機に遭遇し，魔女と戦い，英雄になり，ナルニア国の歴史を形づくり，自身も精神的に大きく成長して現実に戻ってきます。しかし，登場人物の年齢が上がり，思春期にしっかり足を踏み入れると，ナルニア国へ戻ることはもう許されなくなるだけでなく，子ども自身がナルニア国を子どもじみた空想とみなし，ナルニア国に出たり入ったりして冒険を続ける下のきょうだいを，子ども扱いするようになる様子も描かれています。つまり，異世界に落ち，現実と異世界を行きつ戻りつしながらこころの世界を広げた子どもは，やがて合理的・論理的なおとなの思考段階に入ると，ファンタジーの世界との境界壁を一旦閉じてしまうようなのです。調べてみると，異界へ落ちて，そこで冒険や新奇な体験，大いなる出会いを体験し，"私というもの"が変容を遂げて元の世界へ戻ってくる「行きて還る」お話は，児童文学に溢れていました。

今日では文学作品に限らず，同様のテーマはアニメーションの優れた作品にも目立ちます。たとえば宮崎駿監督・スタジオジブリ制作の「千と千尋の神隠し」は，10歳の千尋の家族が引っ越しの途中で道に迷い，森の中で巨大なトンネルを見つけて異世界に迷い込むという展開です。無人の料理店の料理を食べた両親は豚に化してしまい，残された千尋は，八百万の神々が集う湯屋で「千」という名前をもらって下働きになります。湯屋で様々な冒険や困難に立ち向かい，内なる力を見出し，両親を救い出して，千尋は異界から還ってくるのです。

7. 象徴世界と内的な育ち

ともだちと一緒に経験した遊びの数々は，「子ども時代」を形成し，こころの育ちの豊かな土壌になります。こころの成長や発達にとって，ともだちの存

第7章　育ちと関係の多様性

在が重要だと理解されているからなのでしょう，ある子どもがどんな子どもと
ともだちなのか，どんな遊びをしているのか，どんな関係にあるのかをおとな
は知りたがります。そして，生活の場にともだちがいない場合，そのことを否
定的にとらえ，ともだちがいないのは何か欠陥でもあるかのようにとらえがち
です。しかし，様々な子どもたちと出会い，子どもたちのこころの成長の場に
かかわっていると，"ともだち"は，生活の場に，現実にいなければならない
わけではなく，精神的な豊かさや強さは，目に見えるものばかりなのではない
と確信させられます。たとえば，伝記や文学作品に登場する人物は，報道で知
りえた人や身近な実在の人と同様，子どもの人生に深い影響を与えます。同じ
ように生きたいという願いが生まれ，自分もそうありたいとあこがれ，逆境を
生き抜く主人公に生きる希望を見出し，自分とは異なる経験を積む人々の生き
様から人生を理解し，他者の深い悲しみや喜びに共感し，試練を超えて成長す
る経験を，作中人物と共にすることになるのです。このとき，物語は単なる
"架空のお話"に過ぎないものではありません。また，子どもたちが内的に生
み出す空想の世界のともだちやそこでの経験も，現実と同様の力を育むことを，
ベンやN子さんの例は示しています。

＊

　私たちが象徴機能を備え，いわば象徴機能を生きる存在であるということは，
象徴機能によって現実世界を超えたいまだ存在しない世界に視野を広げ，極大
から極小に広がる見えない世界に認識世界が広がることを意味するだけなので
はありません。創造される無限の架空の世界も，心的"現実"の一端を形成す
るものとして，私たちが生きていることを意味しているのです。象徴世界は実
体のない記号世界と違い，身体性に根ざし，身体に由来する情動に満ちていま
す。文字や映像，イメージを通じて，他者の人生を生きることになるのは，文
字，映像，イメージが象徴性を担っているからです。私たち人間は，象徴機能
に依拠した内的世界を，具体的な現実と重なりあうかたちで生きる存在です。
それが可能になるのは，象徴が現実に匹敵する世界を形成し，現実と等価な架
空の世界を生きることを可能にするからです。象徴世界は主観性に満ちてはい

ますが，身体的な躍動性や情動に裏打ちされたもう一つの現実です。だからこそ，客観的な外的現実では経験することのない体験を，象徴的に生きることを通じて，私たちのこころの世界は豊かに育つのだと考えられるのです。

お わ り に

　本書で扱うことができたのは，乳児期から学童期の中頃までの，"発達"という謎に満ちた過程のきわめて限られた期間と限られた問題のみです。学童期の後には思春期・青年期という激動の時代が控えており，成人してからも，老年期にさしかかってからも，人の一生にかかわる心理的問題は多彩です。

　取り上げられた発達上の問題は限られていますが，それは現場に出てから今年で48年目を迎える発達臨床の実践において，私の中心的な問題意識にあり続けたテーマです。

　季刊『発達』への連載の機会をいただき，連載を改めて単行本化するこのたびの作業は，ミネルヴァ書房編集部の吉岡昌俊氏の励ましによって実現したものですが，結果的に自らの発達臨床の軌跡を振り返る貴重な機会となりました。執筆作業を通して，出会ってきたたくさんの子どもと，子どもにかかわる親や保育士や教師や施設職員などの人々の姿がありありとよみがえりました。それは，いのちというものの重さと深さ，育つということの輝きと暗がりを反芻しつつ，身を震わせながら行った作業でもありました。

　「出会わせてくださってありがとう」という感謝の念とともに，育ちゆく子どもとその関係者に，本書を捧げます。

　　2017年10月 5 日

　　　　　　　　　湖面に秋風が立つびわ湖を望みながら

　　　　　　　　　　　　　　　　　　　山上雅子

文　　献

Acquarone, S. (Ed.) 2007 *Signs of autism in infants*. Karnac.

Adrien, L. J. et al. 1991 Autism and family home monies: Preliminaly findings. *Journal of Autism and Developmental Disorders*, **21**, 43-49.

Adrien, L. J. et al. 1993 Blind rating of early symptoms of autism based upon family home movies. *Journal of the American Academy of Child and Adolescent Psychiatry*, Psychiatry, **32**(3), 617-626.

American Psychiatric Association　日本精神神経学会(日本語版用語監修)　高橋三郎・大野裕（監訳）　2013/2014　DSM-5　精神疾患の分類と診断の手引　医学書院

安治陽子他　2008　9カ月時における低緊張と行動発達　日本発達心理学会第19回大会論文集

Auzias, M., et Ajuriaguerra, J. 1980 Comportement posturo-cinetique au cours de la periode pre-locomotrice chez le nourisson. *Psychiatrie de l'enfant*, **23**, 461-506.

別府哲　2005　障害児発達研究の新しいかたち——自閉症の共同注意を中心に　遠藤利彦（編著）　発達心理学の新しいかたち　誠信書房　第8章

ボストン, R. M.　亀井俊介（訳）　2008　グリーン・ノウ物語　第1～5巻　評論社

ボウルビィ, J.　黒田実郎（訳）　1951/1967　乳幼児の精神衛生　岩崎学術出版社

キャロル, L.　脇明子（訳）　2000　不思議の国のアリス　岩波少年文庫

Cicceti, D., & Curtis, W. J. 2006 The Developing Brain and Neural Plasticity: Implications for Normality, Psychopathology, and Resilience. In D. Cicchetti & D. J. Cohen (Ed.), *Developmental Psychopathology. 2nd Edition. Volume 2; Developmental neuroscience*. John Wiley & Sons, pp. 1-64.

Cumming, E. M., Davies, P. T., & Campbell, S. B. 2000 *Developmental psychopathology and family process: Theory, research, and clinical implications*. The Guilford Press.　菅原ますみ（監訳）　2006　発達精神病理学　ミネルヴァ書房

エンデ, M.　上田真而子・佐藤真理子（訳）　2006　はてしない物語　上巻　岩波少年文庫

フレイバーグ, S. H.　詫摩武俊・高辻玲子（訳）　1959/1978　魔術の年齢——幼児期の心の発達　金子書房

Fraiberg, S., Adelson, E., & Shapiro, V. 1975 Ghosts in the nursery: A Psychoanalytic approach to the problems of impaired infant-mother relationships. *Journal of American Academy of Child Psychiatry*, **14**(3), 387-421.

ケロッグ, R.　深田尚彦（訳）　1969/1971　児童画の発達過程——なぐり描きからピク

チャーへ　黎明書房

カニグズバーグ，E. L.　松永ふみ子（訳）　1989　ぼくと〈ジョージ〉　岩波少年文庫

厚生労働省　2017a　平成28年度福祉行政報告例の概況　http://www.mhlw.go.jp/toukei /saikin/hw/gyousei/16/index.html（2018年1月29日閲覧）

厚生労働省　2017b　子ども虐待による死亡事例等の検証結果等について（第13次報告） http://www.mhlw.go.jp/stf/seisakunitsuite/bunya/0000173329.html（2018年1月29 日閲覧）

厚生労働省　2017c　社会的養護の現状について

熊谷俊幸　2010　全身疾患としての自閉症　小児の精神と神経，**50**(2)，147-154.

黒川新二・米島広明　2006　乳児期の自閉症の発見と援助　自閉症と発達障害研究の進 歩，**10**，435-442.

Landa, J. R. 2008 Diagnosis of autism spectrum disorders in the first 3 years of life. *Nature Clinical Practice Neurology*, **4**, 138-147.

マーラー，M. S. 他　高橋雅士・織田正美・浜畑紀（訳）　1975/1981　乳幼児の心理的誕 生　黎明書房

岡本夏木　1982　子どもとことば　岩波書店

岡本夏木　2009　言語使用の発達と教育——意味の成層化とストーリー化　発達心理学 研究，**20**(1)，13-19.

大神英裕　2008　発達障害の早期支援——研究と実践を紡ぐ新しい地域連携　ミネルヴ ァ書房

ピアス，P.　高杉一郎（訳）　1983　トムは真夜中の庭で　岩波少年文庫

ピアジェ，J.　谷村覚・浜田寿美男（訳）　1948/1978　知能の誕生　ミネルヴァ書房

ルイス，C. S.　瀬田貞二（訳）　1980　ナルニア国ものがたり　全7巻　岩波少年文庫

Shore, A. N. 2001 Effects of a secure attachment relationship on right brain development, affect regulation, and infant mental health. *Infant Mental Health Journal*, **22**(1-2), 7-66.

スピッツ，R.　古賀行義（訳）　1957/1968　ノー・アンド・イエス　同文書院

スピッツ，R.　古賀行義（訳）　1962/1965　母-子関係の成り立ち　同文書院

Spitz, R. 1965 *The first year of life: A psychoanalytic study of normal and deviant development of object relations*. International University Press.

スターン，D. N.　小此木啓吾・丸田俊彦（監訳）　1985/1989・1991　乳児の対人世界・ 理論編，臨床編　岩崎学術出版社

杉山登志郎　2007　子ども虐待という第四の発達障害　学習研究社

杉山登志郎　2011　発達障害のいま　講談社現代新書

高石恭子　2004　子どもが〈私〉と出合うとき　渡辺恒夫・高石恭子（編著）〈私〉と いう謎——自我体験の心理学　新曜社　pp. 43-72.

文　献

Teitelbaum, P. et al. 1998 Movement analysis in infancy may be useful for early diagnosis of autism. *Proceedings of the National Academy of Sciences USA*, **95**(23), 13982-13987.

坪倉ひふみ　2009　運動発達遅滞を主訴に来院した広汎性発達障害　赤ちゃん学カフェ，**2**，52-55.

ボイタ，V.　富雅夫・深瀬宏（訳）　1978　乳児の脳性運動障害　医歯薬出版

Wallon, H. 1925 *L'enfant Turbulent.* Librairie Felix Alcan.（序論と第1章および症例の一部の翻訳は季刊『発達』11号から26号（1982～1986）に浜田寿美男・谷村覚・山口俊郎訳で「障害児」として連載）

ワロン，H.　久保田正人（訳）　1949/1969　児童における性格の起源　明治図書出版

ワロン，H.　浜田寿美男（訳編）　1956/1983　子どもの精神発達における運動の重要性　ワロン／身体・自我・社会　ミネルヴァ書房　pp. 138-148.

ウィニコット，D.　牛島定信（訳）　1977　情緒発達の精神分析理論　岩崎学術出版社

山上雅子　1973a　自閉症児の治療・教育に関する試み　児童精神医学とその近接領域，**14**(2)，108-122.

山上雅子　1973b　自閉児の発達のための親との協力関係について——言語発達のためのカリキュラム　日本心理学会第37回大会論文集

山上雅子　1974a　自閉児の情動行動の特異性について　児童精神医学とその近接領域，**15**(3)，132-144.

山上雅子　1974b　自閉児の発達のための親との協力関係について——言語発達のためのカリキュラム　その2　日本心理学会第38回大会論文集

山上雅子　1975　自閉児の発達のための親との協力関係について——言語発達のためのカリキュラム　その3　日本心理学会第39回大会論文集

山上雅子　1976　自閉児の発達のための親との協力関係について——S児の自我発達　日本心理学会第40回大会論文集

山上雅子　1978a　対人関係に障害を示す子どもの発達的研究：その1——社会的行動の発達について　児童精神医学とその近接領域，**19**(3)，145-161.

山上雅子　1978b　自閉児の身体意識の発達について：その1　日本心理学会第42回大会論文集

山上雅子　1979　対人関係に障害を示す子どもの発達的研究：その2——発達の阻害要因について　児童精神医学とその近接領域，**20**(4)，239-258.

山上雅子　1983　Piaget理論と自閉症児の発達過程　佛教大学心理学研究所紀要，**5**，58-86.

山上雅子　1984a　乳児における姿勢の循環活動について　日本教育心理学会第26回大会論文集

山上雅子　1984b　いわゆる“飛行機の姿勢”の発達的変容　日本心理学会第48回大会論

文集

山上雅子　1997　物語を生きる子どもたち　創元社

山上雅子　1999　自閉症児の初期発達　ミネルヴァ書房

山上雅子　2001　不適切な養育と子どもの心理的不適応　教育学・心理学論叢　京都女子大学大学院文学研究科教育学専攻, 175-192.

山上雅子　2007　自閉症スペクトラム障害と愛着研究の進歩　京都女子大学発達教育学研究, 1, 15-27.

山上雅子　2014　発達臨床における「関係性」の視点の復権　山上雅子・古田直樹・松尾友久（編著）　関係性の発達臨床　終章

矢野喜夫・矢野のり子　1986　子どもの自然誌　ミネルヴァ書房

《著者紹介》

山上雅子（やまがみ・まさこ）
　京都大学大学院教育学研究科修士課程修了　京都大学博士（教育学）
　現　在　心理相談室「ハタオリドリ」
　主　著　『物語を生きる子どもたち』創元社，1997年
　　　　　『自閉症児の初期発達』ミネルヴァ書房，1999年
　　　　　『ひととひとをつなぐもの』（共編著）ミネルヴァ書房，2003年
　　　　　『関係性の発達臨床』（共編著）ミネルヴァ書房，2014年

子どもが育つということ
──身体と関係性の発達臨床──

2018年4月30日　初版第1刷発行　　　　　　　　〈検印省略〉

定価はカバーに
表示しています

著　　者　　山　上　雅　子
発　行　者　　杉　田　啓　三
印　刷　者　　田　中　雅　博

発行所　　株式会社　ミネルヴァ書房
607-8494　京都市山科区日ノ岡堤谷町1
電話代表　（075）581-5191
振替口座　01020-0-8076

©山上雅子，2018　　　　　創栄図書印刷・清水製本

ISBN978-4-623-08322-0
Printed in Japan

関係性の発達臨床──子どもの〈問い〉の育ち   A5判／242頁
山上雅子・古田直樹・松尾友久／編著   本体　2500円

身体・自我・社会
　　──子どものうけとる世界と子どもの働きかける世界   四六判／276頁
H.ワロン／著　浜田寿美男／訳編   本体　2500円

知能の誕生   A5判／560頁
J.ピアジェ／著　谷村　覚・浜田寿美男／訳   本体　6000円

からだとことばをつなぐもの   A5判／248頁
麻生　武・浜田寿美男／編著   本体　2200円

ひととひとをつなぐもの   A5判／280頁
山上雅子・浜田寿美男／編著   本体　2400円

私と他者と語りの世界──精神の生態学へ向けて   A5判／276頁
浜田寿美男／著   本体　2500円

〈子どもという自然〉と出会う
　　──この時代と発達をめぐる折々の記   四六判／220頁
浜田寿美男／著   本体　2000円

発達支援　発達援助──療育現場からの報告   A5判／208頁
古田直樹／著   本体　2200円

もういちど自閉症の世界に出会う
　　──「支援と関係性」を考える   A5判／290頁
エンパワメント・プランニング協会／監修   本体　2400円
浜田寿美男・村瀬　学・高岡　健／編著

──── ミネルヴァ書房 ────

http://www.minervashobo.co.jp/